Die Waldorfpuppe

Wie man sie macht – wie man ihre Kleider näht

Von Karin Neuschütz

in Zusammenarbeit mit Nanako Sasaki
mit Fotos von Yuki Nakamura
und Zeichnungen von Karin Neuschütz und Shuichi Sogi.
Aus dem Schwedischen von Claudia Barenthin

Verlag Freies Geistesleben

Übersetzt nach der im ICA bokförlag, Västerås erschienen schwedischen Ausgabe *Waldorfdockor. Sy dockan själv och sy och sticka dockans kläder*
Die japanische Originalausgabe erschien 1986 bei Bunka Publishing Bureau, Tokio.
Den japanischen Text besorgte Nanako Saski.
Deutsche Ausgabe mit freundlicher Genehmigung von Bunka Publishing Bureau, vermittelt durch das Japan Foreign-Rights Centre, Tokio.

3. Auflage 2004
Verlag Freies Geistesleben
Landhausstraße 82, 70190 Stuttgart
Internet: www.geistesleben.com

ISBN 3-7725-0966-5

Umschlaggestaltung: Winter & Dreyfuss, Stuttgart
Druck: Milanostampa, Farigliano

Inhalt

Vorwort

Überall in der Welt nähen Kinder in Waldorfschulen Stoffpuppen, und zwar meistens in der 6. Klasse. Bei dieser Arbeit folgt man keinem fertigen Muster, sondern formt erst frei einen Kopf und macht dann ein passendes Muster für den Körper dazu. Die in diesem Buch beschriebenen Puppen werden oft an Waldorfschulen gefertigt und haben daher auch ihren Namen. An den Waldorfschulen ist das freie Schaffen von größter Bedeutung – also, lieber Leser und Puppenmacher, wenn Du Dich mit Anna, Ulli und den anderen Puppen dieses Buches angefreundet hast, hoffe ich, daß Du Dich von den Vorlagen unabhängig machst und die Vorschläge im Buch nach eigenen Ideen weiterentwickelst. Denn erst dann haben die frei geschaffenen Waldorfpuppen ihren Namen verdient! Viel Glück!

Karin Neuschütz

Die Puppe zum Selbernähen

Seit undenklichen Zeiten spielen Kinder mit Puppen, einfachen Puppen, die ihnen ein Erwachsener aus Stoff oder Stoffresten fertigte. Heute werden Plastikpuppen massenweise fabriziert, und niemand braucht sich mehr die Mühe zu machen, für Kinder Puppen zu nähen. Man kauft sie sich einfach.

Aber die gekaufte Puppe wurde von fremden Leuten und von Maschinen gemacht und ist weit weg vom Zuhause des Kindes entstanden. Niemand dachte bei der Herstellung an das Kind, das einmal die Puppe bekommen soll.

Wenn wir die Stoffpuppe einmal mit der Plastikpuppe vergleichen, werden wir unter anderem feststellen, daß die Plastikpuppe zwei Vorteile hat. Man kann sie baden, und sie trocknet schnell (vorausgesetzt, daß man sie leeren kann). Auch die Stoffpuppe kann man baden, aber es dauert ein paar Tage, ehe eine große Stoffpuppe wieder trocken ist. Es ist auch leichter, Puder und Salbe von einer Plastikpuppe abzuwischen. Damit sind wir am Ende der Vorteile von Plastikpuppen angelangt.

Eine Stoffpuppe ist leicht zu reparieren, wenn sie einen Schaden davongetragen hat, wogegen eine Plastikpuppe auf frappierende Weise sowohl die Arme als auch den Kopf verlieren kann und schwer zu reparieren ist. Die Stoffpuppe verändert sich im Laufe der Zeit, weil sie durch die Persönlichkeit ihrer Puppenmutter geprägt wird.

Eine handgearbeitete Puppe ist einzigartig, genau wie ein Kind. Eine Plastikpuppe ist eine unter tausend oder vielleicht sogar hunderttausend identisch gleichen.

Die Stoffpuppe kann anfangs einfach gearbeitet werden und, wenn das Kind es wünscht, später mit weiteren Details wie Fingern, Zehen oder Nabel ausgestattet werden. Man kann sie neu stopfen oder ihr einen Punkt als Nase ins Gesicht setzen.

Eben weil die Gesichtszüge der Stoffpuppe nur durch Punkte als Augen und Mund angedeutet sind, ist es für das Kind einfach, sich im Spiel vorzustellen, daß die Puppe weint, lacht, die Augen schließt, singt, die Zunge herausstreckt oder ein trauriges Gesicht macht. Eine ewig lächelnde Plastikpuppe die Laune wechseln zu lassen, ist gewiß schwieriger für viele Kinder.

Wir sind jetzt soweit, daß wir unseren Kleinen Plastikpuppen kaufen können, die Siebenmonatskinder darstellen und mit dazugehörendem Brutkasten geliefert werden. Aber derart naturgetreue

Abbildungen von Säuglingen gewähren dem spielenden Kind nicht die nötige Freiheit, der Puppe auch andere Rollen zuzuteilen. Und ist sie außerdem noch ein kleines technisches Wunderwerk, das laufen und sprechen kann, läßt sich das Kind leicht verlocken, sie auseinanderzunehmen, um zu sehen, wie sie funktioniert.

Eine warme, weiche und schwere Stoffpuppe wirkt solchen Tendenzen entgegen. Sie ist einfach und weckt nicht die Begierde, sie in ihre Bestandteile zu zerlegen. Lieber nimmt man sie in den Arm und drückt sie an sich! Das ist viel schöner und weicher, als eine Plastikpuppe zu umarmen.

Eine Zeitlang war es gebräuchlich, Kindern eine Puppe zu geben, an der sie sich abreagieren sollten, wenn sie böse waren. Aber eine Puppe kann sich ja nicht wehren, und man sollte wohl Kinder nicht daran gewöhnen, Kleinere und Schwächere zu schlagen.

Kinder bemerken vieles, was um sie herum vorgeht und machen es nach. In erster Linie lassen sie sich vom Vorbild der Erwachsenen beeinflussen, aber auch Dinge aus ihrer unmittelbaren Umgebung, wie zum Beispiel ihr Lieblingsspielzeug, können einen starken Eindruck auf sie machen. Fast alle erinnern wir uns an ein Spielzeug unserer Kindheit. Wer weiß, wie wichtig der Eindruck ist, den der Gesichtsausdruck und der Blick der liebsten Puppe beim Kind hinterläßt?

Es ist von Bedeutung, daß wir Erwachsenen uns für die Spielsachen und Puppen unserer Kinder interessieren, sie in gutem Zustand halten und den Kindern aufräumen helfen. Wenn wir wollen, daß die Kleinen ihre Puppen hegen und pflegen, müssen wir uns die Mühe machen, gute Vorbilder zu sein, und uns fragen: Wie viel kümmern wir uns um *unsere* Kinder?

Es gibt eine Menge verschiedener Puppenarten, die sich für Kinder unterschiedlichen Alters eignen. Grob genommen könnte man folgende Einteilung machen, die jedoch nur als Vorschlag betrachtet werden sollte, denn kein Kind ist dem anderen gleich, und jedes hat seine Präferenzen bei der Wahl zwischen verschiedenen Arten von Puppen:

Kleinkinder 0 - 3 Jahre: Die allereinfachsten Wurfpuppen oder Puppen im Sackkleid (siehe S. 37 und 39). Geeignet ist auch eine große, stabile Puppe im festsitzenden Anzug (Muster auf S. 45 vergrößern). Wichtiger als die Kleider ist das Bett mit Matratze, Kissen und Decke. Ein Bettuch ist für die Kleinsten zu kompliziert zu handhaben.

Kinder im Vorschulalter 3 - 7 Jahre: Eine Puppe zum An- und Ausziehen, zum Beispiel nach Grundmuster C oder D genäht (S. 92 f., Arbeitsanleitung S. 17). Einfache Kleider in farbenfrohem Naturmaterial.

Schulkinder: Eine kleine, schlanke Puppe mit großer Garderobe, die die Kinder mit unserer Hilfe selber nähen können. Muster A, das eventuell in Armen, Beinen und Körper noch verschmälert werden kann.

Für ein Kind, das gerade ein Geschwisterchen bekommen hat, kann eine große Babypuppe mit Windeln und Babykleidern genau das Richtige sein (Puppenmodell Pia, S. 43).

Für alle Kinder, Mädchen als auch Jungen, ist es gut, eine eigene Puppe zu haben, die im Spiel der Stellvertreter des Kindes ist und ihm hilft, wichtige Ereignisse zu bearbeiten. Die Puppe verlockt das Kind wie kein zweites Spielzeug, beim Spielen viel zu sprechen.

Waschanleitung

Die Puppe kann in der Maschine gewaschen und sogar geschleudert werden (aber am besten nicht, wenn das Kind dabei zuguckt!). Schongang für Wolle bei 30° C und nur ganz kurz schleudern. Aber diese Behandlung strapaziert die Puppe sehr. Deshalb sollte man sie lieber mit der Hand waschen und dabei reichlich Seife und einen weichen Schwamm benutzen. Die ordentlich ausgespülte Puppe wird in ein Handtuch gewickelt und sorgfältig ausgedrückt, dann in ein trockenes Handtuch gehüllt und an einem warmen, aber nicht heißen Platz zum Trocknen hingesetzt. Nicht in der Trommel trocknen! Wenn die Puppe nicht geschleudert wurde, braucht sie zum Trocknen etwa zwei Tage.

Reparatur

Wenn die Wollfasern durch die Stoffhaut nach außen kommen und der Stoff also nicht dicht genug oder dünngewetzt oder löchrig geworden ist, kann man eine zweite Körperhaut nähen, die etwas größer ist als die alte, und sie der Puppe überziehen.

Natürlich kann man aus Gründen der Haltbarkeit die Puppe gleich von Anfang an in doppeltem Stoff nähen. Das Gesicht auszubessern ist eine heikle Angelegenheit ... Ändert man den Gesichtsausdruck der geliebten, aber abgewetzten Puppe nur im geringsten, ist es gleich nicht mehr der liebe alte Kamerad, den das Kind gewöhnt ist. Vielleicht läßt man sie also lieber wie sie ist.

Ulli geht in seiner hübschen gestreiften Latzhose spazieren. Die Enten machen ihn kein bißchen bange! Ulli, der 50 cm mißt, ist nach Grundmuster D genäht, siehe S. 92 - 95. Die Arbeitsanleitung für diese Puppe beginnt auf S. 17, die Frisur findet man auf S. 57 und seine Kleider auf S. 68, 69 und 90, 91.

Anna sieht so gern den Schwänen zu. Ihre feinen Strickkleider sind auf S. 33 - 35 beschrieben. Sie selbst ist nach Grundmuster C gemacht und ist 40 cm groß.

Es sieht aus, als ob Johannes sich durch das Fenster davonmachen wollte! Im Rucksack hat er die Wegzehrung. Johannes ist genauso groß wie Anna, Größe C. Seine Frisur ist auf S. 59 beschrieben, die Filzmütze auf S. 63, der Rucksack auf S. 64, die Stiefel auf S. 66. Die kurzen Hosen findet man auf S. 71, die Bluse auf S. 73 und den Pulli auf S. 75.

Anna findet es herrlich, von Johannes geschaukelt zu werden. Johannes' Kleider sind auf S. 74 beschrieben und Annas auf S. 29 - 31.

Linus und Lina auf abenteuerlichen Wegen. Linus zeigt Lina, wo es weitergeht, und sagt: «Jetzt sind wir bald da!» Die Arbeitsanleitung für die Puppen, die die Größe B, 30 cm, haben (Grundmuster am Ende des Buches), fängt auf S. 17 an. Linus Frisur auf S. 57, Linas auf S. 61. Beschreibung von Linus kurzen Hosen auf S. 71, seiner Bluse auf S. 76 und die der Tasche auf S. 85. Linas Kleid findet man auf S. 77.

Leicht anzufertigende Püppchen, die Kinder auch selbst machen können. Joachim, im roten Overall aus Samt, ist auf S. 45 beschrieben. Seine Frisur ähnelt der von Sofie (S. 60)., ist aber mit größeren, weniger exakten Stichen gearbeitet, von denen ein Teil aufgeschnitten wurde. Hanna trägt einen Flanelloverall, der nach demselben Muster wie Joachims genäht ist, siehe S. 45. Ihre Frisur ist auf S. 58 abgebildet. Sofie ist eine Puppe im Säckchen, beschrieben auf S. 39, Frisur auf S. 60. Auf den Seiten 54 und 55 sind die Puppen noch einmal größer abgebildet.

Das sind Peterchen und Marie. Die Kleider des Puppenjungen sind aus zwei weißen Kinderkniestrümpfen gemacht. Eine Zehenpartie wurde zur Mütze und eine Ferse zur Kapuze umgewandelt. Die Nähanleitung für Peterchens Kleider siehe S. 84. Beide Puppen sind nach der Grundbeschreibung gemacht, die auf S. 17 beginnt; Größe A, 20 cm (Muster ganz hinten im Buch). Frisuren auf S. 59 und 61 und Maries Kleider auf S. 79, der Hut auf S. 88.

Jetzt mußt du aber schlafen, Pia! Komm, ich deck' dich zu. Pia ist eine Babypuppe mit krummen Beinen. Muster und Beschreibung auf S. 43, Frisur auf S. 59. Die Strampelhose ist auf S. 80 beschrieben und das Jäckchen auf S. 81.

Arbeitsbeschreibung für die Puppe Anna

Größe C

Das Grundmuster in vier verschiedenen Größen, A, B, C und D findet man ganz hinten im Buch, S. 92 - 95.

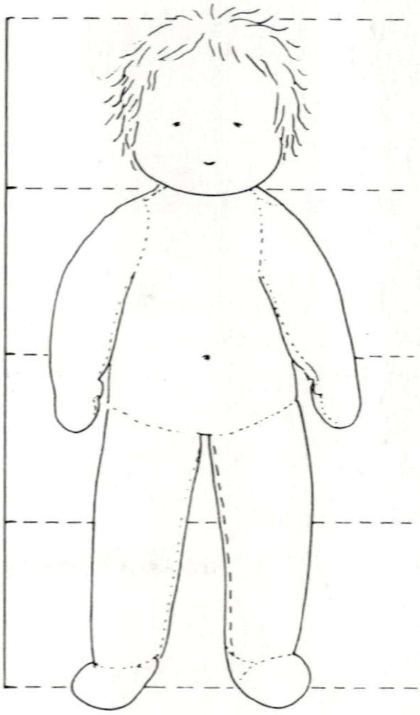

Proportionen

Die Proportionen der Puppe sind wichtig, denn sie bestimmen, welchen Eindruck die Puppe macht. Wirkt der Kopf klein im Verhältnis zum Körper, sieht die fertige Puppe älter aus. Mit großem Kopf wird es eine Babypuppe. Geraten die Arme zu lang, erinnert die Puppe an ein Äffchen. Lieber macht man die Arme ein bißchen zu kurz, denn nach einer gewissen Zeit fleißigen Spiels werden sie von selbst länger! Die Beine sollen, nachdem man die Füße nach vorn abgenäht hat, etwa so lang sein wie der Körper, nicht kürzer! Der Körper beträgt einschließlich der Beine dreimal die Höhe des Kopfes. Die Arme reichen bis zum Beinansatz. Und der Nabel ist der Mittelpunkt der Puppe.

Die Puppe soll fest mit Wolle ausgestopft werden, damit sie stark und lebensfroh wirkt und nicht schlapp. Das Kind soll nicht mit der halbfertigen Puppe spielen, sondern sie fertiggenäht überreicht bekommen!

Die Tabelle gibt Auskunft über den jeweiligen Materialverbrauch für die vier verschiedenen Größen, und es ist ersichtlich, wie groß die fertigen Puppen ungefähr sind. Viel Glück und Spaß beim Nähen!

Größe und Materialverbrauch. Zur Beachtung: Alle Maße sind approximativ!

Größe	A	B	C	D
Größe der Puppe	20 cm	30 cm	40 cm	50 cm
Umfang des Kopfes und der Taille	17 cm	24 cm	32 cm	38 cm
Materialverbrauch				
Wolle	75 - 100 g	180 - 210 g	300 - 350 g	450 - 500 g
Hauttrikot	40 x 20 cm	55 x 30 cm	65 x 40 cm	80 x 50 cm
Mullbindenschlauch	(Nr. 12) 45 cm	(Nr. 34) 50 cm	(Nr. 78) 60 cm	(Nr. 78) 75 cm
anstatt Mullbindenschlauch: dünnes Baumwolltrikot	10 x 15 cm	15 x 20 cm	20 x 25 cm	25 x 30 cm

Um die Puppe Anna, Größe C, zu nähen, benötigt man folgendes:

1. Circa 320 g gewaschene und kardätschte, ungesponnene Wolle.
2. Hautfarbenes Baumwoll- oder Wolltrikot, z. B. Jersey, 65 x 40 cm groß.
3. Mullbindenschlauch Nr. 56, ca. 60 cm.
4. Statt des Mullbindenschlauchs kann man auch aus einem Stück dünnen, geschmeidigen, weißen oder rosa Baumwolltrikot von 20 x 25 cm ein längliches Säckchen nähen.
5. Holzstäbchen, z. B. chinesisches Eßstäbchen, zum Packen der Wolle.
6. Circa 3 m Teppichkettgarn.
7. 50 g dünnes Wollgarn für die Haare, z. B. Möbelstoffgarn, Kammgarn; Stickgarn, dünnes Stopfgarn oder Nähfaden für Augen und Mund.
8. Glatten, biegsamen Karton, um eine spitze Tüte zu formen. Nicht unbedingt notwendig, erleichtert aber das Stopfen der Wolle in Arme und Beine der Puppe.

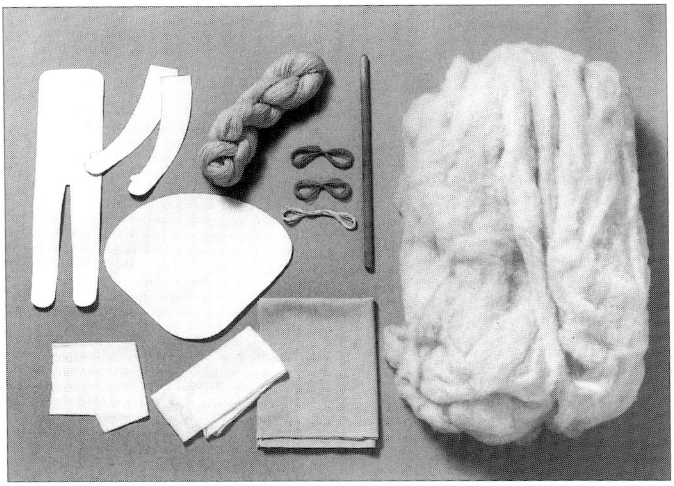

9. Das Muster, nach dem die Teile der Puppe zugeschnitten werden. Das Grundmuster ist ganz hinten im Buch.

Arme, Körper und Beine der Puppe können ohne weiteres mit der Maschine genäht werden.

Zur Beachtung! Unbedingt eine Maschinennadel Nr. 70 oder Jerseynadel wählen, weil gröbere Nadeln Löcher in das Trikot stechen, was Laufmaschen zur Folge hat.

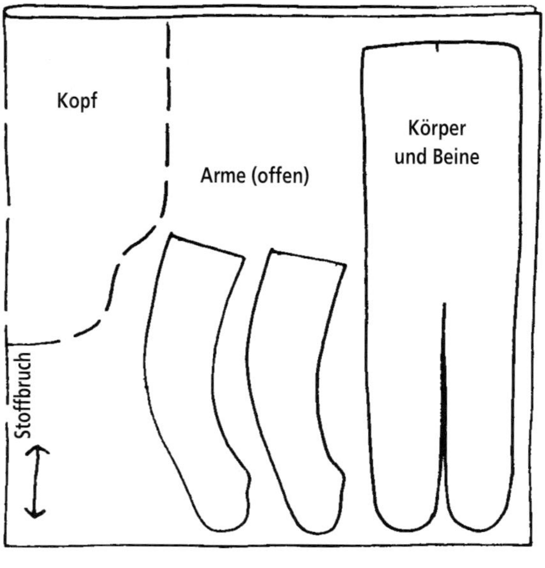

1. Zuschneiden des Musters

Das Hauttrikot in der Mitte falten, so daß der Bruch parallel zu den Stoffrippen liegt, wie es der doppelte Pfeil zeigt. Die Musterteile werden so darauf ausgelegt, daß um jeden Teil herum Platz für 1/2 cm Nahtzugabe bleibt. Mit Bleistift oder Schneiderkreide um die Musterteile fahren. Dann heftet man die obere und untere Stofflage jeden Teils mit ein paar Stecknadeln zusammen und näht mit schwachem Zickzackstich genau auf der Linie um jedes Musterteil. Der Körper wird nicht bis oben zugenäht! Auf dem Grundmuster ist angegeben, bis wohin die Naht gehen soll. Arme, Körper und Beine zuschneiden. Mit dem Stück für den Kopf wartet man, bis die Kopfkugel fertig ist.

2. Stopfen der Arme

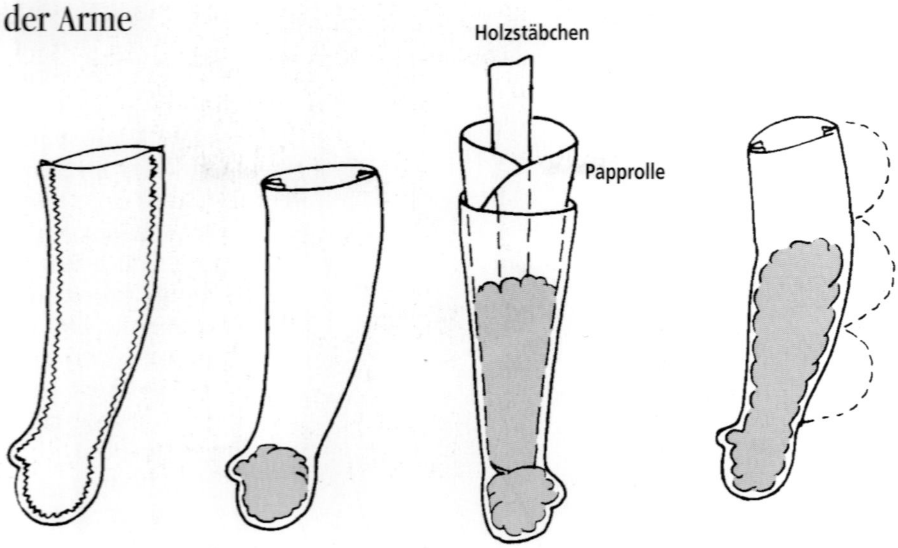

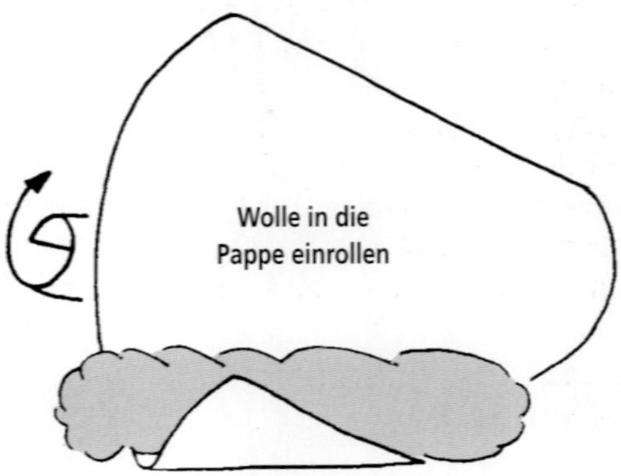

Den fertiggenähten Arm wenden und den Daumen sorgfältig herausziehen. Zwei gleich große Bäusche aus flauschiger Wolle rollen wie auf dem Foto und in die Hände stopfen. Sie sollen wohlgefüllt sein, aber nicht zum Platzen! Nun fährt man fort, den Arm mit Wollbäuschen zu füllen. Das obere Drittel des Armes läßt man zunächst ungefüllt. Die Papprolle kann benutzt werden, um eine gleichmäßigere Füllung zu erlangen. Dazu legt man zwei gleich große, längliche Wollbäusche zurecht, rollt die eine in das Stück Pappe und führt diese Rolle in den Arm ein. Nun wird die Wolle mit dem Stäbchen in den Arm hinuntergepreßt, während man gleichzeitig den Pappkarton vorsichtig wieder herauszieht. Dann wird eine Nadel quer in den Arm gesteckt, damit sich die Wolle nicht nach oben schiebt. Man kann auch den Arm Naht auf Naht gelegt zusammendrücken und ein paar Stiche nähen, um die Wolle darin festzuhalten.

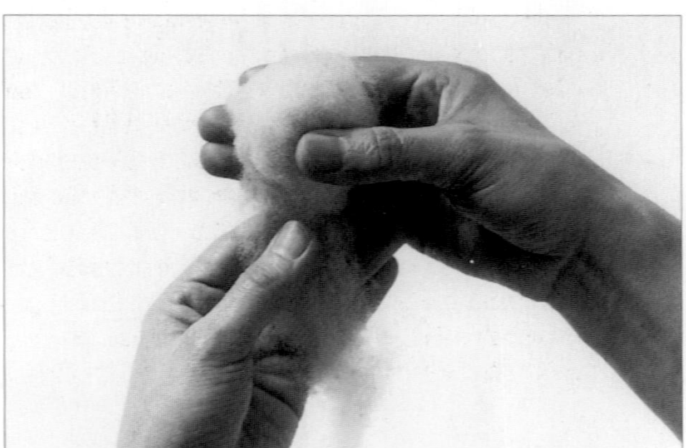

3. Stopfen der Beine

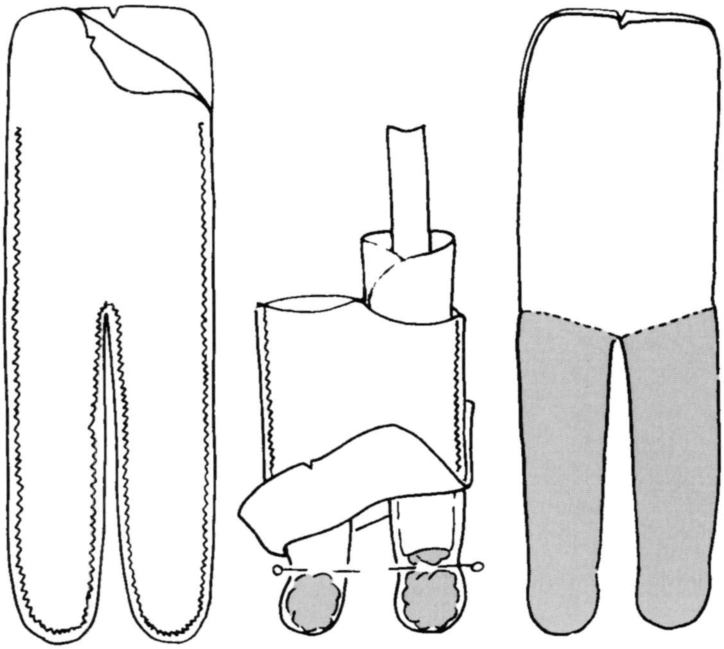

Den fertiggenähten Körper- und Beinteil wenden. Zwei harte Wollbälle für die Füße machen und so weit wie möglich in Richtung Zehen hinunterstopfen. Man kann eventuell eine Stecknadel quer darübersetzen, damit die Wolle auf ihrem Platz bleibt. Nun werden die beiden gleich großen Wollrollen für die Beine gemacht und eine nach der anderen in den Karton gerollt. Die Rolle ins Bein stecken, die Wolle mit Hilfe des Stäbchens festhalten und den Pappkarton herausziehen. Oberhalb der Wolle mit einer Nadel das Bein zustecken.

Sind die Beine nun gleich dick und hartgestopft? Sie dürfen sich nicht biegen, wenn man sie gegen den Tisch stemmt. Die Puppe muß stehen können! Am Schluß wird eine Naht oben quer über die Beinöffnung genäht.

4. Stopfen des Körpers

Es wird ein fester Ball aus Wolle, ein wenig kleiner als ein Tennisball, gemacht. Er wird in eine Wollrolle (a) eingelegt, die etwas höher ist als die Seitennaht des Körpers. Diese Rolle wird nun mit dem breiteren Ende nach oben in die offene Körperhülle (b) plaziert, worauf man das breitere Ende in den Körper kippt und hinunterschiebt, so daß der Ball darin den Bauch bildet.

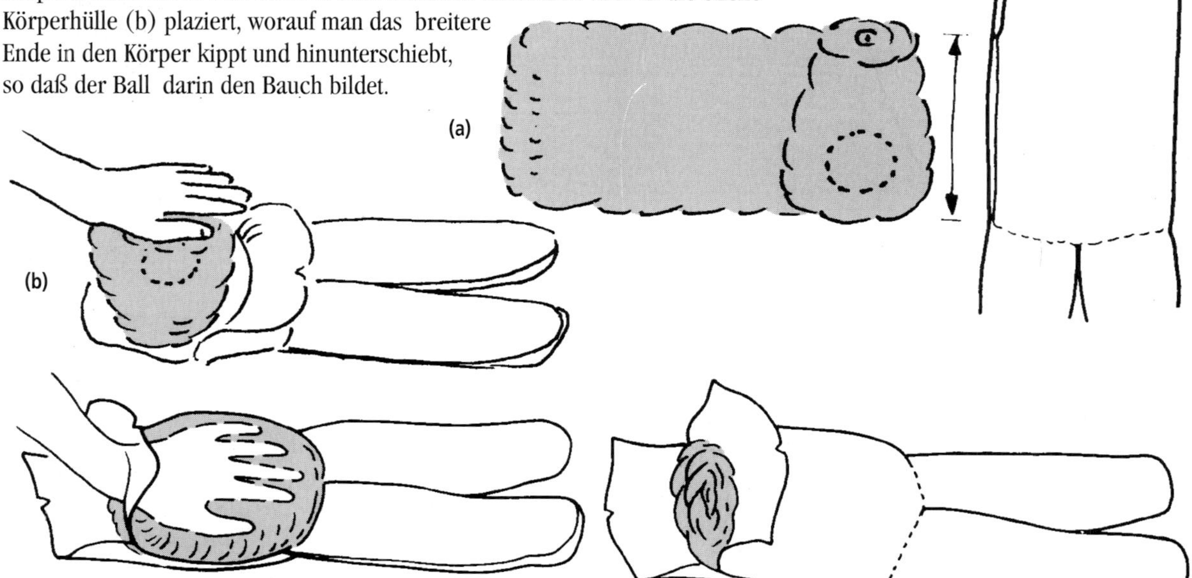

5. Kopfkugel

(a) In der Mitte den Mullbindenschlauch fest mit Teppichkettgarn umschnüren und es verknoten. Es entstehen zwei Säckchen, von denen das eine über das andere gestülpt wird. (Kleinere Püppchen brauchen nur eine Lage Mullbindenschlauch, dessen eines Ende zugeknotet wird.)

Eine andere Möglichkeit ist, ein Inlett aus dünnem Baumwolltrikot zu nähen. Es soll so breit sein wie der Körper des Puppenmusters und so lang wie der Puppenkörper + 1/2 der Beine.

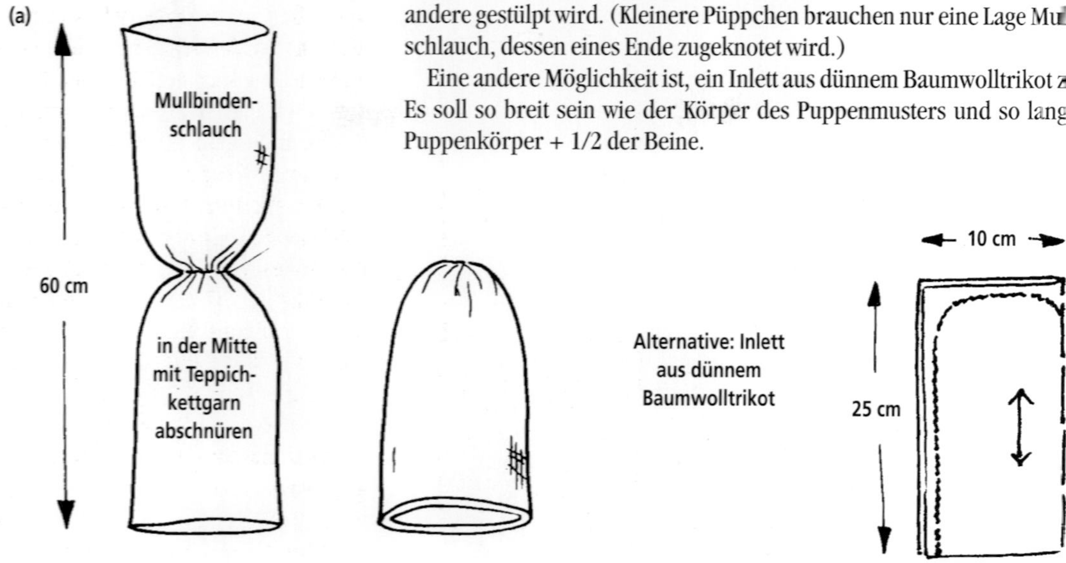

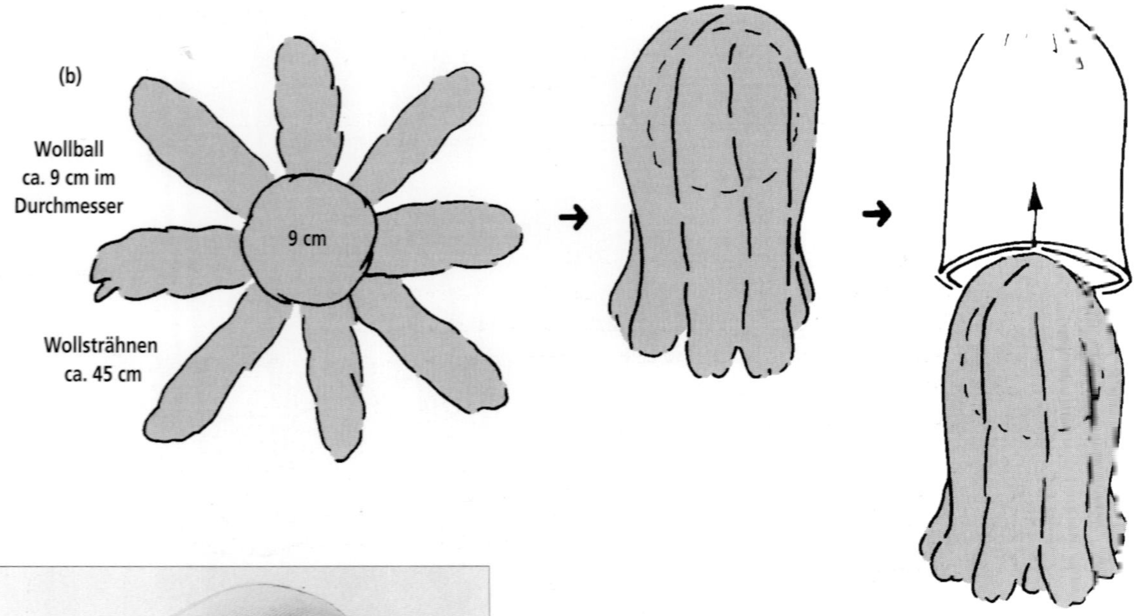

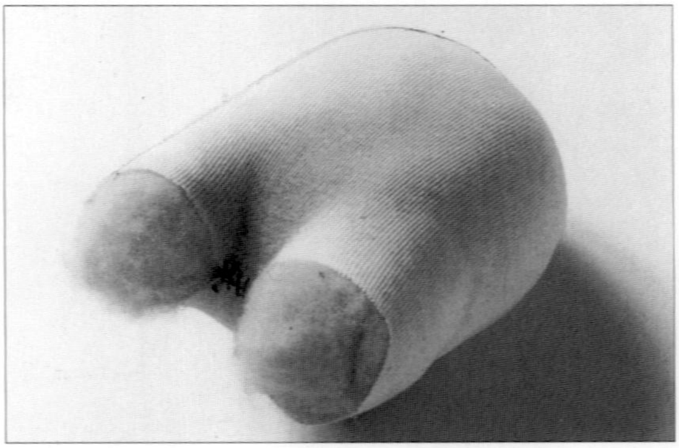

(b) Aus ca. 45 cm langen übereinandergelegten Wollsträhnen formt man einen Stern. In dessen Mitte wird ein harter Wollball, ca. 28 cm im Umkreis, gelegt, um den die Enden der Wollsträhnen, aus denen der Stern gebildet ist, zusammengeführt werden. Dann steckt man das Ganze in das Säckchen. Das Foto zeigt, wie man anfängt, das Säckchen mit ein paar kräftigen Stichen zuzunähen.

(c) Hals mit doppeltem Seemannsknoten aus Teppichkettgarn fest abbinden. Nun wird die Kopfkugel an den Körper gehalten (der fertige Kopf wird etwas kleiner), um die Proportionen zu prüfen.

Das schon zusammengenähte Stückchen wird nun in den Halswulst gedrückt, die Kanten der Öffnung zusammengeführt und ganz zugenäht. Der Wulst muß geformt werden und soll sich sehr fest anfühlen. Sollte er zu weich sein, muß man ihn mit mehr Wolle füllen oder den Mull noch strammer ziehen und mit ein paar Extrastichen den Wulst verkleinern.

(d) Abbinden: Knapp unter der Mitte der Kopfkugel legt man zwei Schlingen Kettgarn und macht einen Seemannsknoten. Fest zuziehen, damit sich in Augenhöhe eine deutlich sichtbare Abschnürung um den Kopf herum bildet. Verknoten. Wo hat sich über den platten Seiten des Wulstes das beste Kinn gebildet? Wenn man sich entschieden hat, wird der Knoten des Augenlinienfadens auf die Rückseite des Kopfes geschoben.

(e) Noch eine doppelte Schlinge Kettgarn diesmal quer über den Scheitel legen, an den Ohren einmal um den Augenlinienfaden wickeln und weiter unter das Kinn führen, um schließlich das Garn, das man vorher ordentlich gespannt hat, hinten im Nacken fest zu verknoten. Die sich an den Ohren kreuzenden Fäden werden mit Nähgarn mit ein paar Stichen befestigt. Jetzt schiebt man den Nackenfaden herunter, so daß die Puppe einen schönen Hinterkopf bekommt. Um auch den Nakken schön zu formen, kann man mit einer langen, dünnen Stopfnadel und starkem Faden durch den Nacken hin- und herstechen und den Faden gut festziehen.

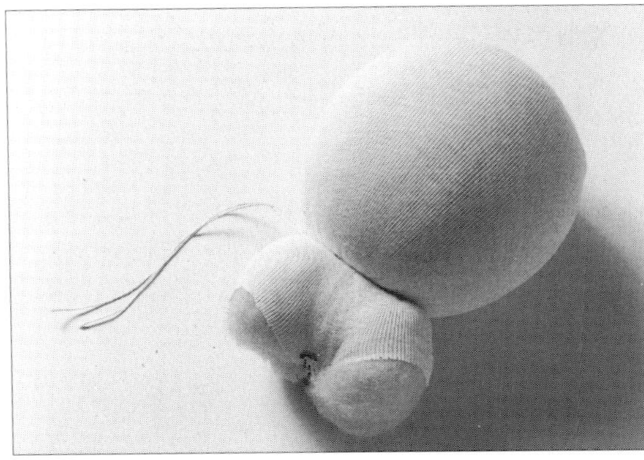

(c)

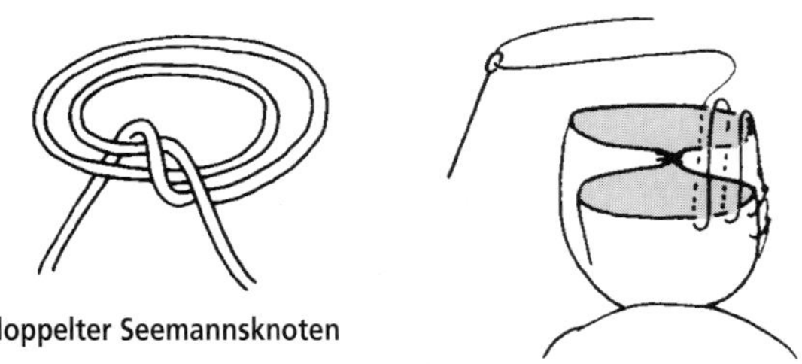

doppelter Seemannsknoten

(d)

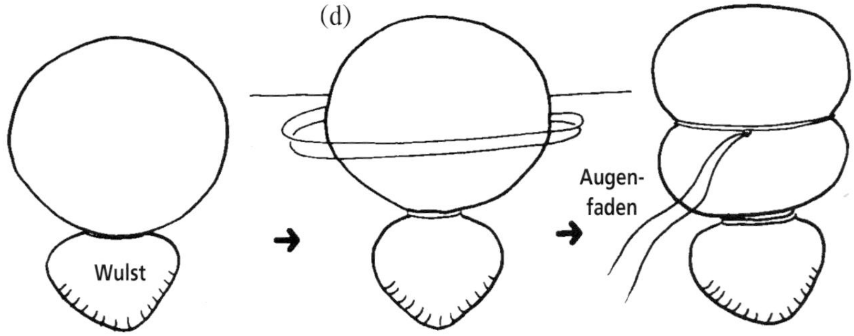

(e)

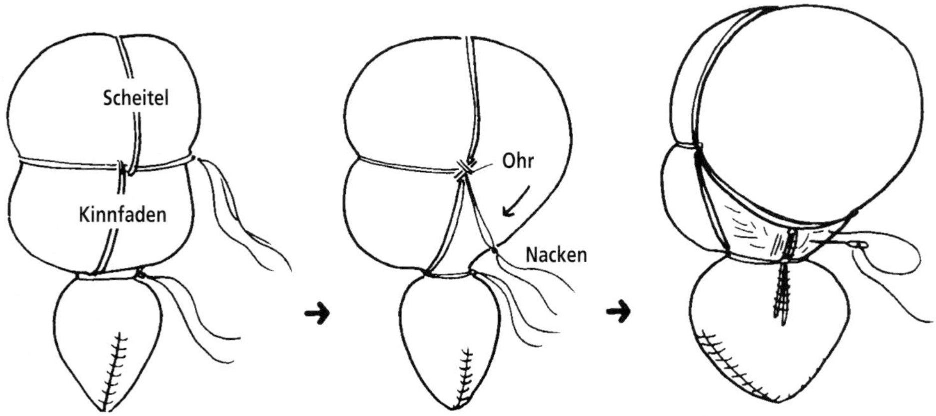

6. Überziehen der Kopfkugel mit Trikothaut

Das Stück Jersey oder Trikot, das als Haut vorgesehen ist, wird doppelt gelegt, und zwar mit den Stoffrippen parallel zum Bruch liegend. Die fertige Kopfkugel mit dem Gesicht zum Bruch gewendet darauflegen. Man zeichnet eine Linie um den Kopf, wie die gezackte Linie auf dem Bild verläuft, macht darauf die Zickzacknaht, schneidet den überflüssigen Stoff weg und wendet das Ganze. Das so erhaltene Säckchen wird von unten nach oben über die Kopfkugel gezogen, mit der Naht hinten in der Mitte des Kopfes. Die Stoffrippen sollen gerade über das Gesicht verlaufen. Nun wird der Stoff straffgezogen, über dem Scheitel zusammengeführt und zugenäht wie auf dem Bild.

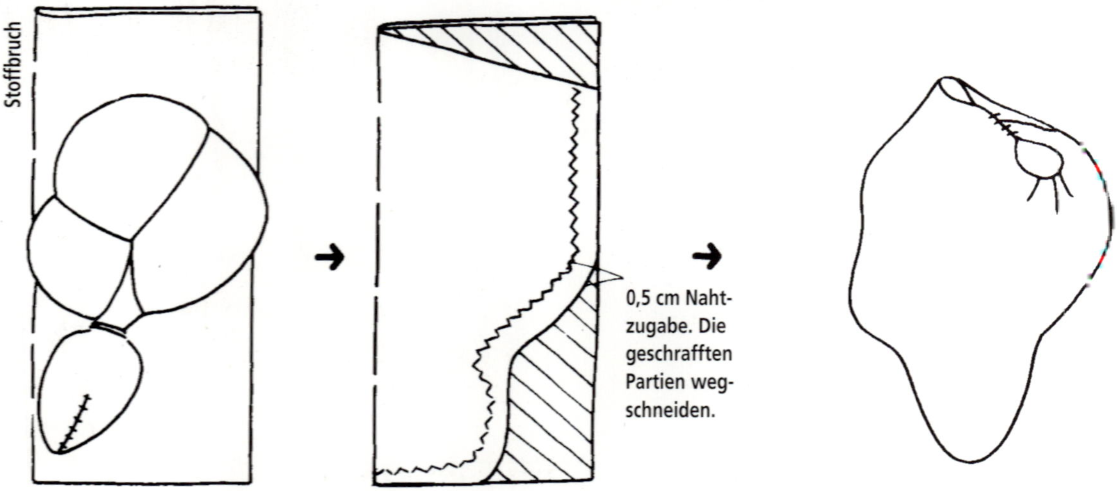

7. Zunähen der Trikothaut über dem Scheitel

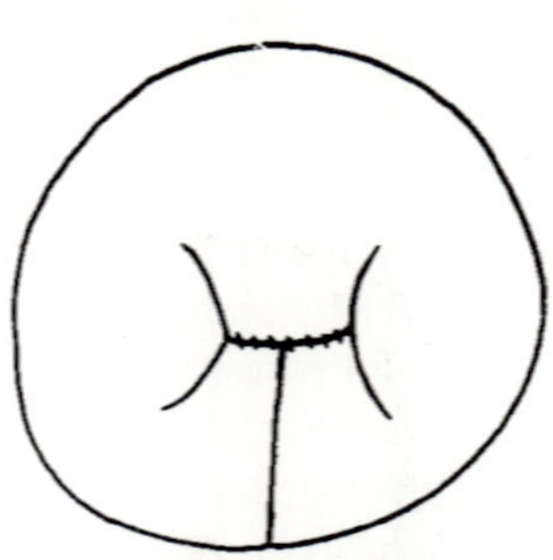

8. Abbinden unter dem Kinn

Dicht unter dem Kinn legt man nun eine Schlinge Kettgarn um den Hals und verknotet es sorgfältig, so daß der Knoten nicht aufgehen kann. Der Knoten soll hinten sitzen.

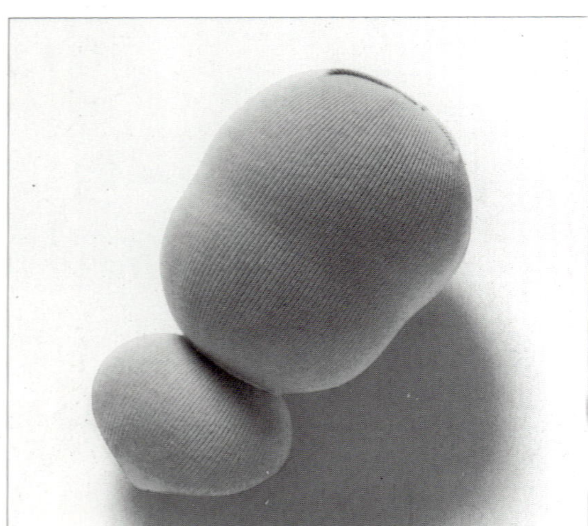

9. Zusammennähen der Arme

Es muß zuerst jeder Arm gerade über der Wollfüllung zusammengenäht werden, Saum auf Saum; nur mit ein paar Stichen. Dann werden die Arme ein Stückchen übereinandergelegt und an ein paar Stellen zusammengenäht.

10. Festnähen der Arme am Wulst

Die Daumen müssen nach vorne zeigen!

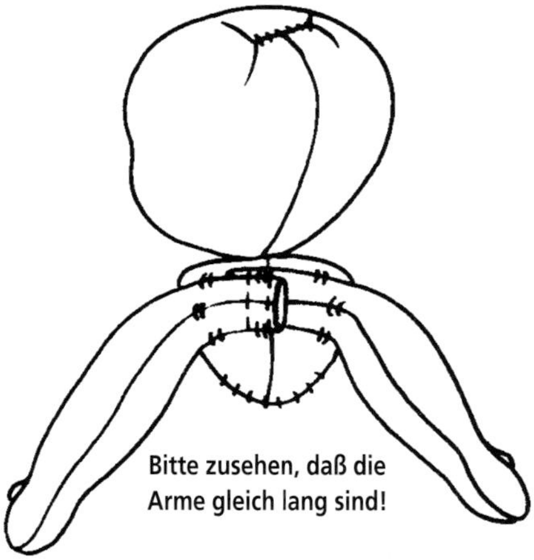

---

11. Zusammenfügen von Kopf und Körper

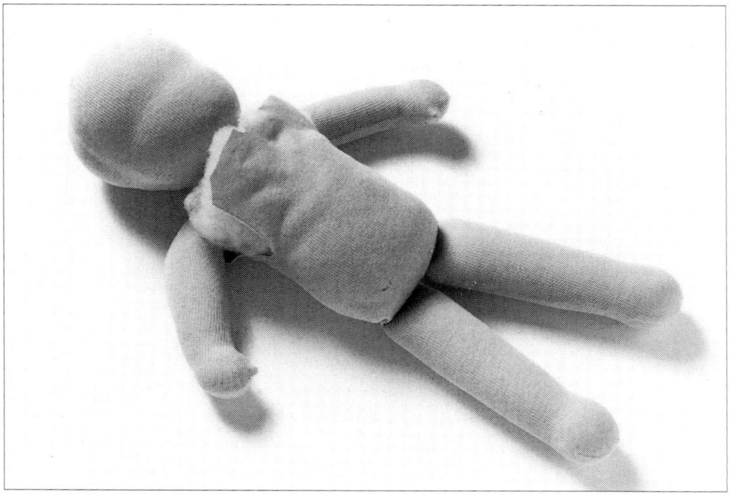

Man macht zum Rücken hin eine Kuhle in die Wollfüllung des Körpers, legt den Halswulst mit den Armen daran hinein und zupft ein wenig Wolle hoch, mit der man das Ganze schön einbettet. Die Rückenseite des Stoffes wird ein wenig mehr als die Vorderseite nach innen eingeschlagen und am Hals mit Stecknadeln befestigt (siehe Zeichnung zu Punkt 12).

12. Kontrolle der Proportionen der Puppe

Siehe Seite 17! Die Arme der Puppe dürfen nicht länger als bis zum Schritt reichen. Der Kopf soll gerade nach vorn gerichtet sein. Der Körper kann verkürzt oder verlängert werden, indem man von dem am Hals eingeschlagenen Trikot noch ein Stückchen einnimmt oder herausläßt.

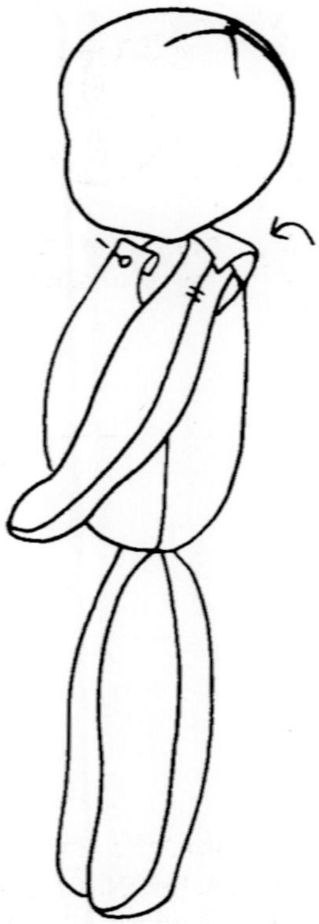

13. Hals, Schultern und Armansatz

Man beginnt damit, die Vorder- und Rückseite ca. 2 cm von der äußeren Stoffkante aus über die Schultern in Richtung Hals zusammenzunähen. Um den Hals herum soll das Kettgarn unter der Naht verschwinden. Ab und zu um die Kettgarnschlinge am Hals herumnähen. Am besten macht man Stiche mit Zwischenraum und näht mehrere Male rund um den Hals, so daß zum Schluß eine dichte Naht entsteht. Noch extra an ein paar Stellen befestigen. Die Schulternähte vom Hals her leicht abfallen lassen. Den Körperstoff in den Armausschnitt einschlagen und um die Arme herum festnähen.

Zeigen die Daumen auch nach vorne? Je kleiner das Armloch gelingt, desto beweglicher sind die Arme!

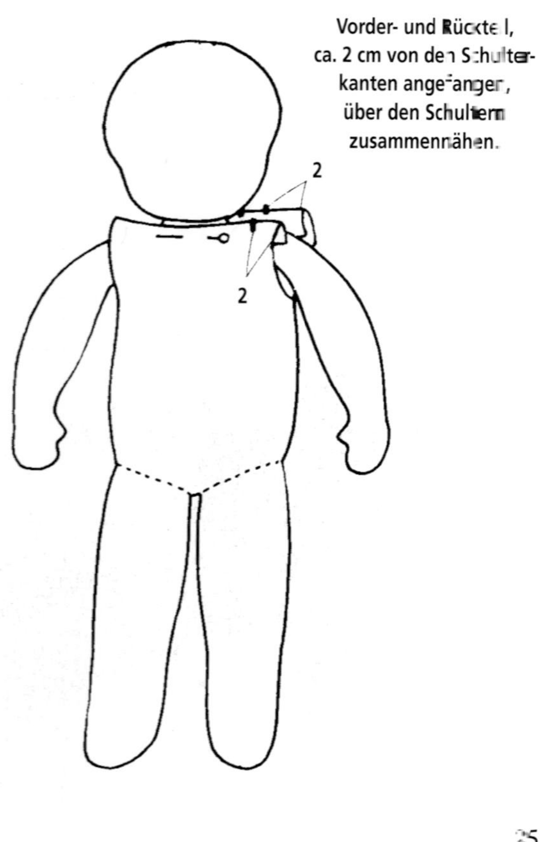

14. Augen und Mund

Mit Stecknadeln wird nun ausprobiert, wo Augen und Mund sitzen müssen. Die Augen plaziert man am besten mitten auf der Augenabbindung und den Mund so darunter, daß sich ein gleichseitiges Dreieck ergibt. Eine lange, dünne Stopfnadel tut nun gute Dienste, mit der man weit weg vom Auge einstechen kann. Beim Sticken des ersten Auges müssen die Stiche gezählt werden. Dann sticht man inwendig zum anderen Auge hinüber und versucht, die Stiche genauso zu legen wie beim ersten.

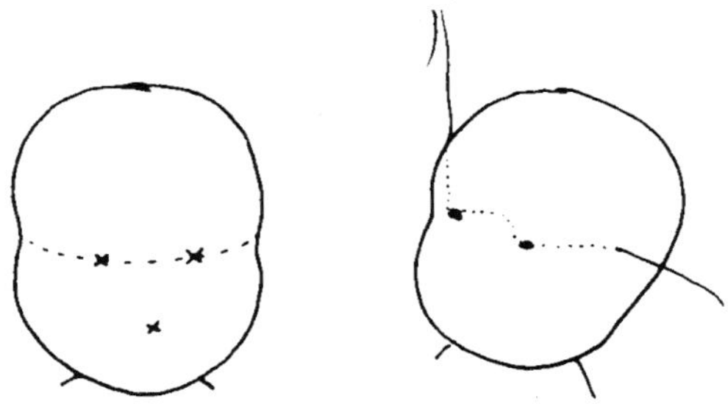

Verschiedene Stichkombinationen zum Sticken der Augen

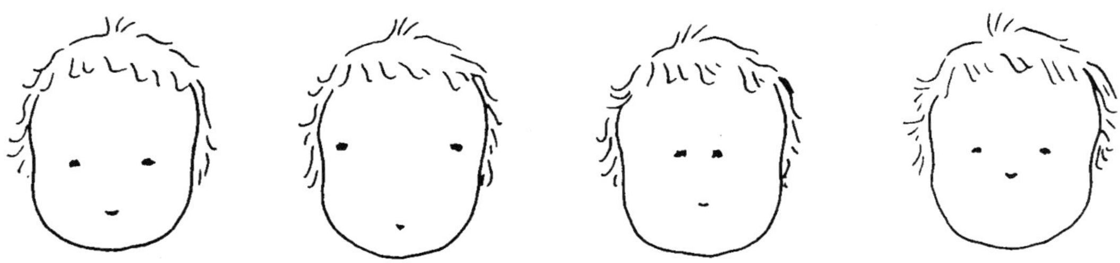

richtiger Abstand | zu tierähnlich | beschränkter Gesichtskreis | Mund oder Nase?

15. Hände

Wenn das Handgelenk markiert werden soll, zieht man einen Kräuselfaden drumherum durch, zieht ihn leicht an und verstärkt mit einer Runde Stiche. Soll die Puppe Finger bekommen, macht man Nähte mit engen Heftstichen, wobei mit der mittleren Naht begonnen wird.

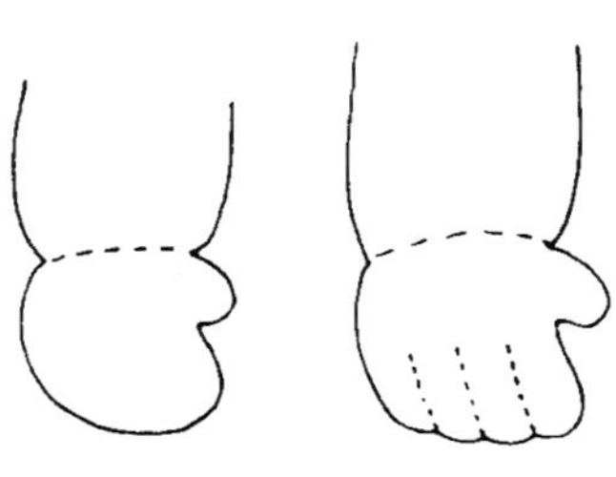

16. Füße

Den Fuß im Winkel von 90° zum Bein hochbiegen. Das Bein soll jedoch nicht kürzer werden als der Körper lang ist! Die Puppe kann ruhig kleine Füßchen bekommen. Von Knöchel zu Knöchel hin- und hernähen, so daß der Fuß angewinkelt bleibt.

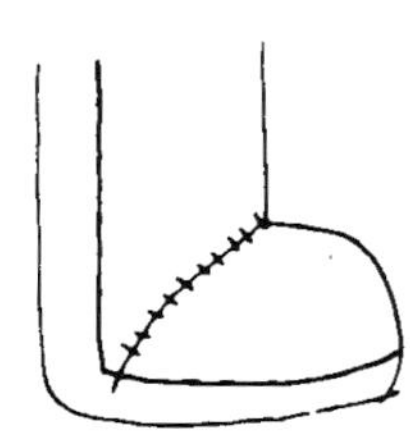

17. Das Haar

(a) Der Strang Garn wird an einer Stelle durchgeschnitten. Daraus entnimmt man circa 20 lange Nähfäden. Man legt ein Lager Fäden für das Unterhaar zurecht (I), und ebenso für das Oberhaar (II), das etwas länger ist, z. B. 30 und 50 cm.
(Für eine Puppe ohne Pony braucht man nur Oberhaar, das direkt aufgenäht wird.)

(b) Mit Bleistift schwach den Haaransatz aufzeichnen. Den Kopf mit dem Unterhaar (I) bedecken, so daß die Fransen als Pony in die Stirn hängen. Vier oder fünf Steppstichnähte zum Befestigen mit demselben Garn im rechten Winkel darübernähen.

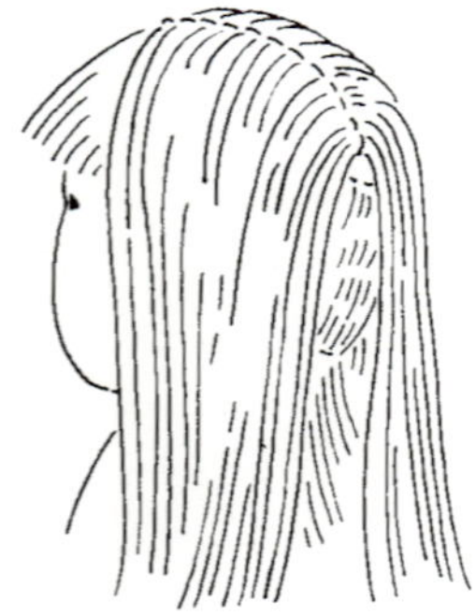

(c) Das längere Oberhaar (II) wird quer über den Kopf gelegt, so daß es auf beiden Seiten gleich lang herabhängt. Eine Naht als Mittelscheitel hält die Haarschicht am Platz.

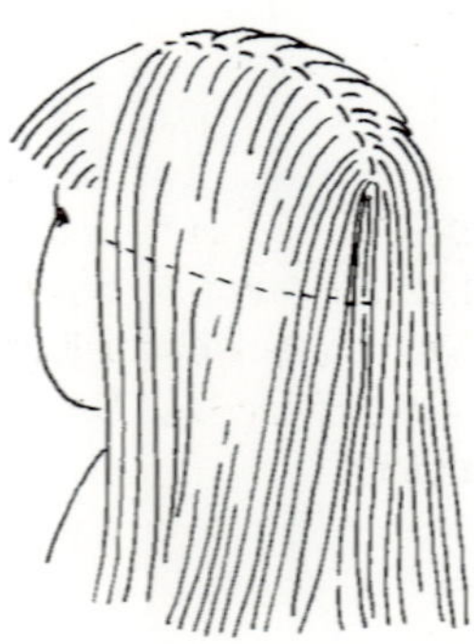

(d) Nun wird das Haar so gekämmt, daß es gleichmäßig verteilt ist, auch im Nacken. Einmal hinten um den Kopf herum festnähen, etwa in Augenhöhe. Am oberen Teil des Kopfes hier und da mit glatten Stichen in Längsrichtung das aufgelegte Haar befestigen.

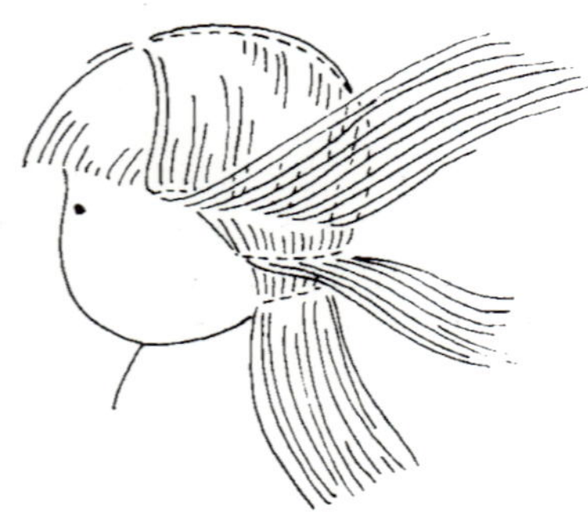

(e) Ein unterer Haaransatz wird genäht, indem man das lange Nackenhaar schichtet und eine dünnere Schicht davon mittels einer Naht befestigt, die in einem nach untenhin gerundeten Bogen von Ohr zu Ohr verläuft. Bei dickem Haar kann man mehrere solche bogenförmigen Nähte anbringen. Das hat den Vorteil, daß die Kopfhaut beim Teilen und Flechten des Haares nicht durchscheint.

(f) Nun kann die Puppe gekämmt und frisiert werden! Man begradigt die Frisur mit Hilfe einer Schere. Wenn man möchte, rötet man der Puppe leicht die Wangen mit einem Wachsfarbstift. Jetzt ist die Puppe fertig!

Anna ist fertig!

Annas Kleider

Bei der eigenen Puppe Maß nehmen!

Die folgende Tabelle zeigt die Maße von Annas Kleidern. In der leeren Spalte daneben können die Maße der eigenen Puppe eingetragen werden, was das Nähen der Kleider erleichtert. Besonders leicht unterschätzt man den Umfang der Puppenarme! Also achte man darauf, daß die Ärmel so weit werden, daß die Kleider leicht an- und ausgezogen werden können.

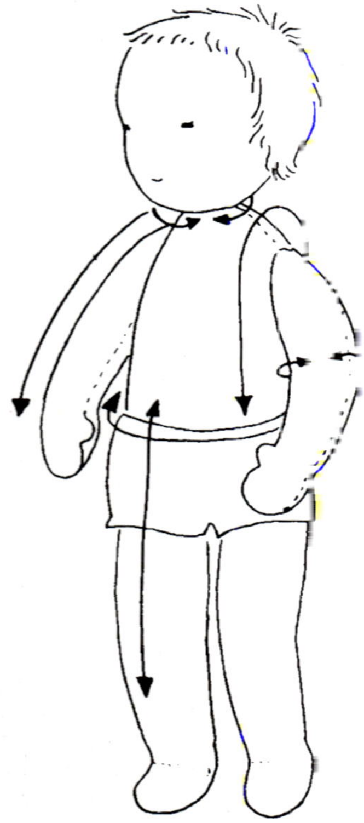

	Annas Maße	Maße der eigenen Puppe
Gesamtgröße	ca. 40 cm	
Halsumfang	ca. 15 cm	
Taille	ca. 32 cm	
Armumfang	ca. 12 cm	
Armlänge ab Hals	ca. 17 cm	
Maß von der Taille über die Schulter bis zur Taille hinten	ca. 22 cm	

Weiße Bluse und Unterhemdchen

Farbbild S. 12
Stoffverbrauch:
Weiße Bluse 64 x 30 cm
Unterhemdchen 40 x 17 cm
Unterhöschen 50 x 15 cm
Muster und Beschreibung der Hose siehe S. 71.

Unterhemdchen: Nach Muster (S. 30) zuschneiden und die Träger zusammennähen. Halsausschnitt, Armlöcher und untere Kante säumen, Knopf- und Knopflochleiste am Rücken nach innen einschlagen, festnähen und Knöpfe und Knopflöcher anbringen.

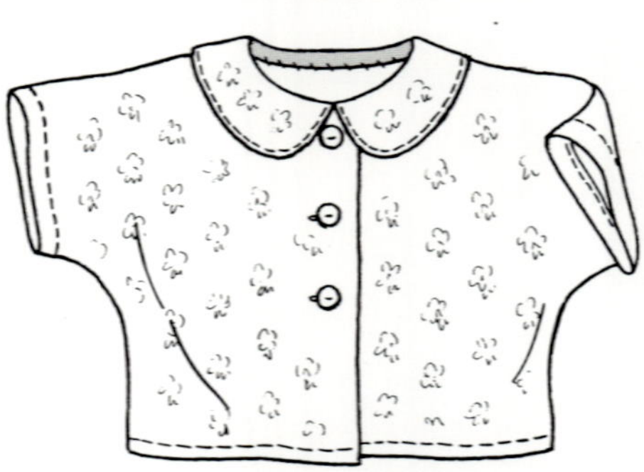

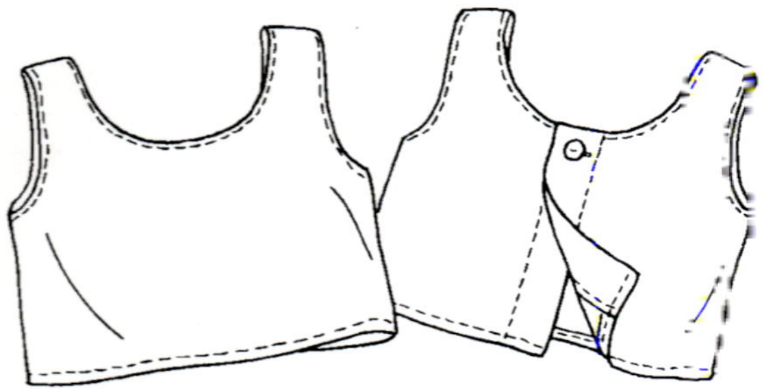

Bluse: Man beginnt mit den Schulternähten, näht den Kragen zusammen und wendet ihn, bügelt ihn und verziert ihn mit feinen Reihstichen parallel zur Außenkante. Dann wird der Kragen mit einem Schrägstreifen daraufliegend um den Halsausschnitt zurechtgelegt. Der Kragen wird dann festgenäht, indem man durch das Schrägband, den Kragen und den Halsausschnitt der Bluse hindurchnäht. Nun das Schrägband nach innen schlagen und es innen im Halsausschnitt feststicheln. Die Ärmel unten einschlagen und säumen, die Seiten der Bluse zusammennähen. Die vorderen Kanten, wo die Bluse offen ist, nach innen falten. Unten herum säumen und die Bluse mit Knöpfen und Knopflöchern versehen.

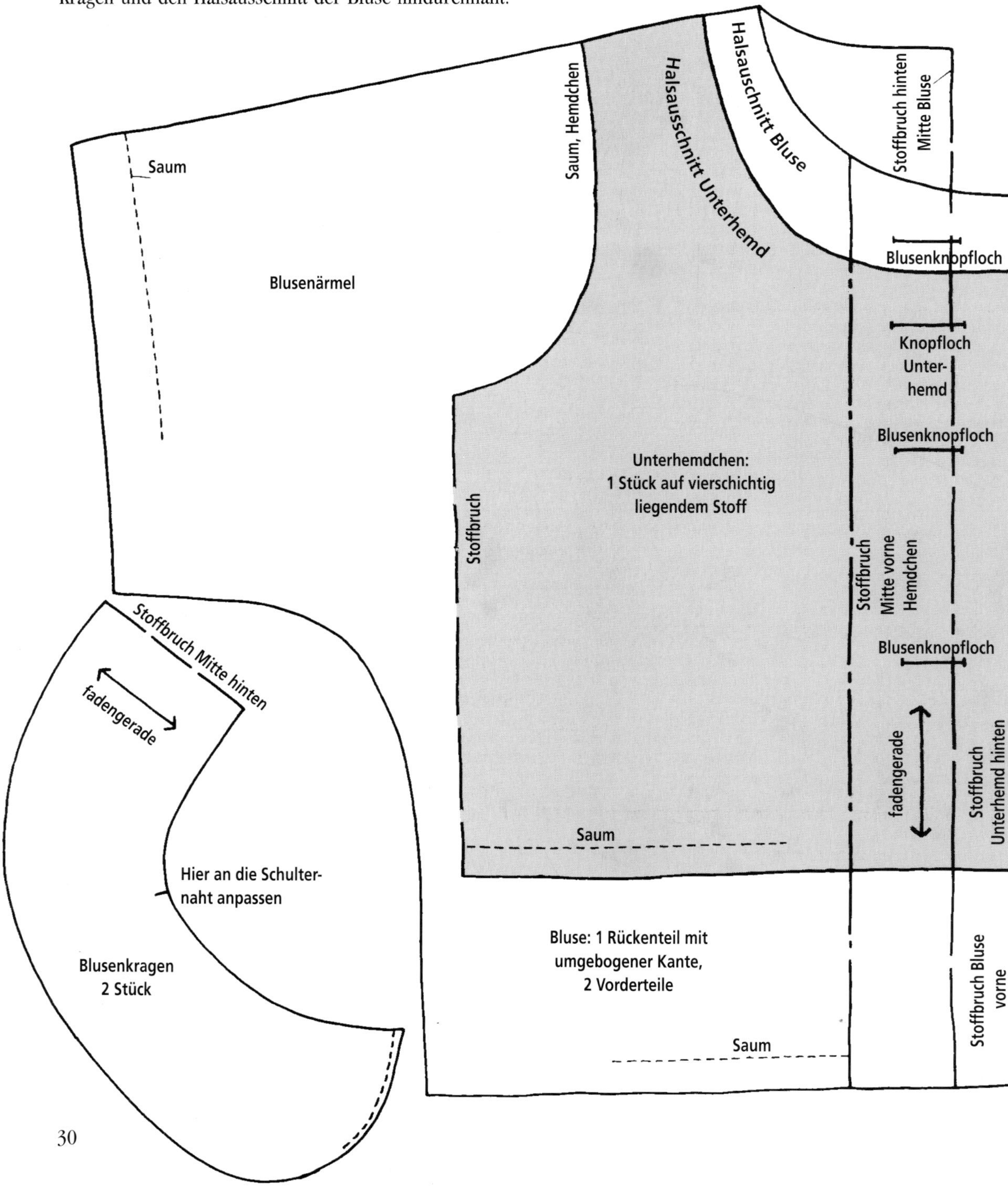

Schürzchen mit Volants

Größe C
Stoffverbrauch: 60 x 40 cm
Dünner Baumwollstoff, uni weiß oder farbig; sonst mit winzigem Muster. Schnittmuster auf den Stoff legen, mit Nahtzugabe zuschneiden. Die Schulternähte von Leibchen und Leibchenfutter getrennt zusammennähen. Die Mitte von Leibchen, Rock und den Volants markieren. Gerundete Seite des Volants und Rock unten säumen, Rock seitlich zunähen. Volants kräuseln, so daß sie in die Ärmelausschnitte passen, festnähen. Leibchen und Futter rechts auf rechts zusammenlegen und dazwischen die Volants rechts auf rechts mit dem Leibchen. Beim Zusammennähen von Leibchen und Futter werden also die gekräuselten Volants gleich mit angenäht. Leibchen hinten am Schlitz angefangen über den Halsausschnitt und wieder an der anderen Seite des Schlitzes herunter zusammennähen. Vorsicht, damit dabei nicht ein Volant mit eingenäht wird! Am Ärmel- und Halsausschnitt kleine Schlitze einschneiden, Leibchen wenden und bügeln, eventuell mit Reihstichen um den Ausschnitt herum verzieren. Seitennähte rechts auf rechts zusammennähen. Unten am Leibchen Nahtzugabe falten und bügeln. Rock kräuseln, so daß er ans Leibchen paßt, Leibchen und Rock rechts auf rechts legen und zusammennähen. Oberteil wenden, Leibchenfutter innen am Rockbund festnähen. Die doppelten Taschen zusammennähen, ein kleines Loch offenlassen, durch das man die Taschen wendet. Loch zunähen und die Taschen mit Reihstichen am Rock annähen. Am Rückenschlitz entweder Knopf und Knopfloch, Druckknöpfe oder Bändchen zum Zubinden anbringen.

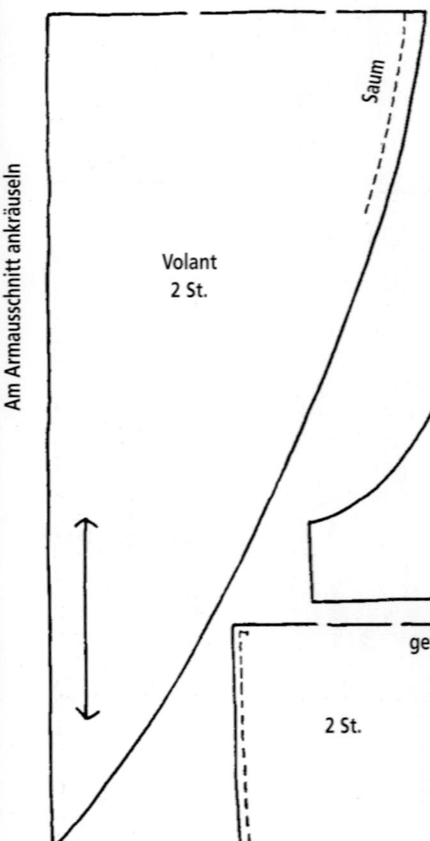

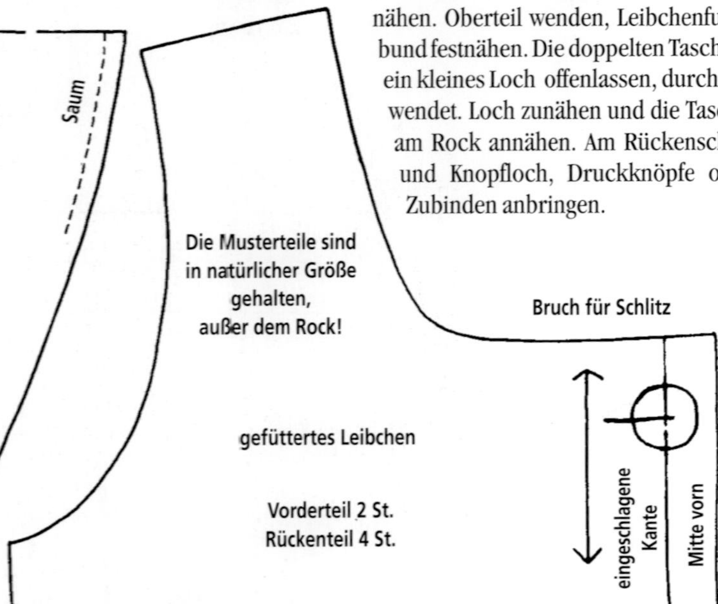

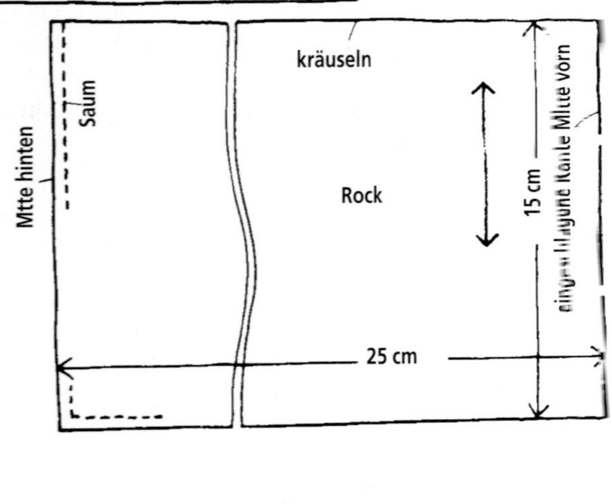

= Mitte!

Trägerrock

Größe C
Stoffverbrauch: 58 x 35 cm
Die Teile des Rocks abmessen und zuschneiden. Die Träger der Länge nach doppelt falten, so daß die rechte Seite innen liegt, Träger zusammennähen und wenden. Falls es sich um einen kräftigen Stoff handelt, ist es einfacher, die Träger mit der rechten Seite nach außen zu falten, die Nahtzugabe nach innen einzuschlagen und mit der Hand oder auf der Maschine zuzunähen. Die Stoffstücke für den Rock dann seitlich zusammennähen, unten säumen und oben kräuseln. Den Bund rechts auf rechts auf die obere Rockkante legen und einen halben Zentimeter innerhalb der Kante einfach über die gekräuselten Fältchen nähen. Bund hochklappen und bügeln. Träger dann wie auf dem Bild auf den Rock legen, so daß sie am Bund enden. Das zweite Bundstück an der einen Längsseite mit Zickzack auf der Maschine versäubern, rechts auf rechts auf die Träger legen und nähen, wie es die gestrichelte Linie zeigt. Träger nach oben holen, Bund auf der Innenseite des Rocks herunterklappen und festheften.

Mit dem anderen Stück des Rocks wird ebenso verfahren. Zuletzt Knöpfe und Knopflöcher oder Druckknöpfe anbringen.

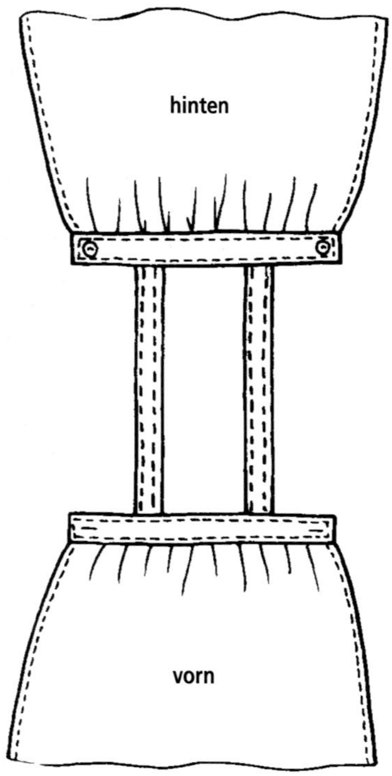

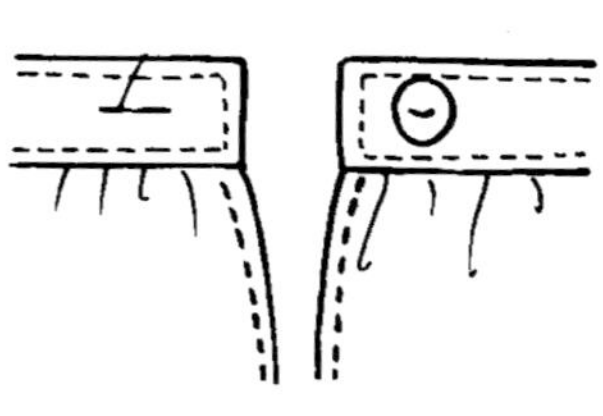

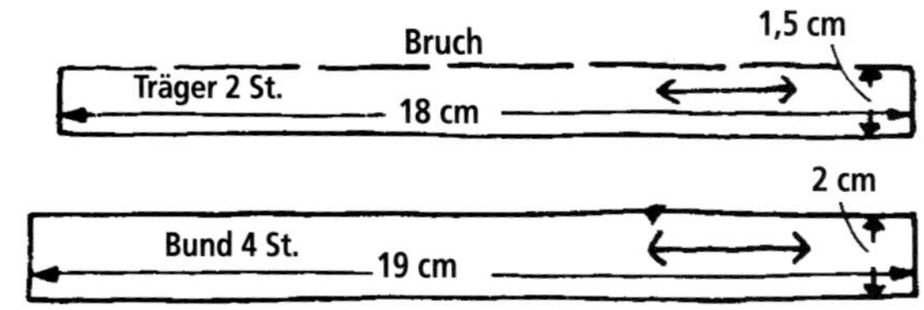

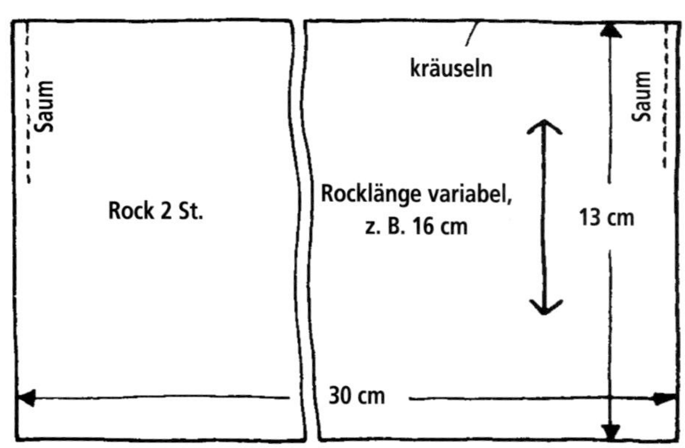

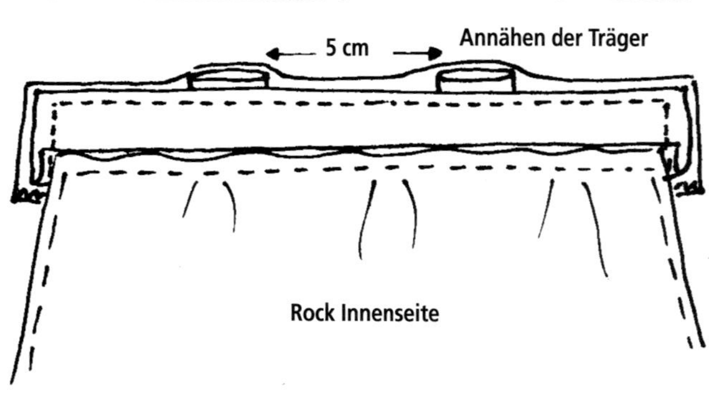

Strickjäckchen

Stricksachen für Anna, Größe C

Materialverbrauch: blaues Garn 80 g, hellblau 30 g und ein wenig weißes.

Stricknadeln Nr. 2 und 2 1/2

M = Masche, R = Reihe, r = rechte Masche(n), l = linke Masche(n)

Abnehmen = 2 M werden zu 1 M zusammengestrickt, r auf der rechten Seite und l auf der linken.

Glatt rechts stricken = r auf der rechten Seite, l auf der linken.

Bündchen = 1 l M, 1 r M, 1 l M, 1 r M usw.;
zweite Reihe: r über r und l über l stricken.

Versetzt stricken = R 1 wie Bündchen stricken; die folgende R strickt man r M über l M, l M über r M usw., immer abwechselnd.

Umschlag = Faden nur über die Nadel legen und erst in der nächsten R abstricken.

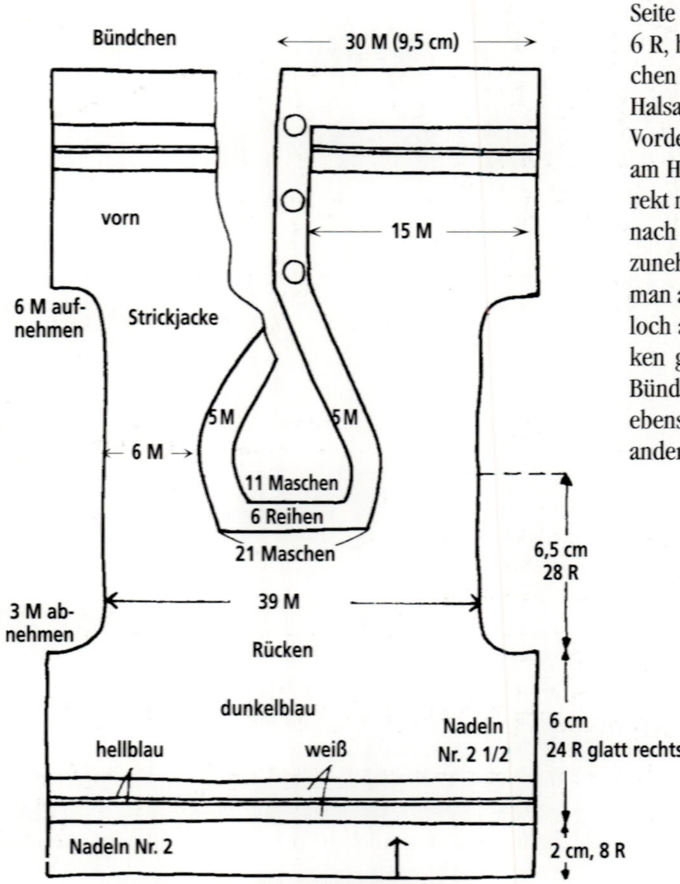

Hier anfangen: 51 M (17 cm) aufnehmen.
Bündchen stricken.

Man beginnt auf der Rückseite unten. 51 M auf Nadel Nr. 2 aufnehmen, 8 R Bündchen stricken, Nadeln gegen Nr. 2 1/2 austauschen, 24 R glatt rechts stricken. Auf jeder Seite 3 M für das Ärmelloch abketteln, dann bei den 3 nächsten rechten Reihen vor den 2 äußersten M auf jeder Seite 3 mal abnehmen. 10 R glatt r weiterstricken, dann 6 R, bei denen die 21 in der Mitte liegenden M als Bündchen gestrickt werden, die mittleren 11 M davon für den Halsausschnitt abketteln, die Arbeit teilen und die linke Vorderseite zuerst stricken. 6 R stricken, die 5 M direkt am Hals als Bündchen. Dreimal auf der rechten Seite direkt neben dem Bündchen jeweils einmal abnehmen, danach 10 mal auf der rechten Seite neben dem Bündchen zunehmen. Bei jeder der drei letzten rechten R nimmt man am Ärmelloch 3 mal zu, worauf 6 neue M am Ärmelloch aufgenommen werden. Das Vorderteil wie den Rücken glatt r und an der Vorderkante und unten entlang Bündchen stricken. Abketteln. Das rechte Vorderteil ebenso wie das linke arbeiten, aber mit Bündchen auf der anderen Seite und mit Knopflöchern an der Vorderkante

Für den Ärmel nimmt man etwa 30 M neu am Ärmelloch auf, strickt glatt r, nimmt bei ungefähr 5 Reihen jeweils eine M auf jeder Seite auf (bis man zur Seitenkante des Brust- und Rückenstücks gekommen ist). Weitere 20 R glatt r stricken, dann auf Nadeln Nr. 2 8 R Bündchen, abketteln. Der andere Ärmel ebenso. Dann legt man das Jäckchen rechts auf rechts aufeinander und näht die Ärmel und die Seiten mit Steppstich ein paar M von der Kante entfernt zusammen. Knöpfe annähen.

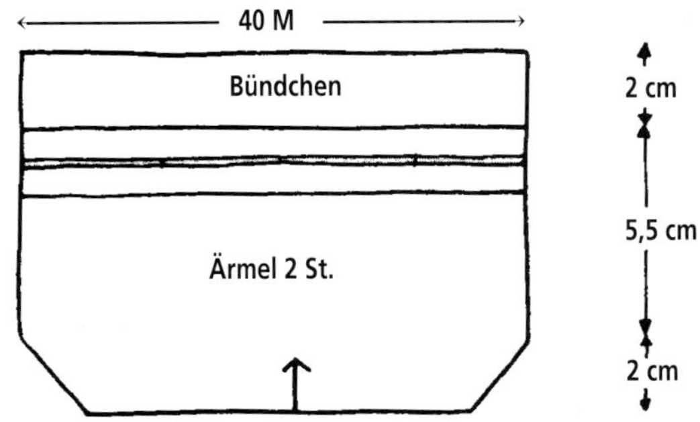

Mütze

60 M auf Nadeln Nr. 2 für die Vorderkante aufnehmen, 8 R Bündchen stricken. Mit Nadeln Nr. 2 1/2 weiterarbeiten, glatt r 24 R. 40 r M stricken, 1 x abnehmen, die Arbeit wenden, die erste M abheben usw., bis auf jeder Seite noch 2 M übrigbleiben. Auf den 2 letzten R in gleichmäßigen Abständen 5 x abnehmen, so daß 10 M übrigbleiben. Auf jeder Seite des Halses 16 M aufnehmen, 8 R Bündchen stricken. Abketteln bis auf die letzten 6 M, die wie Bündchen gestrickt zu einem Band unter dem Kinn gearbeitet werden. Nach etwa 26 R macht man ein Knopfloch in das Ende des Bandes, indem man die beiden mittleren der 6 M abkettelt, in der nächsten R 2 neue M anschlägt und nach weiteren 4 R abkettelt. Knopf annähen.

Söckchen

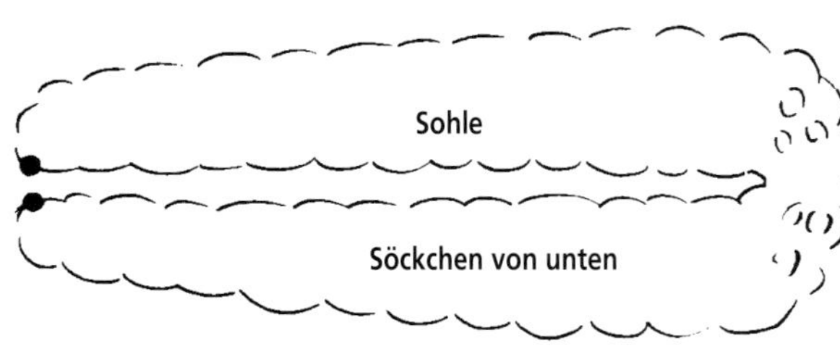

Für die Sohle werden auf Nadeln Nr. 2 1/2 40 Maschen aufgenommen. Versetzt stricken; in der 2. Reihe vor und nach den mittleren 4 M jeweils 1 M aufnehmen, ebenso in der 4. R vor und nach den mittleren 6 M, und noch einmal in der 6. R vor und nach den 8 M in der Mitte, so daß 46 M auf der Nadel sind. Weitere 8 R versetzt stricken. 15. R: 17 M versetzt, 12 M r, 1 x rechts abnehmen, wenden, die 1. M abheben, 12 l M, 1 x links abnehmen, wenden, die 1. M abheben usw., bis man in der Mitte 8 R glatt r gestrickt hat und auf jeder Seite 12 M übrig sind. R versetzt fertigstricken. Und nun wird 1 R mit Löchern für die Schnur gearbeitet: 1 x abnehmen, 1 Umschlag, 1 x abnehmen, 1 Umschlag usw. Das Strumpfbein: glatt r 14 R, 4 R versetzt, abketteln. Eine ca. 40 cm lange Kordel drehen und durchziehen. Bein hinten und Sohle unten zusammennähen.

Kleid

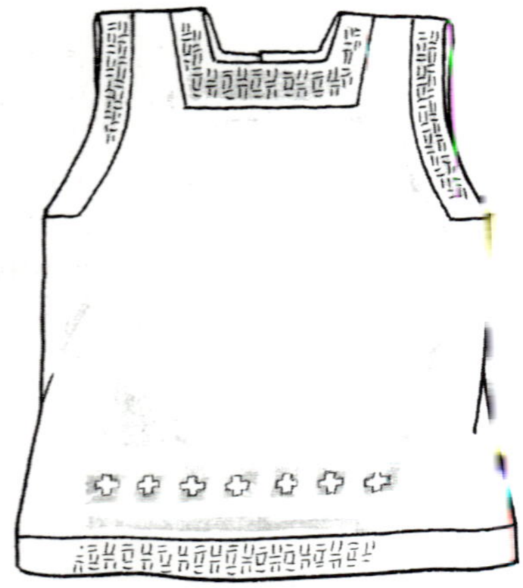

Anfangs für die untere Kante des Rückteils auf Nadeln Nr. 2 1/2 60 M aufnehmen, 6 R versetzt stricken, dann glatt rechts weiter. In der 7. glatt rechtsgestrickten R in gleichmäßigen Abständen 5 mal abnehmen, was man in der 13. R wiederholt. Nach 20 R glatt Rechtsgestricktem teilt man die Arbeit in zwei Teile, so daß der Rückenschlitz entsteht, der am Hals geknöpft wird. Weiter auf der Knopfseite! Es sind 25 M auf der Nadel, und man strickt 12 R glatt rechts. Am Armausschnitt 4 M versetzt, dann 1 x abnehmen. In jeder der folgenden 5 r Reihen ebenso. Weitere 20 R. Dann 6 M zum Halsausschnitt hin abketteln. In den nächsten 2 r R, 2 M vor der Halskante, einmal abnehmen. Nach 2 weiteren R zur Schulter hin abketteln.

Nun geht man zur anderen Hälfte des Rückenoberteils, der mit den Knopflöchern, über. Es sind 25 M auf der Nadel. Auf der r Seite weitere 3 neue M aufnehmen, die ersten 6 M versetzt, die restlichen glatt rechts. Nach 10 R wird das erste Knopfloch gearbeitet (die 2 mittleren M abketteln und in der nächsten R zwei neue anschlagen. In gleichmäßigen Abständen 2 weitere Knopflöcher in die versetzt gestrickte Kante arbeiten). Angefangen beim untersten Knopfloch wird in jeder der nächsten 5 glatt rechtsgestrickten Reihen vor den vier versetzten M am Armausschnitt 1 mal abgenommen. Nachdem das oberste Knopfloch gearbeitet ist, 7 M abketteln, dann 6 R mit jeweils 2 mal abnehmen weiterstricken, wie auf der Knopfseite.

Für das Vorderteil 72 M aufnehmen, 6 R versetzt, dann glatt rechts. In der 7. und 13. R 6 mal abnehmen und bis zum Armausschnitt weiter, der ebenso wie beim Rückteil angefangen wird. Vor der verschränkten Kante 8 mal abnehmen (statt 5 mal wie beim Rücken) und verteilt auf eine dieser R 4 x abnehmen. 2 R weiterstricken und danach 8 R die mittleren 20 M versetzt stricken. Dann die mittleren 12 M abketteln und 10 R auf jeder Schulterseite weiter, wobei auf jeder Seite im Laufe dieser 10 R vor der versetzten Kante 2 mal abgenommen wird. Abketteln. Vorder- und Rückteil zusammennähen und die Knöpfe anbringen.

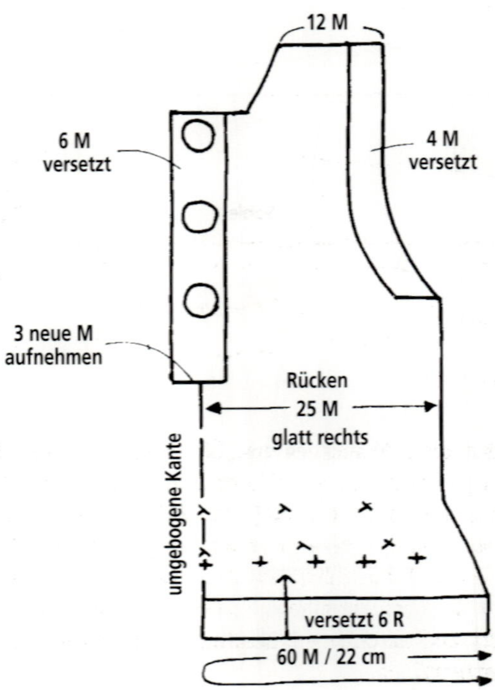

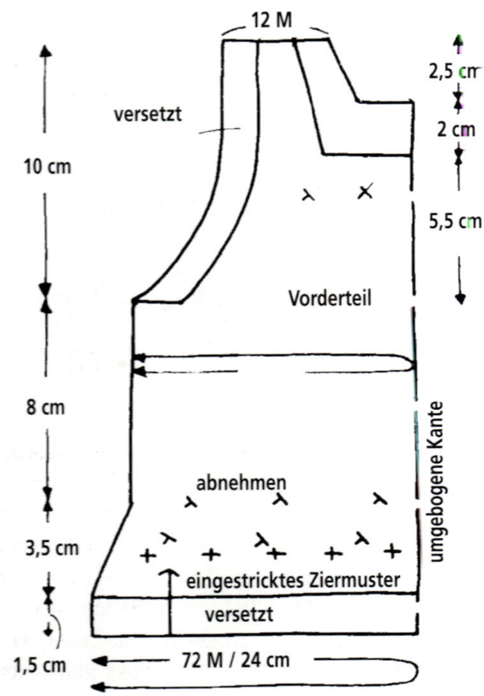

Nachthemd

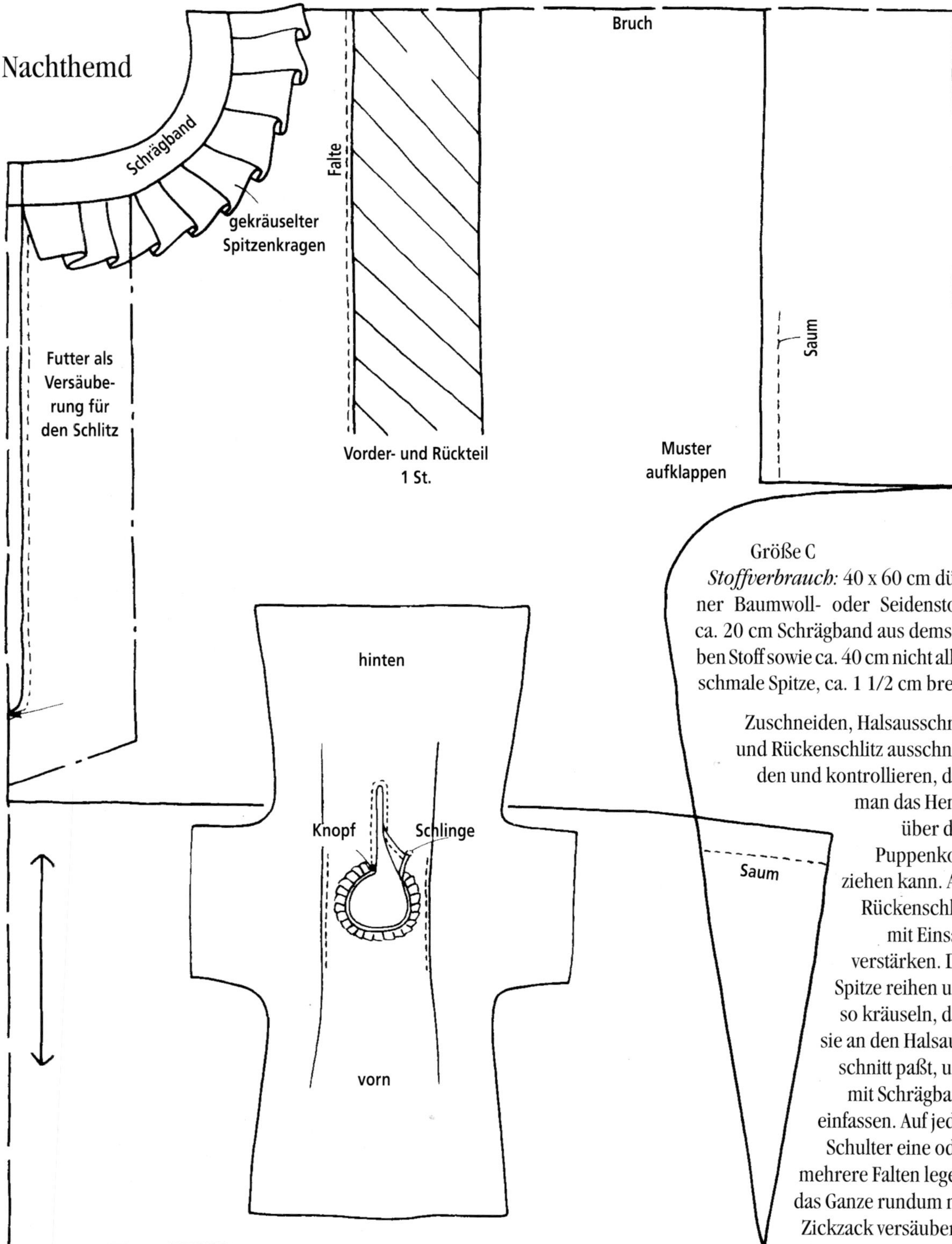

Stoffverbrauch: 40 x 60 cm, Spitze 1,5 x 40 cm.

Größe C

Stoffverbrauch: 40 x 60 cm dünner Baumwoll- oder Seidenstoff, ca. 20 cm Schrägband aus demselben Stoff sowie ca. 40 cm nicht allzu schmale Spitze, ca. 1 1/2 cm breit.

Zuschneiden, Halsausschnitt und Rückenschlitz ausschneiden und kontrollieren, daß man das Hemd über den Puppenkopf ziehen kann. Am Rückenschlitz mit Einsatz verstärken. Die Spitze reihen und so kräuseln, daß sie an den Halsausschnitt paßt, und mit Schrägband einfassen. Auf jeder Schulter eine oder mehrere Falten legen, das Ganze rundum mit Zickzack versäubern, das Hemdchen rechts auf rechts falten und die Seitennähte machen. Unten herum und an den Armlöchern säumen. Knopf und Schlinge annähen.

Puppen für jedes Alter

Für kleine Kinder eignen sich einfachere Knoten- oder Wurfpuppen, Puppen im Säckchen oder mit festsitzenden Kleidern (Overallpuppen). Diese Puppen haben runde Köpfe ohne Abschnürung.

Einem Baby kann man z. B. eine handliche, ca. 15 cm große Puppe geben, die das Kind selbst heben und halten kann.

Knoten- oder Wurfpuppe

Material: z. B. 30 x 30 cm großes Viereck eines einfarbigen Baumwoll- oder Seidenstoffes; jedoch sollte er nicht stark gefärbt sein, da das Kind sicher die Puppe in den Mund nimmt. Etwas ungesponnene Wolle zum Stopfen des Kopfes. Ca. 1 m hübsches Band.

So wird's gemacht: Einen festen kleinen Wollball drehen, der ungefähr die Größe eines Tischtennisballes hat. Er wird auf die obere Mitte des Stoffes gelegt, der über den Ball gefaltet und straffgezogen wird. Den Hals mit Garn umbinden. In die äußersten vier Zipfel macht man Knoten als Hände und Füße, kreuzt die Beine übereinander und wickelt das Band um den Körper herum, zwischen den Beinen hindurch und über die Schultern, worauf man es *sorgfältig festnäht,* so daß es sich nicht lösen und dem Kind Schaden bringen kann. Eventuell Pünktchen als Augen und Mund sticken.

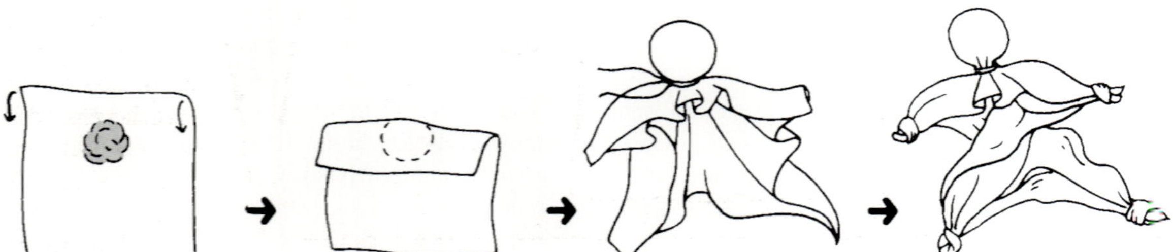

Walnußbaby

Material: Eine mit einem Messer geteilte Walnuß, deren Kanten glatt sind. Ein Stückchen dünner rosa Stoff von 4 x 4 cm, ein Bäuschchen Wolle, Nähgarn zum Abbinden und für Augen, Mund und Haar.

So wird's gemacht: Die Wolle mitten auf das Stoffstückchen legen, welches darübergefaltet wird. Das Köpfchen daraus fein rund und erbsengroß formen, mit ein paar Stichen zusammennähen und Nähgarn um den Hals wickeln. Die beiden seitlichen Armzipfel nach innen einschlagen und auf jeder Seite ein winziges Händchen nähen, dann Pünktchen als Augen und Mund sowie spärliches Haar. Ein kleines Bettchen aus Wolle in der Walnuß machen. Das Walnußbaby kann in seiner Nußschale auch in der Badewanne schaukeln.

Achtung! Nicht für die kleinsten Kinder, die noch alles in den Mund stopfen.

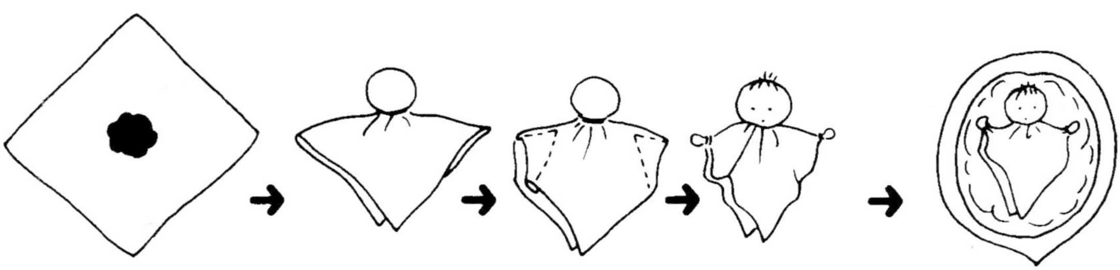

Sofie, Puppe im Säckchen für kleine Kinder

Material: Stretchsamt, Samt, Frottee oder anderer weicher Baumwollstoff mit den Maßen 20 x 35 cm. Hauttrikot 15 x 18 cm. 100 g ungesponnene Wolle. Ein Stück Teppichkettgarn von 25 cm und etwas Woll- oder Baumwollgarn für die Haare. Faden für Augen und Mund.

So wird's gemacht: Stoff mit den Rippen parallel zum Bruch liegend falten und ein längliches Säckchen von ca. 4 x 18 cm daraus nähen. Zuschneiden und wenden. Einen Stern aus etwa 30 cm langen Wollsträhnen legen (1), ein hartes Wollbällchen, ca. 5 cm im Diameter mitten daraufplacieren und die Wollstränge darum zusammenführen. Diese Wolle so in das Säckchen einführen (2). Hals abbinden (3) und das Säckchen unten zusammennähen (nachdem man eventuell mehr Wolle nachgestopft hat, wenn es sich zu leer anfühlte).

(4) Das Muster für das Sackkleidchen auf den Stoff übertragen, nähen, zuschneiden und wenden. Wolle unten in das Säckchen stopfen, den Puppenkörper einführen und in die Wolle einbetten. Die Kopfnaht muß hinten in der Mitte sein. Den Halsausschnitt kräuseln und um den Hals herum festnähen. Zwei kleine Vierecke aus Hauttrikot, 5 x 5 cm, zuschneiden und zwei Wollbäuschchen darauflegen, in das Trikot einpacken und jeweils zu einem winzigen Händchen zusammenbinden. Wolle in die Ärmel füllen, die geballten Händchen daraus hervorsehen lassen, Ärmel unten kräuseln und um die Handgelenke festnähen. Augen und Mund sowie dünnes, glattes Haar aufsticken oder eine Mütze nähen. Frisur siehe S. 60.

Sofie

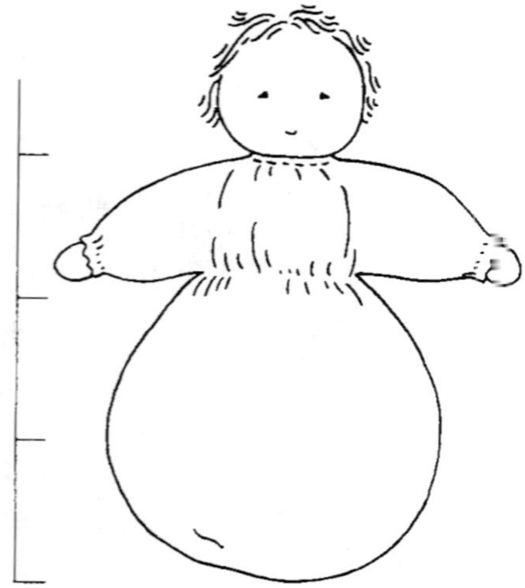

(2)

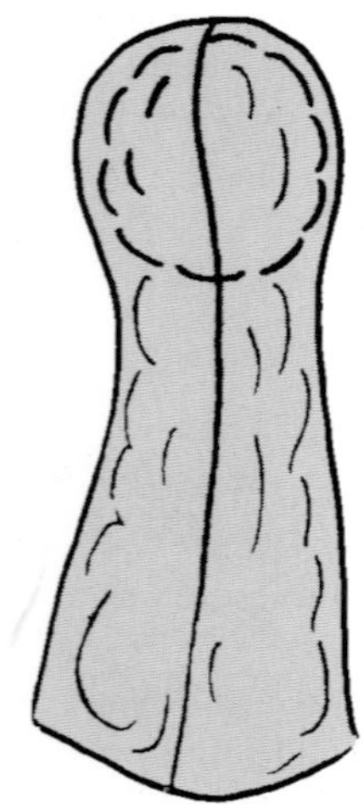

(1)

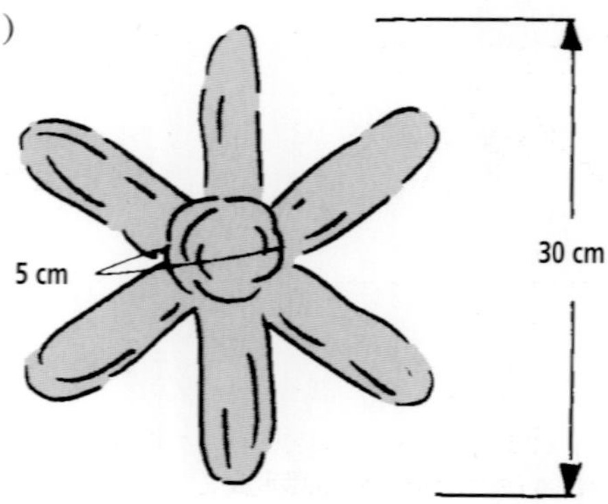

(4)

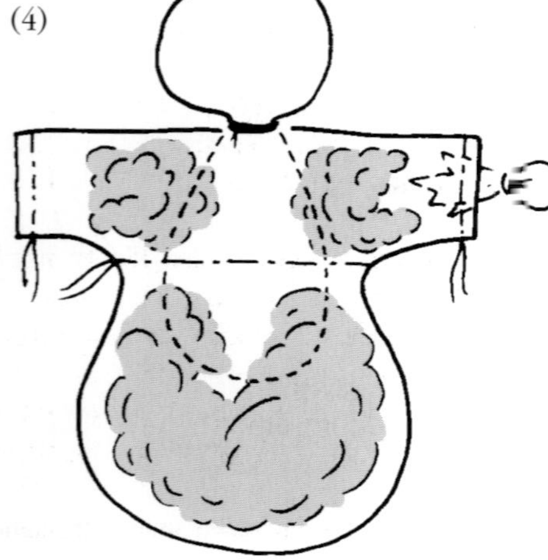

(3)

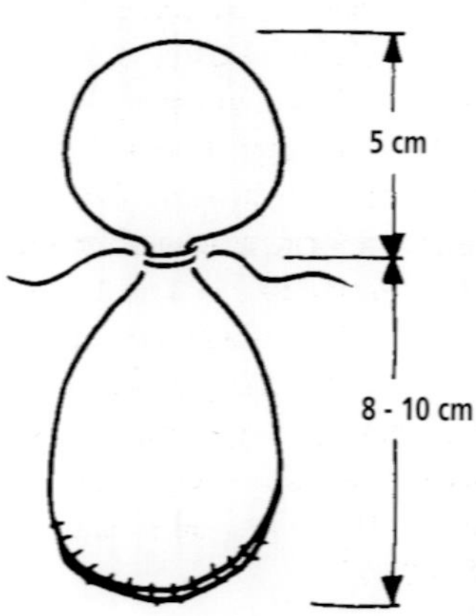

Muster für Sofie, Puppe im Säckchen

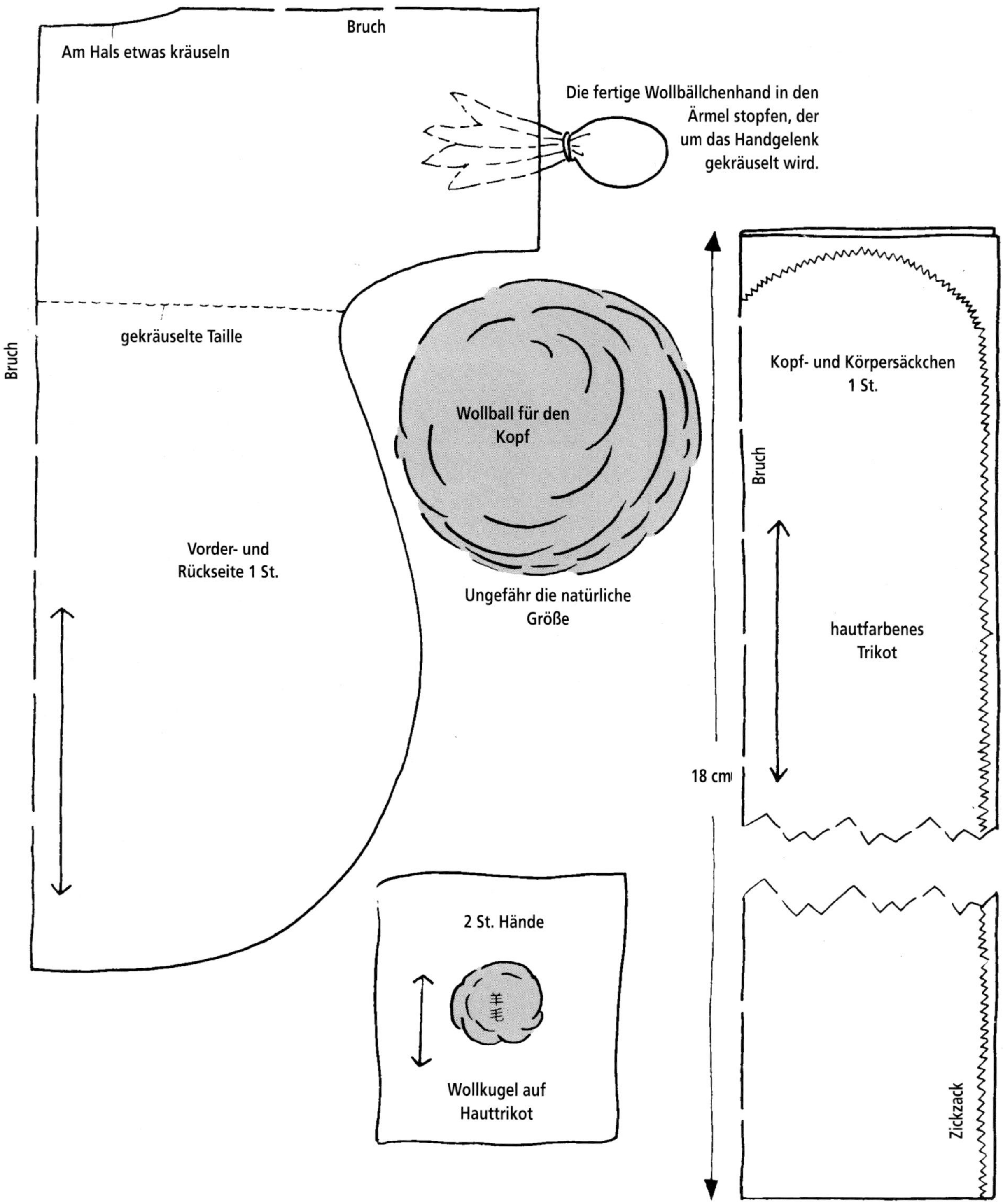

Moritz, kleine Babypuppe für etwas größere Kinder

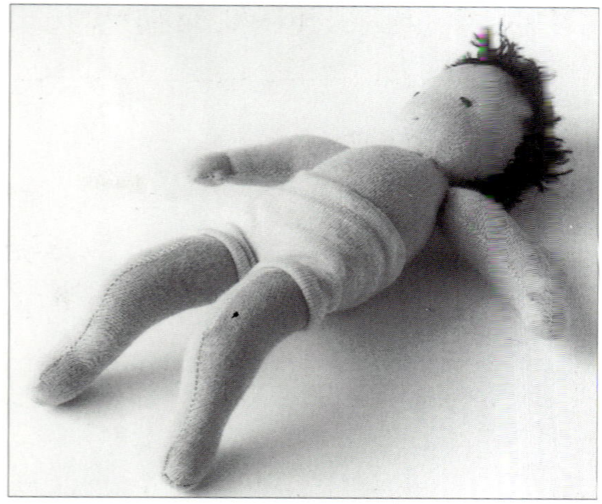

Material: Mullbindenschlauch Nr. 12 (3 cm breit), ca. 30 cm lang (oder dünnes weißes Baumwolltrikot, 10 x 20 cm). Ungesponnene Wolle: 100 g. Dünnes Hauttrikot: 25 x 30 cm. Dünnes Wollgarn für das Haar. Teppichkettgarn: 1/2 m. Faden für Augen und Mund.

So wird's gemacht: Um das eine Ende des Mullbindenschlauches wird ein Faden geknotet, so daß ein Säckchen entsteht. Knoten nach innen wenden. Aus ca. 30 cm langen Wollsträngen legt man einen Stern zurecht, in dessen Mitte ein festes Wollbällchen placiert wird. Die Wolle um den Ball herum zusammenfassen und die so entstandene «Qualle» aus Wolle in das Mullbindensäckchen stecken. Den Hals mit Kettgarn abbinden. Der Kopf soll ungefähr 6 cm hoch sein und 17 - 18 cm im Umkreis messen. Extrawolle in das Körpersäckchen füllen, so daß es sich richtig fest anfühlt, und es unten mit zwei schräg zulaufenden Nähten zusammennähen.

Der Kopf wird wie bei der Puppe Anna auf S. 22 abgebunden. Weit unten im Gesicht verlaufende Augenabschnürung verleiht Babycharakter. Kopf mit der Zeichnung vergleichen! Arm- und Beinmuster werden nun auf doppeltes Hauttrikot übertragen, wobei man auf den Verlauf der Stoffrippen achtgeben muß. An der gezogenen Linie entlangnähen und dabei oben sowie unten an den Füßen offen lassen. Sohlen an den Füßen mit Reihstichen befestigen und dann sorgfältig mit der Hand annähen. Arme und Beine wenden und mit Wolle stopfen. Das Hauttrikotsäckchen für Kopf und Körper nähen, zuschneiden und wenden. Die Beine an den Körper nähen und der Puppe den Hautstoff mit der Naht nach hinten über den Kopf ziehen.

Das Säckchen straff nach unten ziehen, überflüssigen Stoff wegschneiden und mit nach innen eingeschlagener Kante am Beinansatz festnähen. Unter dem Kinn mit starkem Nähfaden abbinden, der so unsichtbar wie möglich geschnürt und vernäht wird. Dann werden die Arme oben mit Reihstichen zusammengenäht und leicht gekräuselt an den Schultern befestigt, und zwar so, daß die Daumen nach vorn und innen zeigen. Augen, Mund und eventuell ein Bauchknöpfchen aufsticken. Glattes Haar, aus dem hier und da widerspenstige Enden ragen, arbeiten.

(1)

(2)

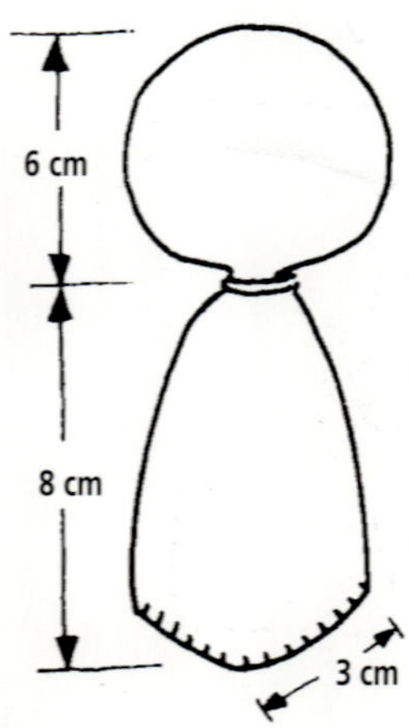

(3)

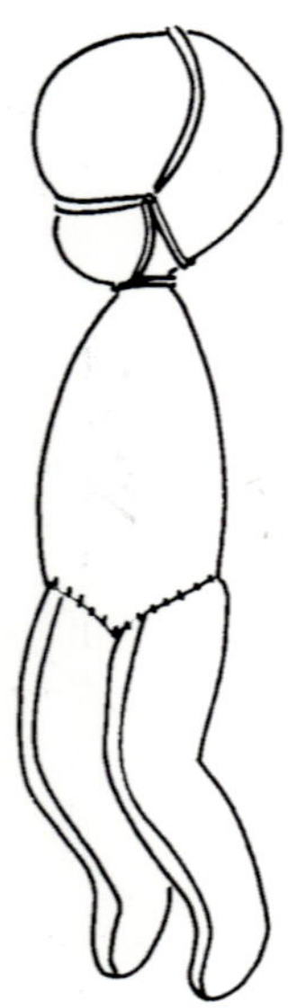

(4)

Muster für Moritz, kleine Babypuppe

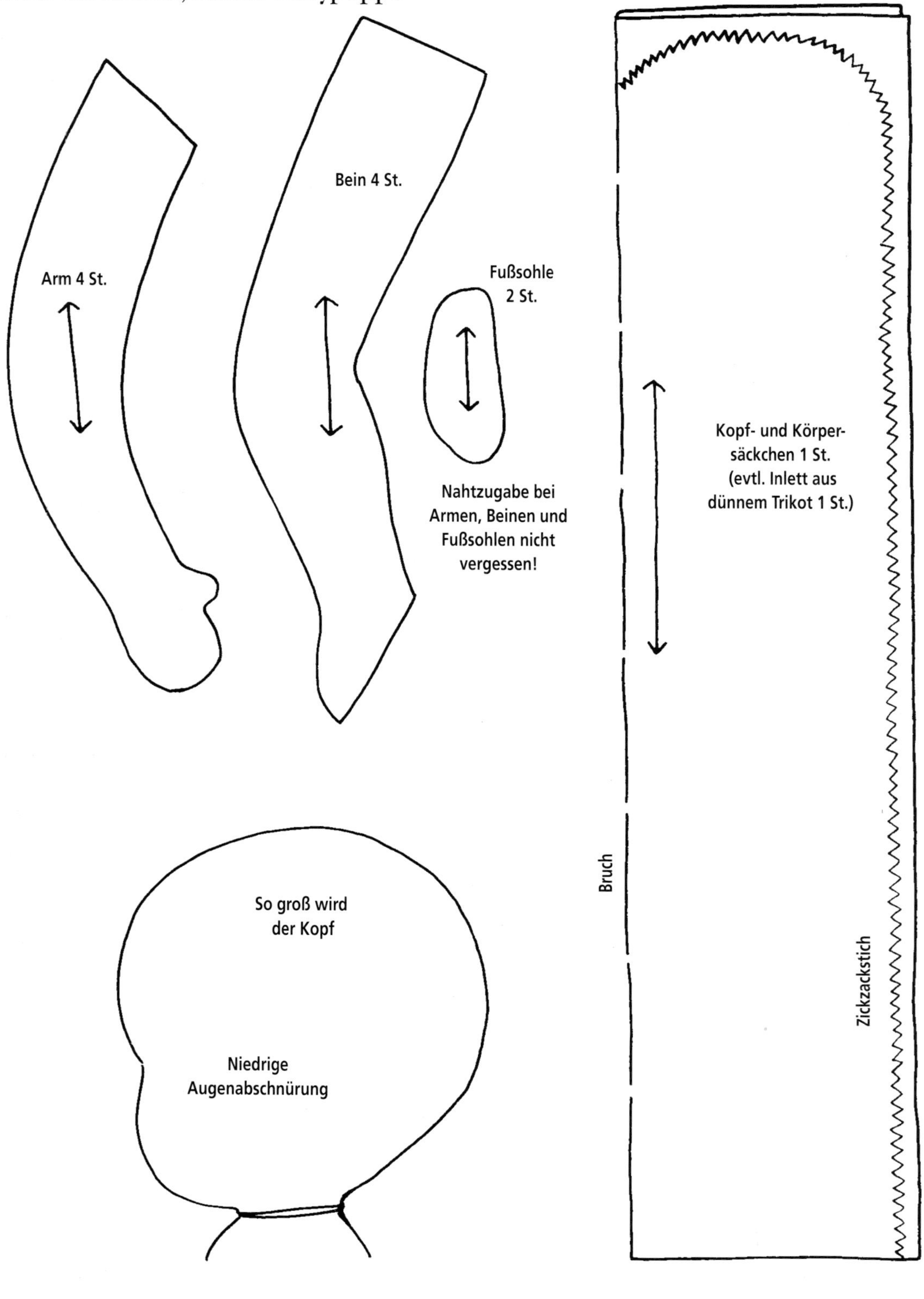

Pia, große Babypuppe

Circa 40 cm groß.
Material: Hauttrikot. 50 x 40 cm. Ungesponnene Wolle: 300 g. Kettgarn: 3 m und Garn für Augen und Mund, z. B. Stickgarn oder dünnes Wollstopfgarn. Der Mund kann mit gewöhnlichem Nähfaden gearbeitet werden.

So wird's gemacht: Die Musterteile auf den doppeltliegenden Stoff übertragen. Mit schwachem Zickzackstich auf der markierten Linie nähen und zuschneiden. Die Teile sehen nun aus wie auf der Abbildung (1). Die Nahtzugabe nicht vergessen, auch nicht um die Fußsohlen! Die Sohlen mit Reihstichen unter den Füßen befestigen; dabei rechts und links beachten (2) und ein paarmal mit Zickzack rundherum nähen. Arme und Beine wenden und ausstopfen (3). 1/3 des Armes bleibt oben leer; und um die Wolle auf ihrem Platz zu halten, steckt man eine Nadel oberhalb davon quer in den Arm oder macht ein paar Stiche. Die Beine oben schließen, indem man Rück- und Vordernaht aufeinanderlegt und die Naht quer darüberlaufen läßt. Dann werden die Beine nebeneinandergelegt und der Körperstoff darübergestülpt, wobei die Stoffinnenseite nach außen gekehrt ist. Beine an der Körperunterseite, wo die Öffnung für die Beine ist, festnadeln, so daß in der Mitte zwischen den Beinen Platz für die Windel bleibt. Reihen und dann mit der Maschine einfach quer über den Schritt zusammennähen. Körperstoff nach außen wenden (4).
Kopf und Körperfüllung sowie Zusammennähen der Puppe alles wird nach der Beschreibung der Puppe Anna S. 20 - 26, gemacht. Pias Frisur findet man auf S. 59 und die Unterhöschen auf S. 76. Strampelhose, Jacke, Bluse und Häubchen S. 80 - 83. Pia kann aber auch richtige Babykleider bekommen, wenn man Ärmel und Beine davon kürzt!

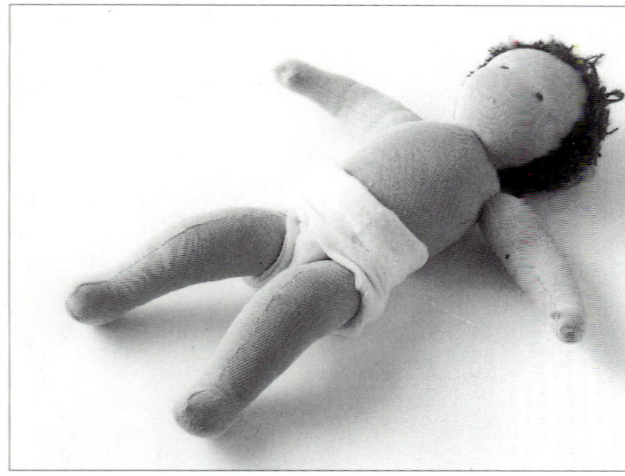

Die Windel ist aus Mullbinde gemacht und mit Watte gefüllt.

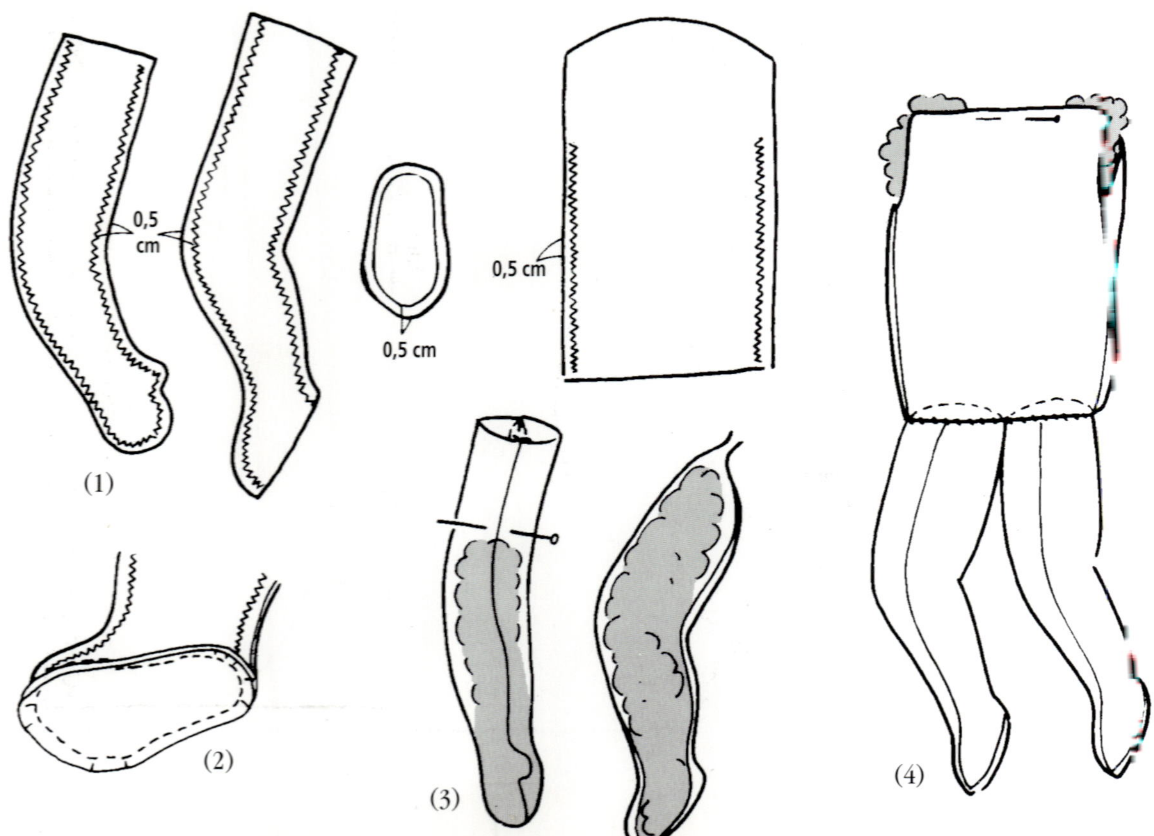

Muster für Pia, große Babypuppe (etwa Größe C)

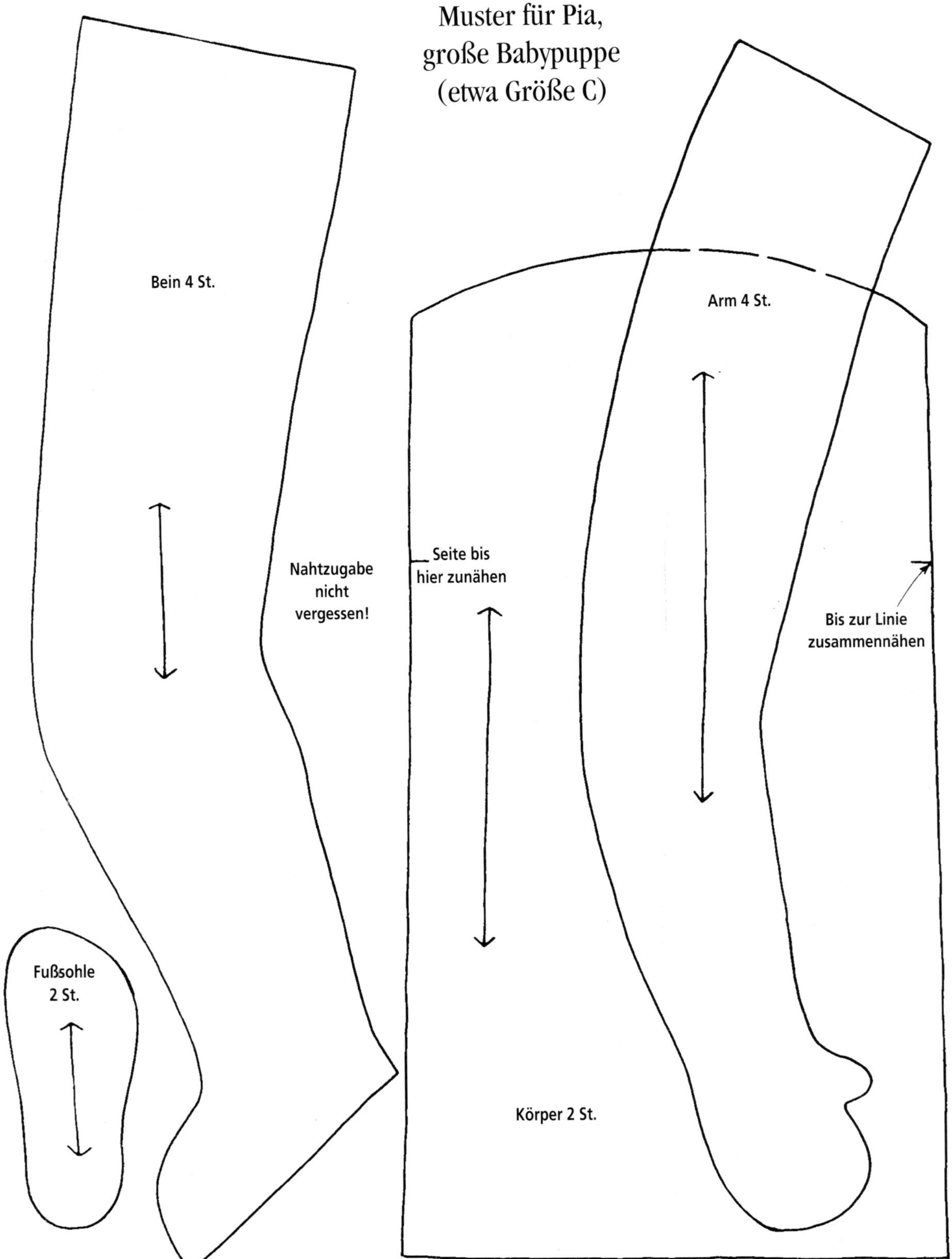

Joachim und Hanna, Overallpuppen

Diese Puppe im festsitzenden Anzug kann auch halb so groß für die Puppenstube oder doppelt so groß für ein Kleinkind gemacht werden.

Material: Veloursamt, Flanell oder Frottee 20 x 35 cm. Hauttrikot. 20 x 20 cm. Ungesponnene Wolle: 100 g. Kettgarn: 1/2 m. Etwas Wollgarn für das Haar, Nähgarn für Augen und Mund.

So wird's gemacht: Kopf und Körper wie die Puppe Sofie, S. 38. Muster für den Anzug auf Stoff übertragen, nähen, ausschneiden und wenden. Körper in den Anzug stecken, am Hals kräuseln und annähen. Arme und Beine mit Wolle ausstopfen. Vier Wollbällchen, zwei größere für die Füße und zwei kleinere für die Hände, in Trikot einnähen und sie mit Reihstichen um die Hand- und Fußgelenke herum befestigen. Kräuseln. Wenn man von Anfang an die Beinlänge des Musters verlängert, kann man die Füße auch direkt vom Bein abschnüren. Eventuell um die Taille herum oder nur vorne kräuseln. Das Gesicht mit Augen und Mund versehen und Strubbelhaar oder eine andere Frisur, wie z. B. dünne Zöpfchen, arbeiten.

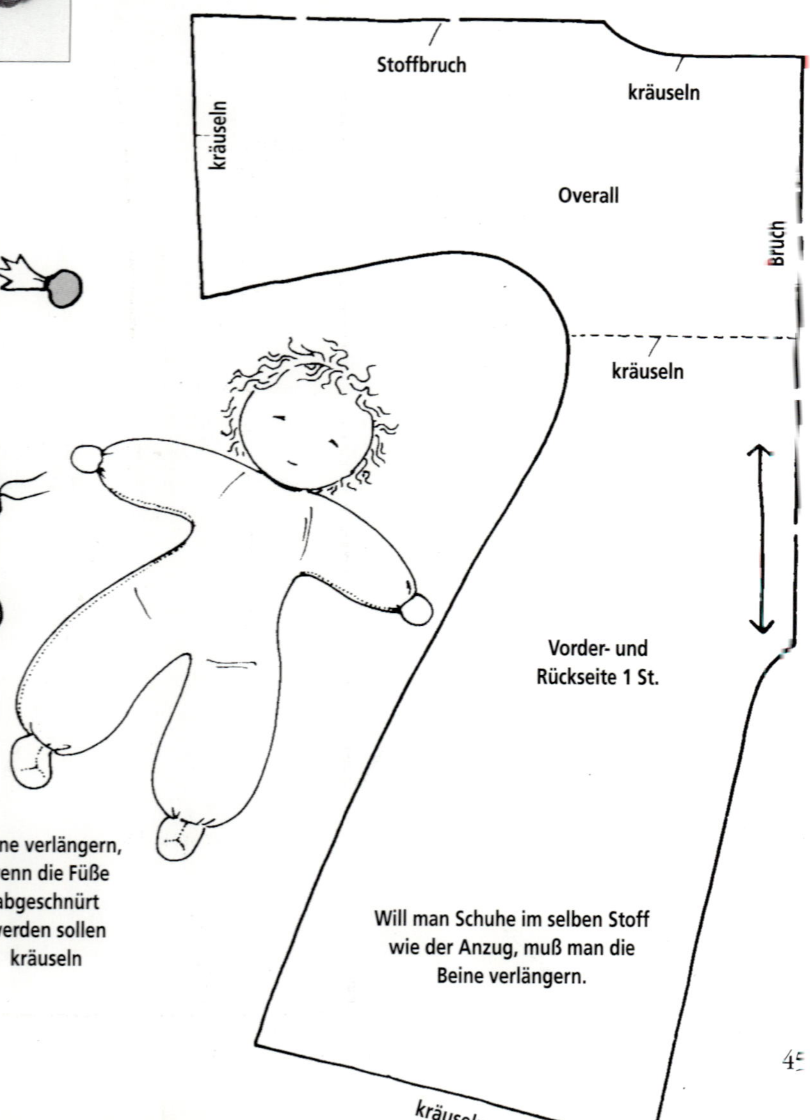

Beine verlängern, wenn die Füße abgeschnürt werden sollen
kräuseln

Das Färben mit Pflanzen

Das Farbbild auf S. 56 zeigt, was für außerordentlich schöne Farben man beim Selberfärben von Garn und Wollsachen für Puppen erzielen kann. Das gilt auch für das Haar, das aus pflanzengefärbtem Garn sehr nuancenreich wird. Verwenden kann man Zwiebelschalen (gelb), Birkenblätter, Rainfarn (hellgelb), Erlenrinde (dunkelbraun), Steinflechten (rotbraun) und Erlenzapfen (hellbraun). Gedeckte Farben für das Haar erlangt man durch Färben grauen Wollgarns.

In Fachgeschäften kann man auch andere Farbstoffe erhalten, wie z. B. Krapp (warmes Rot), Koschenille (purpurrot) und Indigo (blau) und so die Farbskala für Gewalktes und Filz aus Wolle vervollständigen.

Hier folgt nun eine Beschreibung, wie man Garn für das Puppenhaar mit pflanzlichen Farbstoffen färbt (Annas blondes Haar ist mit Rainfarn gefärbt).

Zwiebel

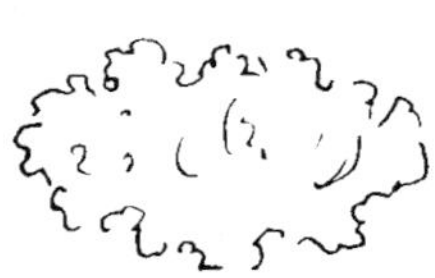

Steinflechten (Parmelia Saxatilis)

Krapp

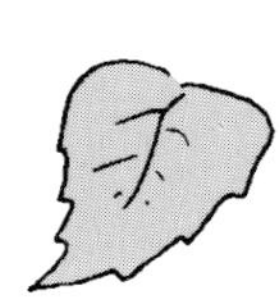

Birkenblätter

Zapfen

Was man zum Färben braucht:

- 100 g dünnes, ungebleichtes Wollgarn, z. B. zweifädiges Kammgarn oder Garn für Möbelstoffe oder anderes starkes Wollgarn
- Töpfe und Schüsseln aus Emaille oder rostfreiem Stahl
- Holzlöffel zum Umrühren
- Beiz- oder Fixiermittel: 6 g Alaun und 2 g Weinstein, die dazu beitragen, daß das Garn die Farbe besser annimmt und daß die Farbe haltbar wird. Verschiedene Beizmittel bewirken verschiedene Farbnuancen. Auch hierüber gibt es Fachliteratur. Für das Färben mit Steinflechten benötigt man kein Beizmittel.
- Farbstoff, z. B. 100 g Rainfarnblüten, 200 g Apfelbaumrinde, 20 g Krapp, 30 g getrocknete Steinflechten oder 200 g Erlenrinde.
- Seifenwaschmittel, Gummihandschuhe und Thermometer.

So wird's gemacht:

1. Den Wollstrang an ein paar Stellen lose umbinden und in ein warmes Wasserbad mit Seifenwaschmittel legen, auswaschen und in warmem Wasser spülen.
2. Alaun und Weinstein in ein wenig heißem Wasser auflösen, 2 l Wasser dazugießen und aufwärmen. Wenn das Wasser die Temperatur von 30 °C erreicht hat, wird die Wolle hineingelegt und bis 90 °C aufgewärmt. Will man eine gleichmäßige Färbung erzielen, muß man sowohl während des Beizens als auch während des Färbens sorgfältig umrühren und darauf achten, daß das Garn unter Wasser bleibt. Aber Puppenhaar sieht natürlicher aus, wenn es geflammt ist! Das Garn siedet 1/2 - 1 Stunde im Wasserbad und bleibt danach darin liegen, bis sich das Ganze auf 30 °C abgekühlt hat. (Man kann auch nach dem Färben beizen.)
3. Der Farbstoff wird zerrieben oder in kleine Stücke zerteilt, in einen Topf mit 2 l Wasser gegeben und erhitzt. Mindestens 30 Minuten kochen lassen und durchsieben.

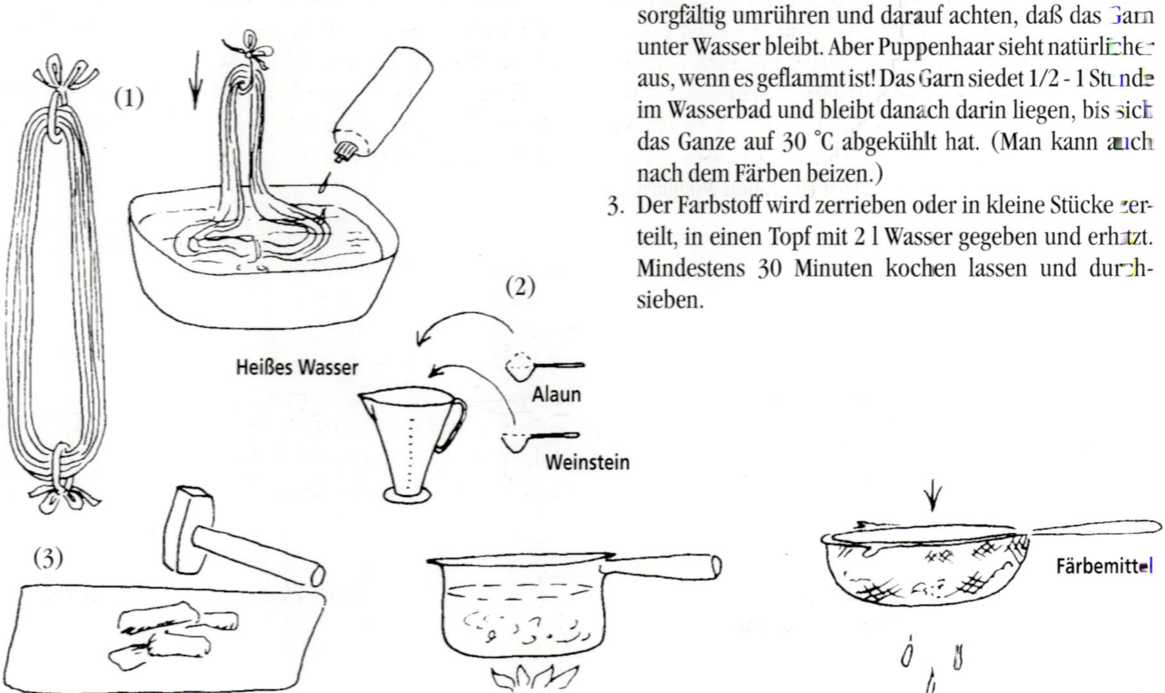

4. Wenn das Farbbad die Temperatur von 30 °C erreicht hat, gibt man das Garn hinein und erhitzt es weiter bis 90 °C (außer bei der Verwendung von weißem Labkraut, das nur bis 75 °C erwärmt werden darf). Eine Stunde lang färben, dann den Herd ausmachen und das Garn im Bad abkühlen lassen.

5. Nun wird das Garn in lauwarmem Wasser mit Seifenwaschmittel gewaschen und in jedesmal kühlerem Wasser mehrere Male gespült.
6. Das Garn schließlich zum Trocknen aufhängen, z. B. auf einen im Schatten angebrachten Stock.

Mit Ulli im Arm mitten in dem sonnengelben Rapsfeld zu stehen ist ein herrliches Gefühl! Ullis Pullover und seine kurzen Hosen sind auf S. 70 beschrieben, die Schuhe auf S. 85 und der Hut auf S. 88.

Linus hat sich fröhlich pfeifend auf den Heimweg gemacht. Was er wohl in der Tasche hat? Beschreibung des Täschchens auf S. 64, der Stiefel auf S. 66, des Pullis und der Hosen auf S. 75 und die des Hutes auf S. 88.

Lina ruft: Komm, Linus, sieh nur die schönen Blumen! Linas Weste auf S. 65, die Stiefel auf S. 66 und das Kleid auf S. 78.
(Das Kleid paßt einer Puppe mit der Größe C, wenn man das Muster doppelt so groß macht.)

Wenn ihre Puppenmutti die Windeln wechselt, ist Pia vergnügt und zufrieden. Moritz daneben ist wohl schon eingeschlafen?
Die kleine Babypuppe ist auf S. 41 beschrieben und ihr Schlafsack auf S. 83. Pias Kleider findet man auf den S. 80 bis 83 und sie selbst auf S. 43.

Nun aber schnell in die Federn, Anna und Johannes!
Anna und Johannes sind nach Modell C gearbeitet und ungefähr 40 cm groß. Auf S. 36 findet man Annas Nachthemd und auf S. 72 Johannes' Schlafanzug.

Frisuren

Ulli

Anna

Linus

Annika

Pia

Moritz

Joachim

Marie

Lina

Frisuren

Peterchen

Johannes

Hanna

Sofie

Gewalkt, gestrickt und pflanzengefärbt! Ullis Hut, Linus' und Johannes' Taschen. Die Beschreibung von Linas Weste und ihrer Stiefel findet man im Abschnitt über das Walken auf S. 62 bis 66.

Puppenfrisuren

Man wählt ein strapazierfähiges dünnes Wollgarn, wie z. B. Möbelstoffgarn oder Kammgarn, und es ist von Vorteil, zwei naheliegende Farbnuancen zu verwenden oder das Garn selbst mit Pflanzen zu färben. Gekräuseltes Garn erhält man, wenn man Gestricktes aufribbelt, das vorher naßgemacht und wieder getrocknet wurde. Synthetisches Garn hat nicht den schönen Glanz von Wolle, sondern sieht stumpf aus, fusselt und noppt. Garn aus Baumwolle oder Leinen verschleißt schnell, kann aber für Wollallergiker eine gute Alternative darstellen. Langes Haar: siehe Anna, S. 27.

Kurze Haarschöpfe wie die von Ulli und Linus

Garnverbrauch: Für Ulli, Größe D, braucht man einen Strang Garn von 50 g; für Linus, Größe B, ca. 30 - 40 g. 2 Bogen weißes Seidenpapier. Eine lange, dünne Stopfnadel.

So wird's gemacht:

1. Den Garnstrang an einer Stelle durchschneiden und mindestens 20 Fäden zum Nähen beiseitelegen.
2. Was vom Strang übrigbleibt, noch einmal in der Mitte durchschneiden.
3. Jeder der so entstandenen beiden Stränge wird noch einmal in der Mitte geteilt, so daß man nun 4 Längen hat.
4. Das Garn wird nun, mit parallel liegenden Fäden, über ein Seidenpapier ausgebreitet und mit einem groben Kamm gekämmt, damit es sich gut verteilt.
5. Das zweite Papier darüberlegen und die beiden Bögen mit Nadeln zusammenstecken.
6. Auf der Maschine mit 10 cm Abstand im rechten Winkel zu den Strähnen mehrere Male über das Paket darüber nähen (geringerer Abstand, wenn die Puppe kürzeres Haar bekommen soll). Man nimmt die Nadeln heraus und schneidet das Paket zwischen den Nähten in Streifen, so daß man eine Anzahl 10 cm breite Bänder erhält, die jeweils eine Naht in der Mitte haben.

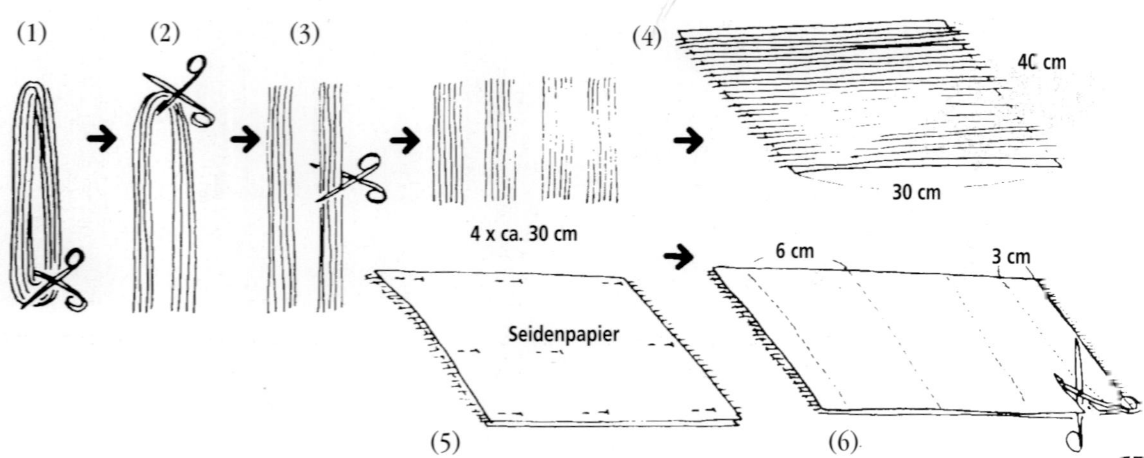

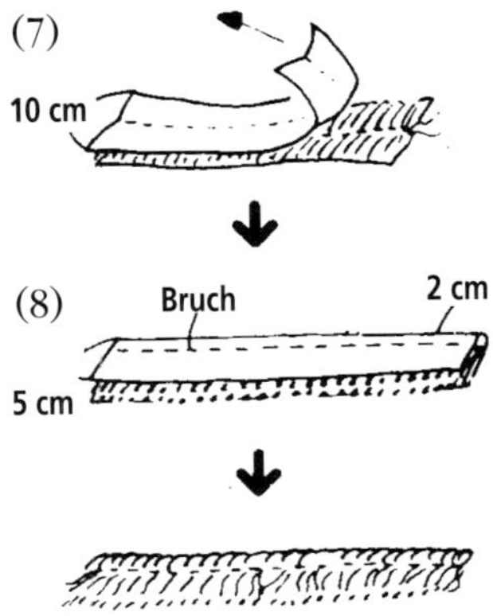

7. Das obere Seidenpapier von den Nähten losreißen.
8. Jetzt wird jeder Streifen der Länge nach gefaltet, so daß das verbliebene Seidenpapier nach außen zu liegen kommt. Eine weitere Maschinennaht ca. 2 cm vom Bruch nähen und das Seidenpapier entfernen. Die so erhaltenen langen Haarfransen werden sorgfältig am Puppenkopf festgenäht, wobei man am Haaransatz beginnt und etappenweise bis oben zum Hinterkopf hinarbeitet, wo man mit einem natürlichen Wirbel abschließt.

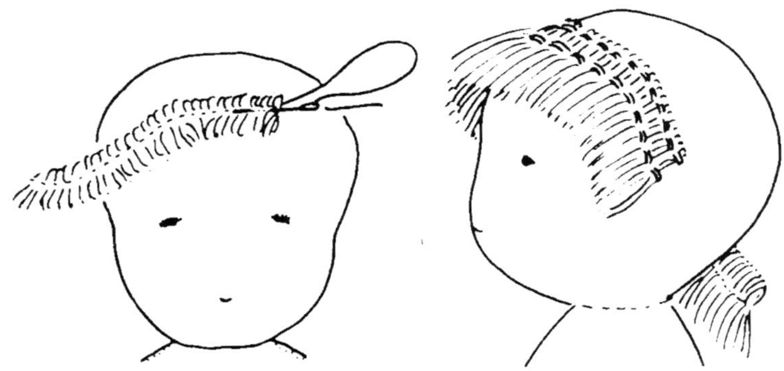

Kurzes offenes Haar, Hanna (Puppe im festsitzenden Anzug)

Garnverbrauch: ca. 20 g
Man beginnt mit dem unterliegenden Haar, das gemäß der Beschreibung auf S. 27 gearbeitet wird. Vom Haaransatz in der Stirn bis hinten im Nacken mindestens vier querverlaufende Nähte anbringen. Eventuell noch über den Ohren Strähnen festnähen, die bis auf die Schultern reichen.

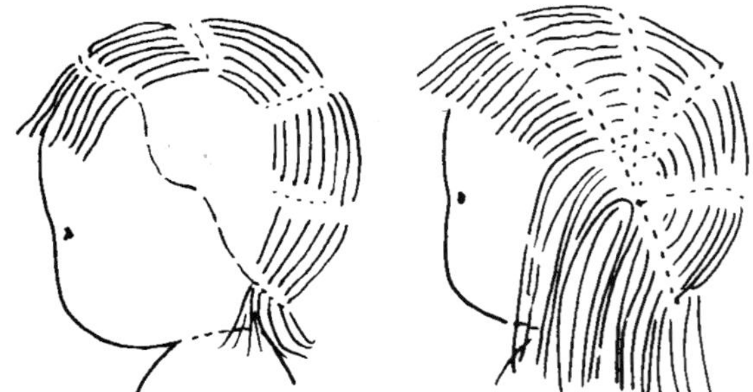

Kurzes glattes Haar, Peterchen (A)

Garnverbrauch: ca. 20 g
Unterliegendes Haar mit Pony arbeiten, wie auf S. 27 beschrieben, dann das Haar fülliger machen, indem man vom Pony bis zu den Ohren hin Strähnen annäht und dann das Haar rundherum kurzschneidet. Hübsch an kleinen Puppen.

Kurzes Strubbelhaar, Johannes (C), kurzes Babyhaar, Pia (C)

Garnverbrauch: Johannes: 40 - 50 g, Pia: 30 - 40 g
Man beginnt mit dem unterliegenden Haar wie bei Peterchen, siehe oben. Auf diesem Unterhaar werden dann überall Schlingen angebracht, indem man immer erst einen Stich macht und das Garn festzieht, und dann einen Stich, bei dem man eine Schlinge hängen läßt. Die Stiche werden mit Zwischenräumen von ca. 1 cm genäht. Am Haaransatz beginnen und kreisförmig um den Kopf herum auf den Wirbel oben am Hinterkopf zuarbeiten. Wenn diese Arbeit beendet ist, schneidet man die Schlingen auf und bringt die Frisur mit der Schere in Fasson.

Ebenso kann man auch langes Haar arbeiten, das sich sehr gut kämmen und frisieren läßt, aber viel Zeit in Anspruch nimmt. Das Haar nicht zu dicht und voluminös machen, sonst bekommt man die Mütze nicht auf den Puppenkopf!

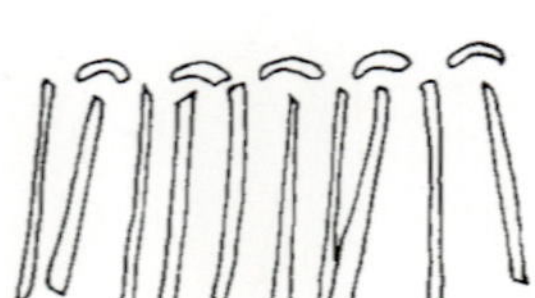

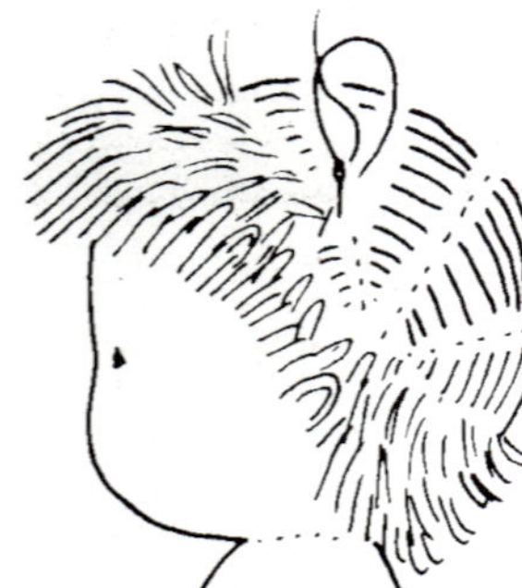

esticktes Babyhaar, Sofie

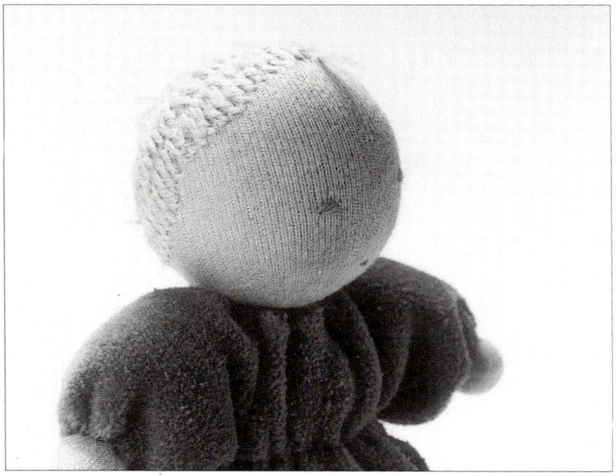

Garnverbrauch: 10 - 20 g für die kleine Puppe im Säckchen, entsprechend mehr für ein größeres Modell.
Man beginnt mit einer Reihe großer Stiche den Haaransatz zu markieren, indem man jeweils einen kurzen Seitenstich «unterirdisch» verlaufen läßt und dann einen langen Stich nach unten, im rechten Winkel zum Haaransatz macht, dann einen kurzen unterirdischen, einen langen nach oben usw., um den ganzen Kopf herum, wie Sonnenstrahlen, und dann die zweite Reihe, die sich wie ein Schneckenhaus zum Wirbel hin windet usw. über den ganzen Kopf. Ein paar Härchen in der Stirn und am Wirbel vervollständigen die Frisur. Wird flaumiges Haar gewünscht, schneidet man hier und da ein paar von den langen Stichen auf.

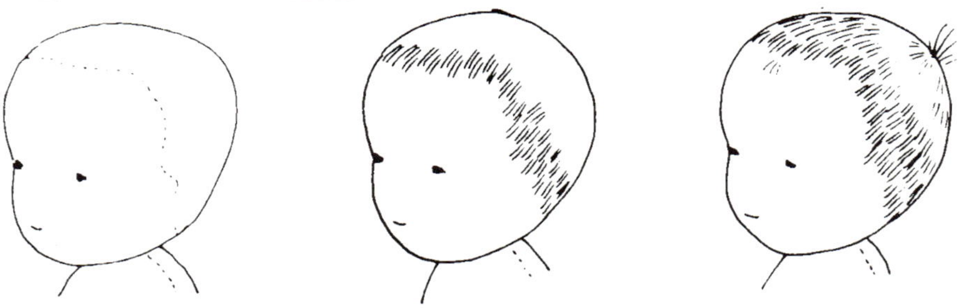

Dünne Zöpfchen, Annika

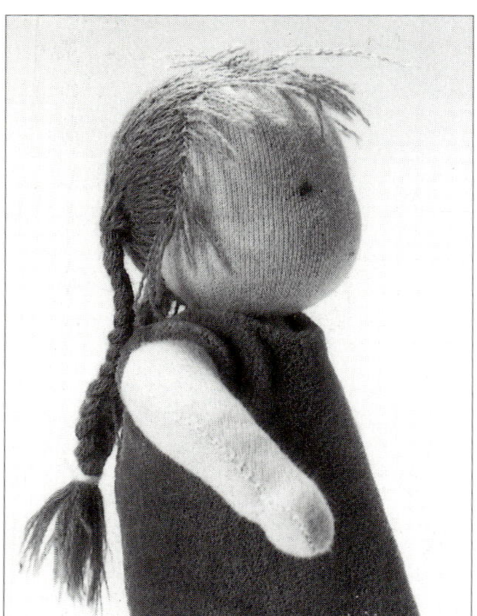

Man bedient sich derselben Stiche wie oben bei Sofie, nur daß man die langen Spannstiche im rechten Winkel zum Scheite verlaufen läßt, so daß sie an den Ohren zusammenstrahlen. Um die Ohren herum läßt man ab und zu eine Strähne lose hängen, und aus diesen werden dann die kleinen Rattenschwänzchen geflochten. Hier und da ein paar kleine Schlingen aufnähen und aufschneiden.

Garnverbrauch: 20 - 30 g für die Größe A.

Seitenscheitel, Marie (A)

Garnverbrauch: 20 - 30 g.

Man legt eine Schicht Fäden zurecht, die über den Kopf der Puppe gelegt von Schulter zu Schulter reichen. Sie werden mit dem Kamm gleichmäßig über den Kopf verteilt, und dann näht man von der einen Stirnseite aus einen Scheitel mit so winzigen Steppstichen wie möglich. Das Seitenhaar ordentlich zurechtlegen und rundherum in Augenhöhe festnähen.

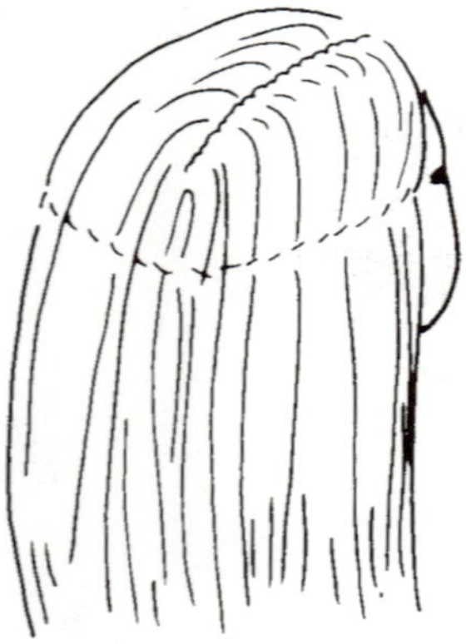

Dicke Zöpfe, Lina (B)

Garnverbrauch: 40 - 50 g.

Es ist am einfachsten, eine dichte Deckschicht langes Haar quer über den Kopf zu legen, den Mittelscheitel zu nähen, das Haar im Nacken zusammenzuraffen, in Augenhöhe rund um den Kopf zu nähen und das Haar im Nakken zu schichten wie bei Anna, S. 27.

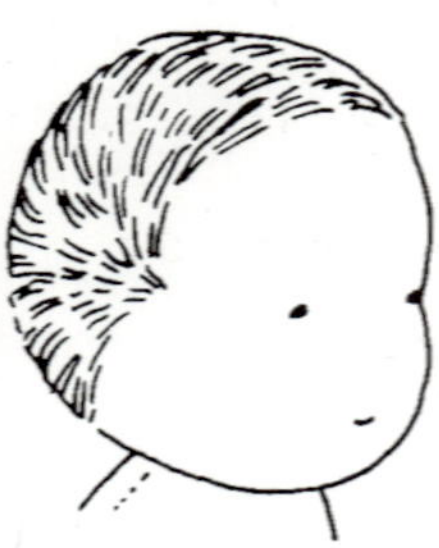

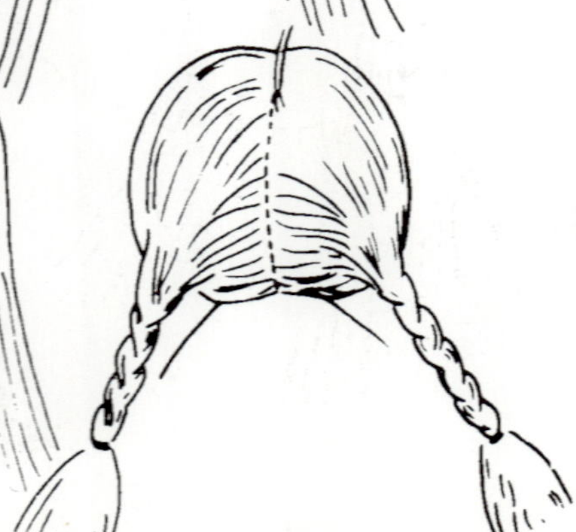

Will man das Haar sorgfältiger arbeiten, kann man, wie es die Zeichnung zeigt, zuerst wie bei Annika unterliegendes Haar sticken, das mit einer dünnen Schicht langem Haar mit Mittelscheitel überdeckt wird. Danach kann man jeden Haarfaden einzeln einfädeln und ihn «unterirdisch» zum Ohr verlaufen lassen, wo man alle Fäden wieder an verschiedenen Stellen auftauchen läßt. Alternative: lange Schlingen fest im Kopf verankern, die dann aufgeschnitten werden.

Das Walken

Mit Kindern zusammen zu walken und das Gewalkte dann mit Pflanzen zu färben macht viel Spaß. Aus gewalktem Filz kann man z. B. Täschchen, Rucksäcke, Stiefel und Westen arbeiten. Besonders hübsch werden die Sachen, wenn man sie mit pflanzengefärbtem Garn bestickt.

Für ein 30 x 40 cm großes und 0,3 mm dickes Filzstück benötigt man: ca. 50 g ungewaschene und ungesponnene Wolle, Handkarden, ein Waschbrett, Seifenwaschmittel, z. B. Kernseife.

Das Kardieren

1. Auf die in der linken Hand gehaltene und auf dem Knie liegende Karde werden ein paar Wollbäusche gegeben.

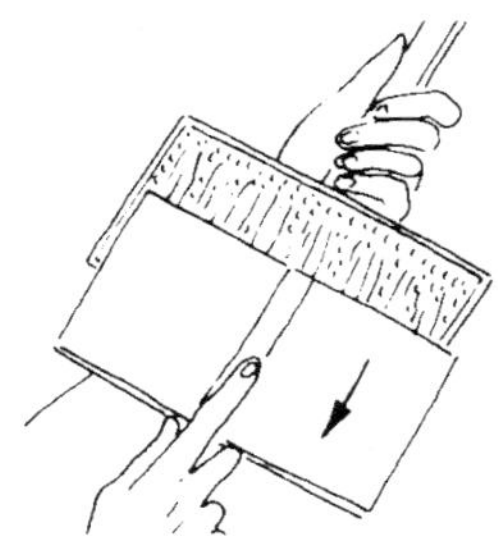

2. Mit der anderen Karde kämmt man ein paarmal zu sich hin, aber behutsam, damit die Karden sich nicht ineinander verhaken!

3. Wenn die Wolle glattgekämmt ist, wendet man die obere Karde mit dem Griff nach hinten und kratzt so die Wolle aus der unteren. Den Griff der oberen dann zu sich wenden und die Wolle wieder in die untere hineinkämmen, weiterkarden und ab und zu auf die beschriebene Weise die Wolle herauskratzen, bis sie glatt aussieht. Die Wollschicht aus der Karde nehmen. Jetzt kann sie zum Walken verwendet werden. Will man die Wolle spinnen oder eine Puppe damit ausstopfen, muß man jedoch gemäß Punkt 4 - 6 fortfahren.

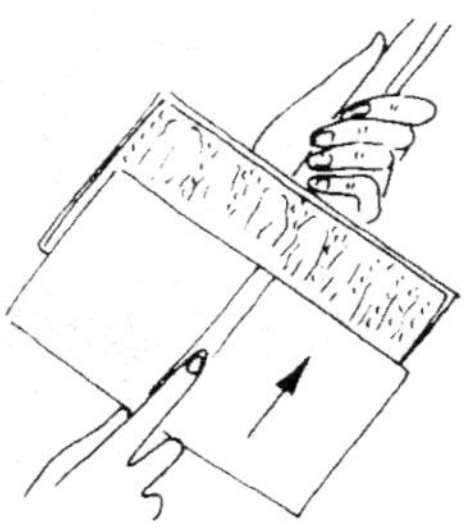

4. Die Wolle mit Hilfe der oberen Karde aus der unteren herausrollen.

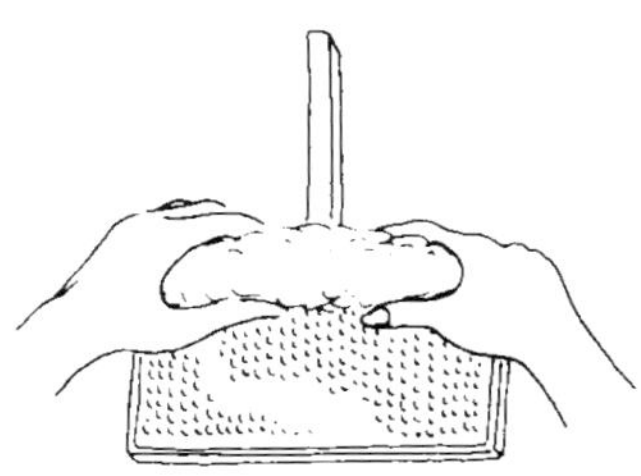

5. Die Wolle wird mit den Händen von der Karde gelöst.

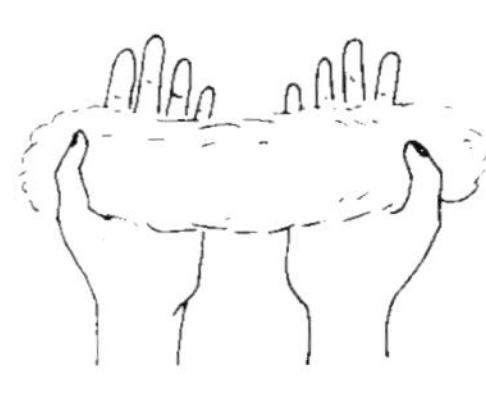

6. Nun ist sie zum Ausstopfen oder Spinnen fertigbereitet.

Das Walken

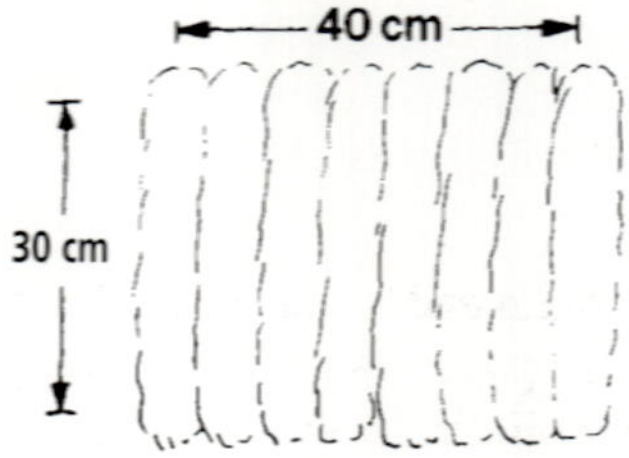

1. Eine zusammengesetzte Schicht Wolle wird zurechtgelegt.

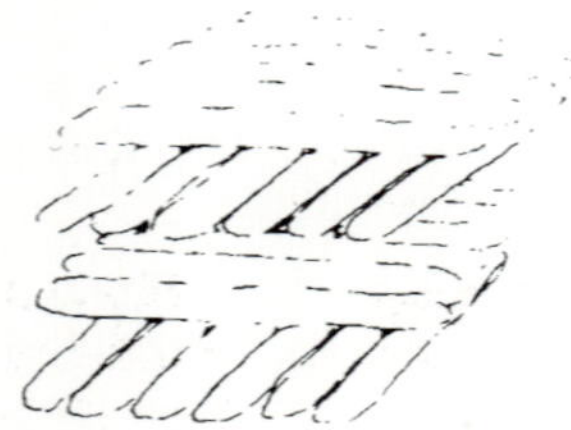

2. Mehrere Lagen, immer im rechten Winkel zur unteren, darüberlegen.

3. Das ganze Paket aufs Waschbrett legen und mit heißem Seifenwasser begießen.

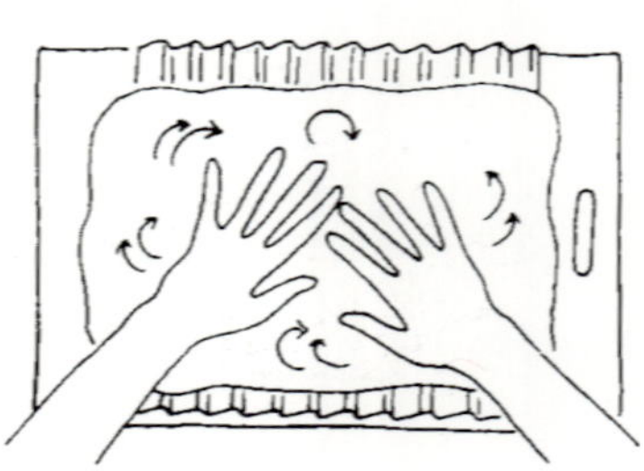

4. Das Wasser in die Wolle streichen und mit leichten, kreisenden Handbewegungen reiben, bis die Wolle filzt. Das Ganze wenden und immer kräftiger und fester auf dem Brett walken und rubbeln.

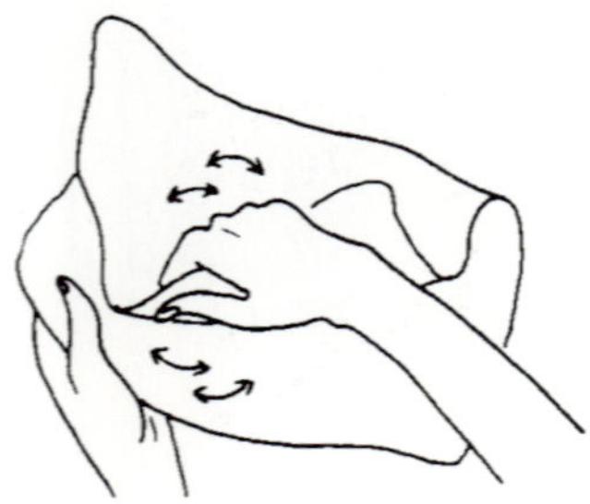

5. Den Filz aneinander reiben und erst in warmem, dann in kaltem Wasser ausspülen.

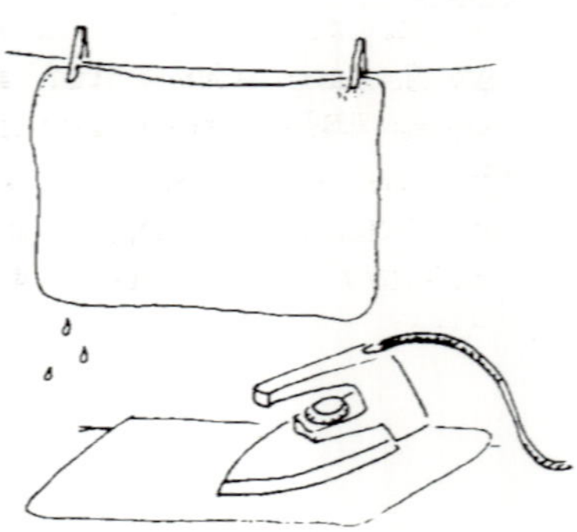

6. Zum Trocknen aufhängen und bügeln.

Je mehr man walkt, desto kleiner und dicker wird der Filz! Die Bilder zeigen, wie man ein plattes Filzstück walkt. Ebenso leicht kann man einen gewalkten Hut machen, der gleich von Anfang an geformt wird, indem man ihn in der hohlen Hand reibt. (Auf dem Farbfoto auf S. 56 kann man so einen Hut sehen.)

Filztäschchen, Linus (B); Rucksack, Johannes (C)

Material für die Umhängetasche: Ein Stück Filz 10 x 20 cm, eine gedrehte Kordel, die der Puppe über die Schulter reicht, Stickgarn, Druckknopf.

So wird's gemacht: Die Teile zuschneiden (Verschlußklappe und Rückteil können in einem Stück geschnitten werden), die Teile zusammennähen, wie es das Bild zeigt, Knopf und Riemen befestigen und besticken! Die Verschlußklappe mit Knopflochstichen einfassen.

kleine Umhängetasche

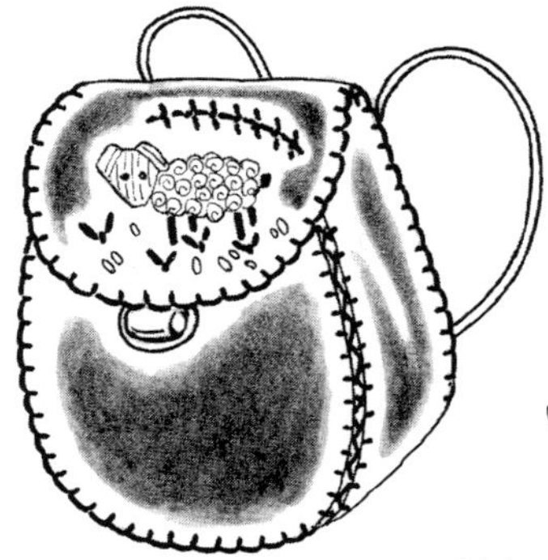

Stickvorschlag

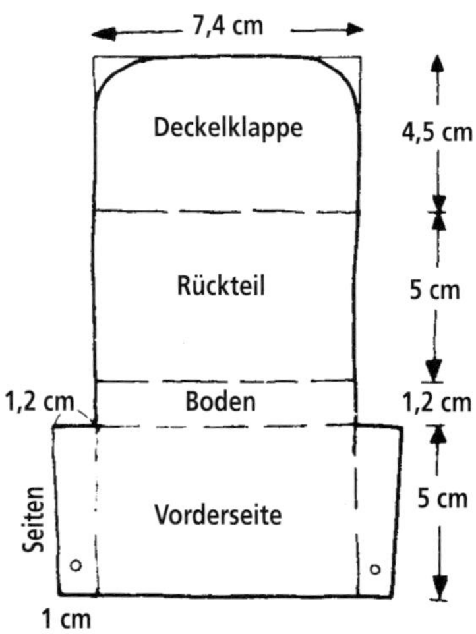

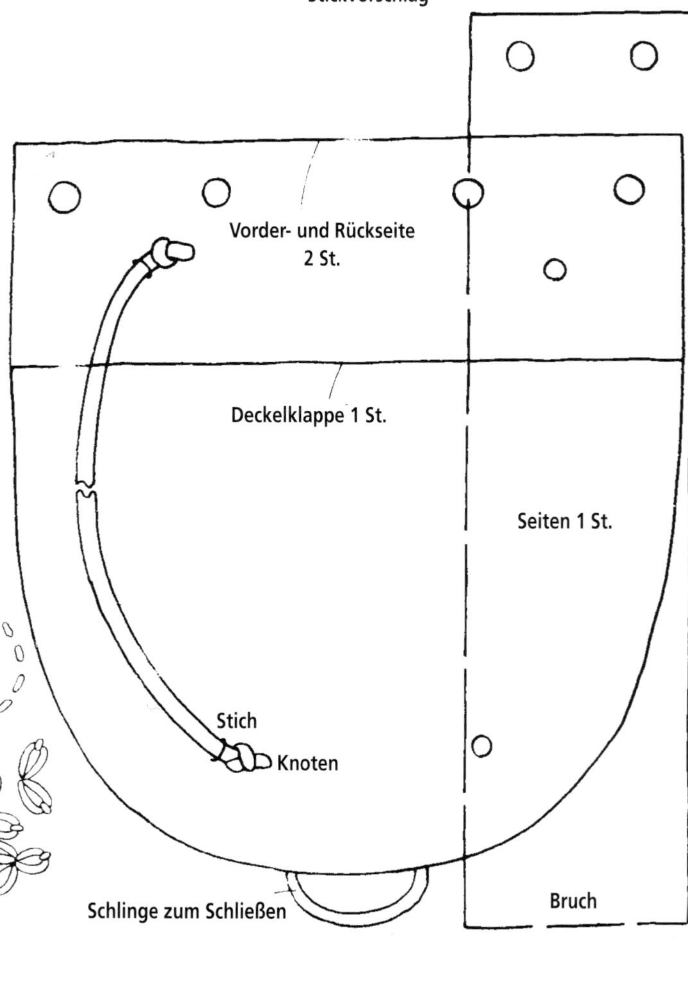

Stickvorlage, natürliche Größe

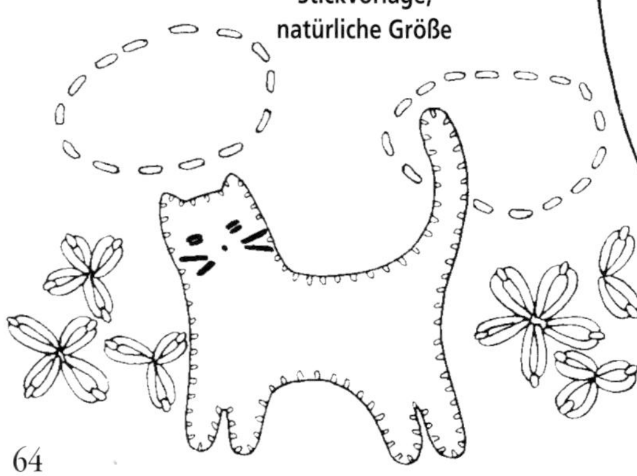

Filzweste, Johannes (C)

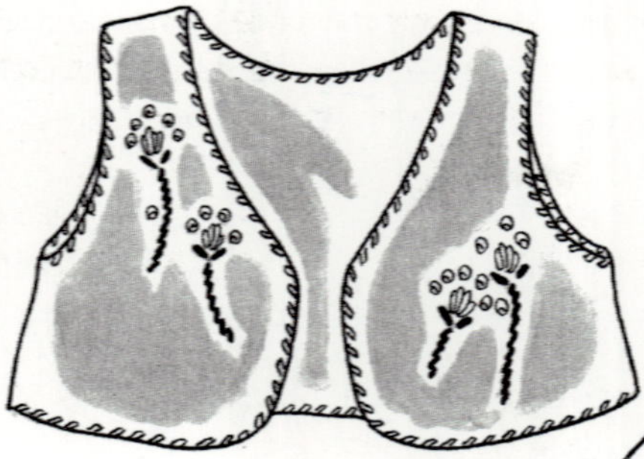

Material: Filzstück 20 x 40 cm, Stickgarn.
Die Weste in einem Stück zuschneiden und die Schulternähte mit gegenseitigem Festonstich zusammennähen. Die ganze Kante rundherum mit Knopflochstich einfassen und beide Bruststücke besticken.

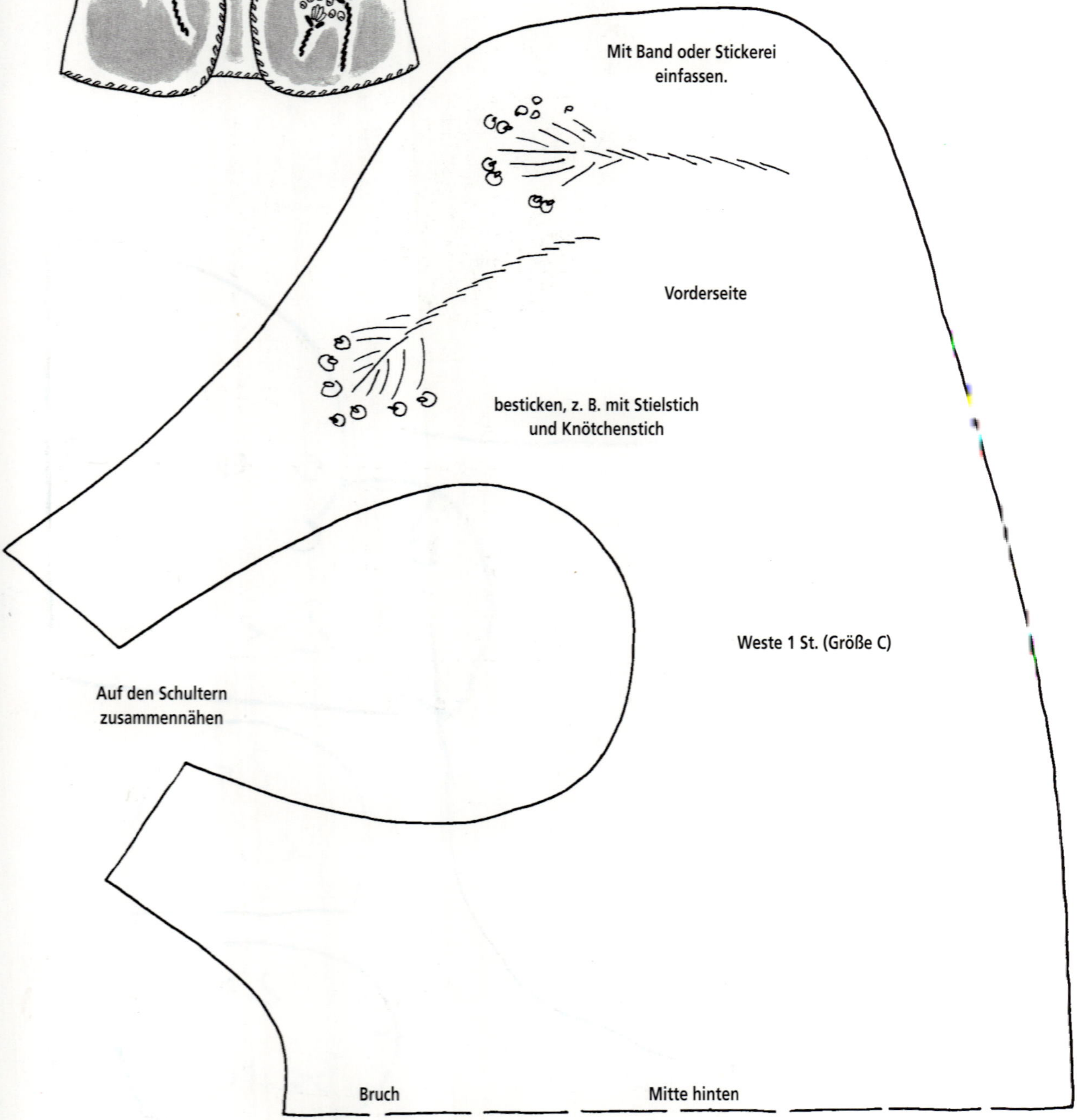

Pantoffeln und Stiefelchen

Material: Stoff, Filz oder Leder und Stickgarn.
25 x 15 cm Filz für Größe C des Laschenmodells. Näht man die Stiefel aus Stoff, muß man die Nahtzugabe einkalkulieren, was bei Filz oder Leder nicht nötig ist. Es ist einfacher, die Pantoffeln zu nähen, aber das andere Modell mit richtiger Sohle und Lasche sieht hübscher aus.

Zuerst die Seitenstücke vorn an den Zehen zusammennähen a-b. Lasche annähen c-b-c. Die vordere und hintere Mitte der Sohle markieren und mit Beginn an der Fersenmitte bis zur Zehenspitze nähen, dann auf der anderen Seite, wieder von hinten nach vorn, zusammennähen.

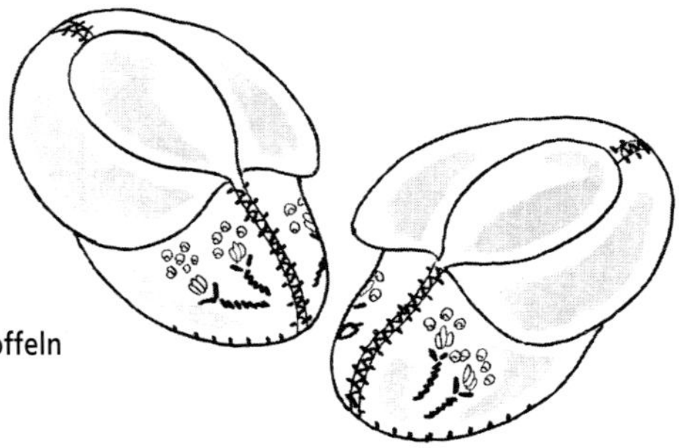
Pantoffeln

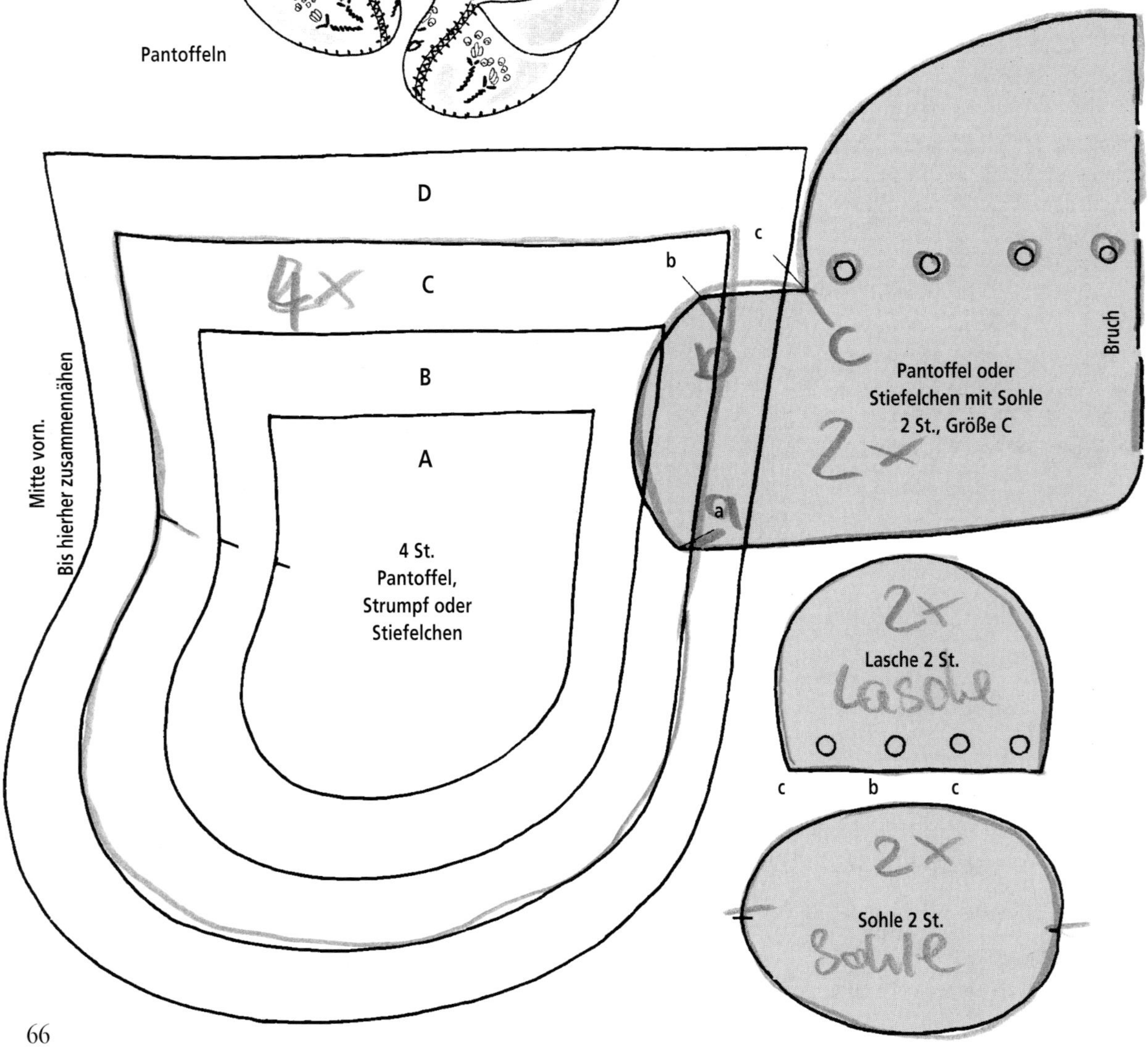

Kleider und Zubehör

Puppenkleider sollten einfach sein und großzügig geschnittene Ärmel und Beine haben, damit das Puppenkind leicht an- und ausgezogen werden kann. Sie sollten auch sorgfältig genäht und haltbar sein, da kleinere Kinder manchmal unsanft mit den Sachen umgehen.

Muster

Auf S. 89 - 91 findet man die Grundmuster für Hose und Hemd in allen vier Größen, A, B, C und D. Es ist ratsam, der Puppe die Kleider, die man ihr näht, anzuprobieren.

Nähtips

Die einfachste Art, einen weiten Halsausschnitt mit Schnur zum Durchziehen zu nähen, ist, zuerst rundherum mit Zickzackstich die Kante zu versäubern, dann einen Schrägstreifen aus dem Blusenstoff zu schneiden. Schrägband an den Kurzenden umbiegen und säumen, dann längs falten und mit Zickzack zusammennähen. Wie auf dem Bild am Ausschnitt festnähen, hochschlagen und Band oder Gummizug durchziehen.

Bei ganz kleinen Puppenkleidern ist es einfacher, die Ärmel zu säumen, ehe man die Ärmelnaht und die Seitennaht macht.

Man wähle für die Puppenkleider Naturmaterial: Stoffe aus Baumwolle, Seide oder Wolle, auch Leder oder Filz. Es ist leichter, Details wie Kragen und Taschen zu wenden, wenn man einen dünnen, geschmeidigen Stoff zum Nähen verwendet.

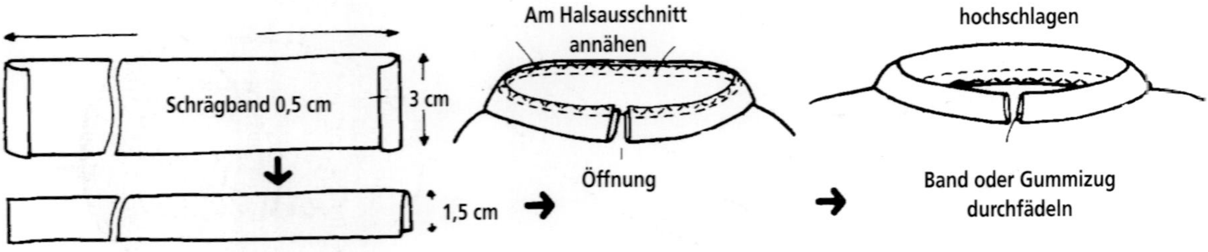

Ullis Hemd, Größe D

Stoffverbrauch: 80 x 40 cm, Stickgarn und Knöpfe
Das Hemd ist aus einem einzigen Stück Stoff geschnitten, hinten in der Mitte offen und mit Schrägband oder einer hübschen Borte versäubert. Der Halsausschnitt und die Ärmel unten werden gekräuselt. Dann Stehkragen und Manschetten annähen. Besticken. Das Garn muß farbecht sein!

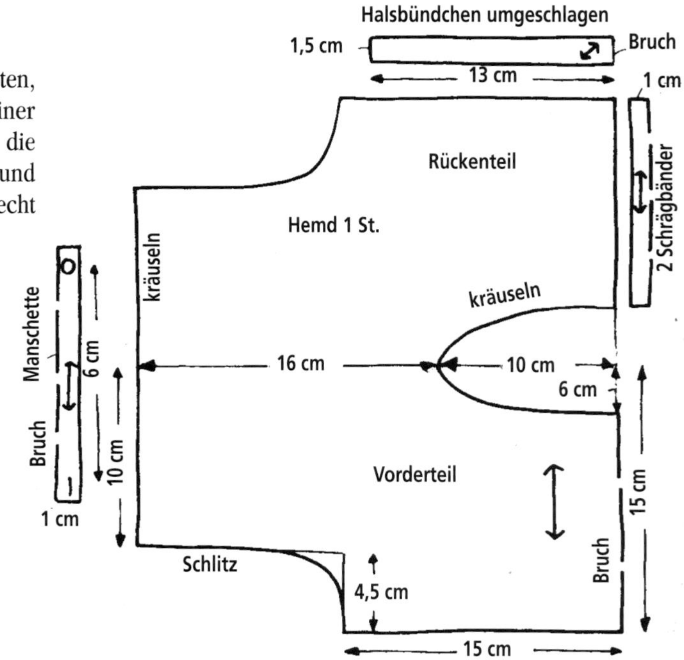

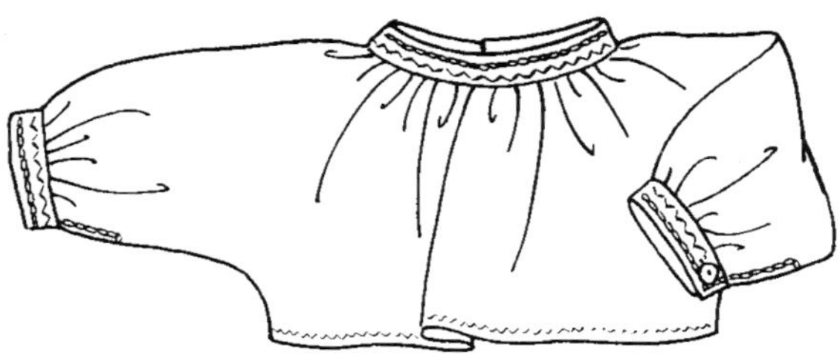

Länger geschnitten sieht das Hemd auch hübsch aus!

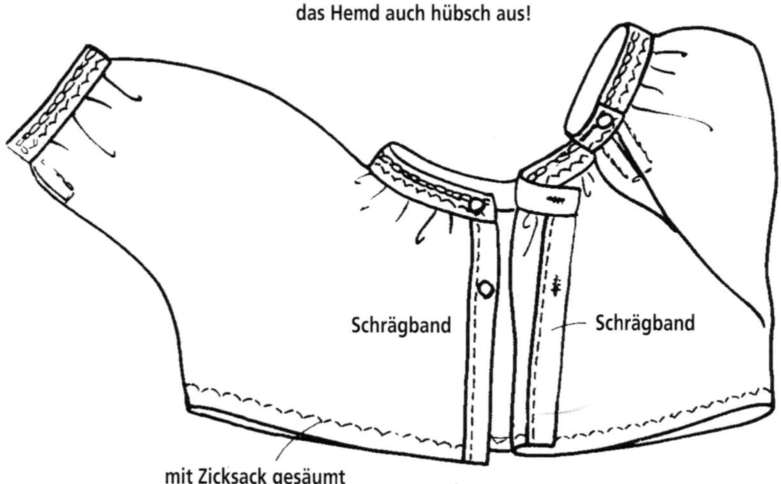

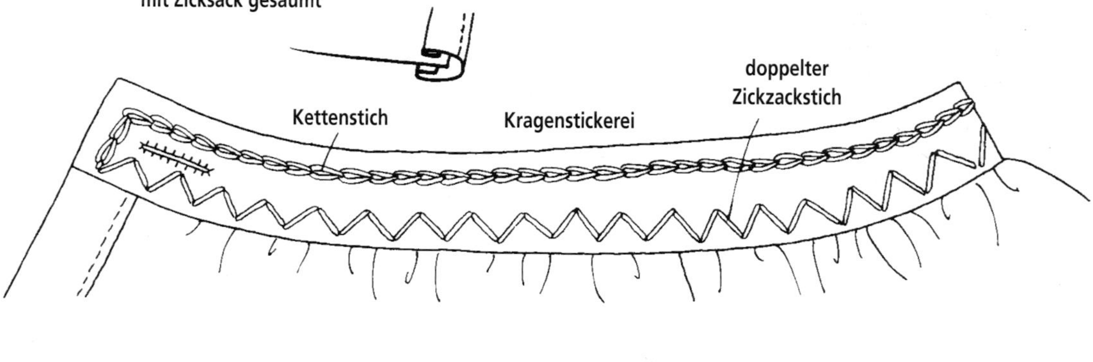

Ullis Latzhose, Größe D

Stoffverbrauch: 75 x 80 cm.
Siehe Grundmuster für Hosen, alle Größen, S. 90. An der Puppe maßnehmen, so daß Länge und Breite nicht zu knapp geraten. Muster auf den Stoff überführen, Nahtzugabe nicht vergessen und zuschneiden. Die Teile der Hose und die untere Kante des Futters mit Zickzack versäubern. Taschen mit dem Futter zusammennähen, wenden und mit Heftstich am Vorderteil festnähen. Nähte hinten und vorne zusammennähen; ebenso die Innenseite der Beine. Hose wenden. Träger zusammennähen und wenden, bügeln und mit Heftstich verzieren.

Das Futter vorne und hinten in der Mitte zusammennähen, wobei rechts auf rechts liegt. Dann das Futter rechts auf rechts über das Oberteil der Hose stülpen, die Träger wie auf dem Bild dazwischenlegen, feststecken und die obere Kante der Hose zusammennähen. Träger hochziehen und rundherum bügeln, obere Kante mit Heftstich verbrämen und Futter in der Hose mit kleinen Stichen befestigen. Hose anprobieren und Beine hochschlagen, säumen. An den Trägern Knöpfe annähen; Knopflöcher, alternativ Schlingen hinten an der oberen Hosenkante anbringen. Träger über Kreuz anknöpfen.

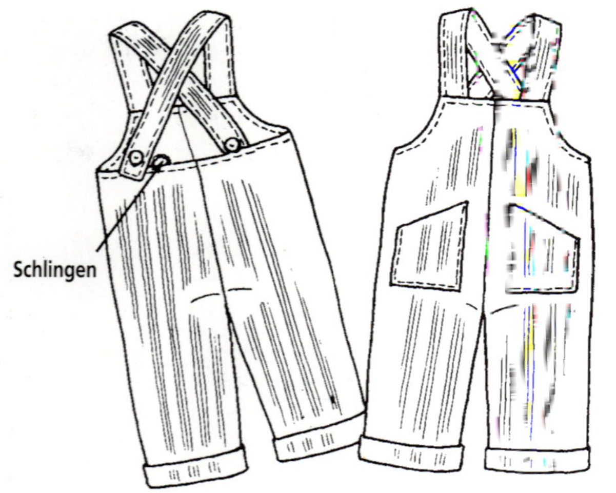

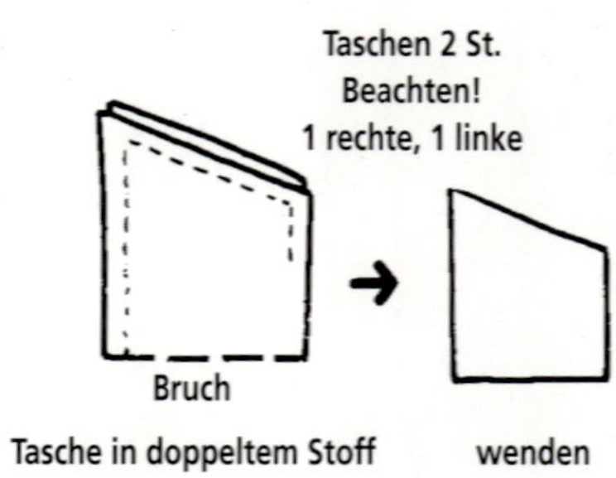

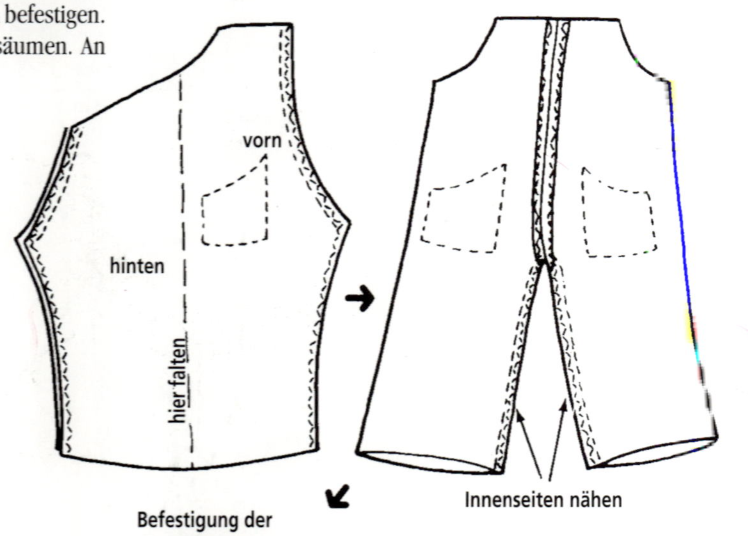

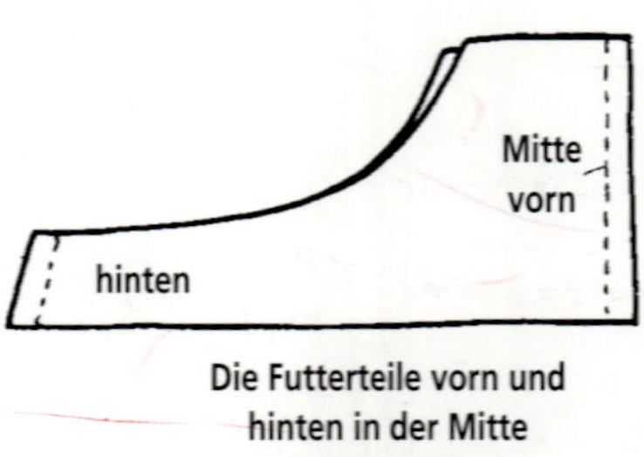

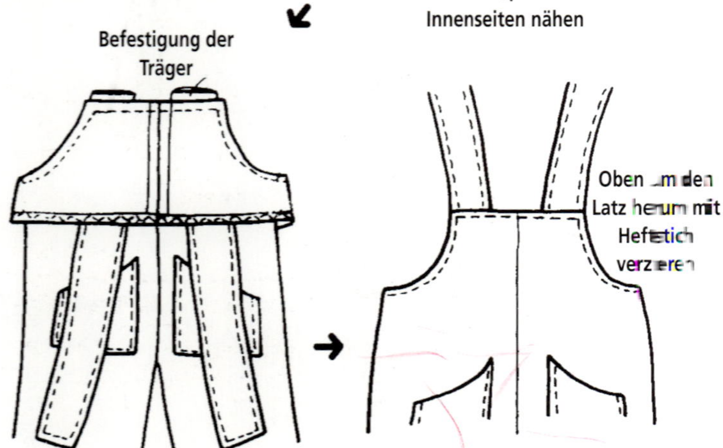

Ullis Pullover und kurze Hosen, Größe D

Garnverbrauch: 50 g. *Stoffverbrauch:* 60 x 18 cm.
Pullover: Für die Vorderseite, wo unten begonnen wird, Maschen auf Nadeln Nr. 2 aufnehmen, probestricken und messen, damit der Pulli am Bauch nicht zu eng wird! Nach dem Bündchen Nadeln gegen gröbere, z. B. 2 1/2 auswechseln und glatt rechts weiterstricken. Beim Schlitz des Halsausschnitts angekommen, 1 1/2 cm Bündchen stricken, wenden und die eine Seite des Halsausschnitts zuerst stricken, während die Maschen der anderen Seite solange auf einer anderen Nadel stehenbleiben. Wenn man auf beiden Seiten bis an die Rückkante des Halsausschnitts gekommen ist, schlägt man die fehlende Anzahl Maschen an und strickt den Rücken des Pullis fertig. Ärmel an den Seiten anstricken; zuerst nur einige Maschen neu aufnehmen, dann immer mehr, so daß die Schultern sich runden.

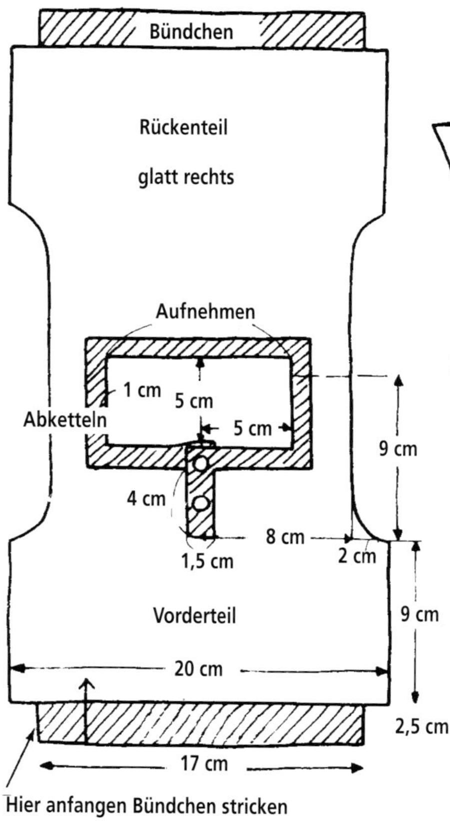

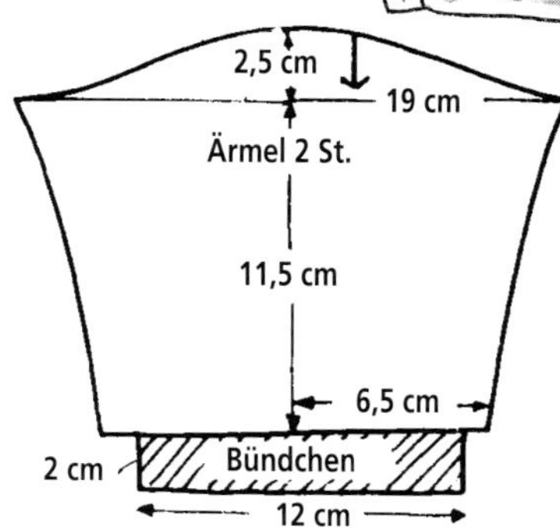

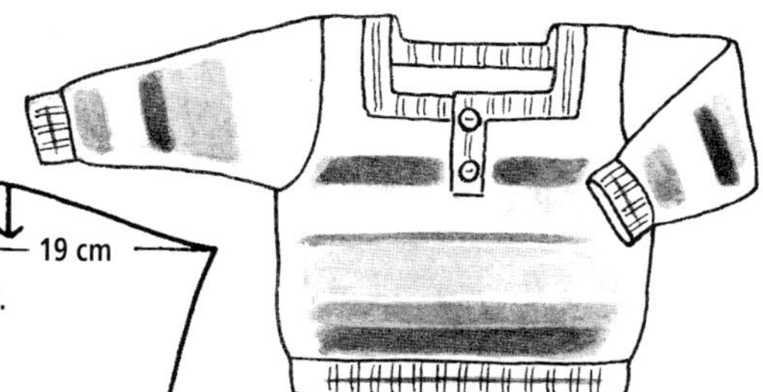

Ullis kurze Hose, S. 71

Man kann die kurzen Hosen mit Stoff- oder Lederträgern vervollständigen. Hier sind die Lederträger für Modell C in natürlicher Größe abgebildet.

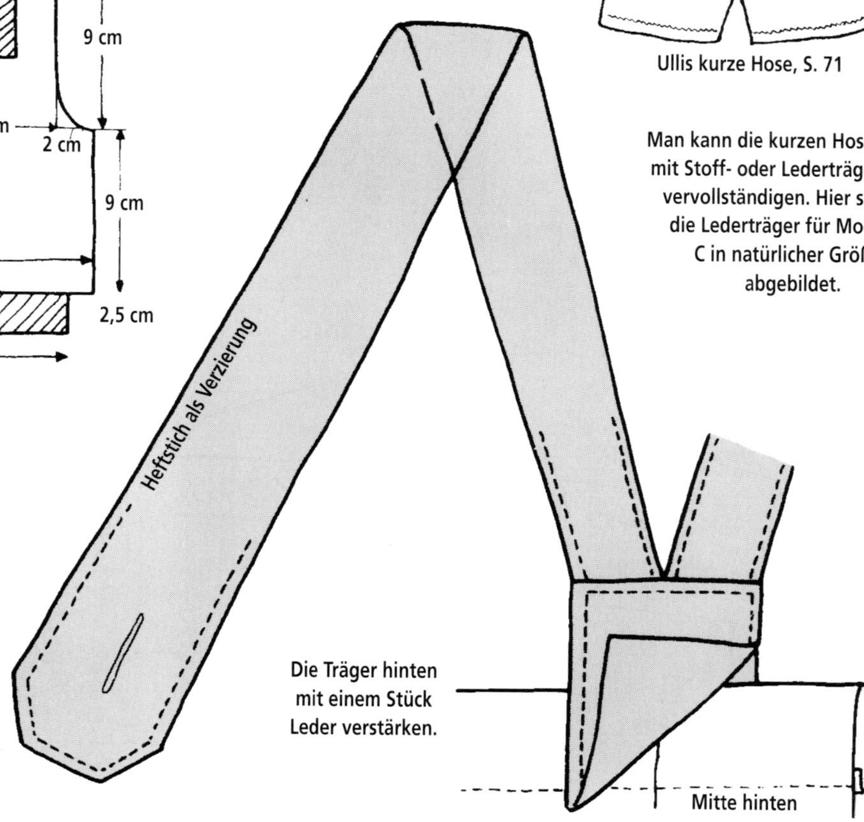

Grundmuster für kurze Hosen

Stoffverbrauch Größe D: 60 x 18 cm.
Größe C: 50 x 15 cm.
Das auf dieser Seite abgebildete Muster auf den Stoff übertragen. Nahtzugabe nicht vergessen und die beiden Teile zuschneiden. Dann ausgebreitet rechts auf rechts aufeinanderlegen und die Vorder- und Rücknaht nähen. Die Nähte aufeinanderlegen und die kurzen Beinnähte machen. Diese einfache Hose kann mit Trägern oder Gummizug in der Taille vervollständigt werden. Je nach Bedarf Taille höher schneiden oder Beine verlängern.

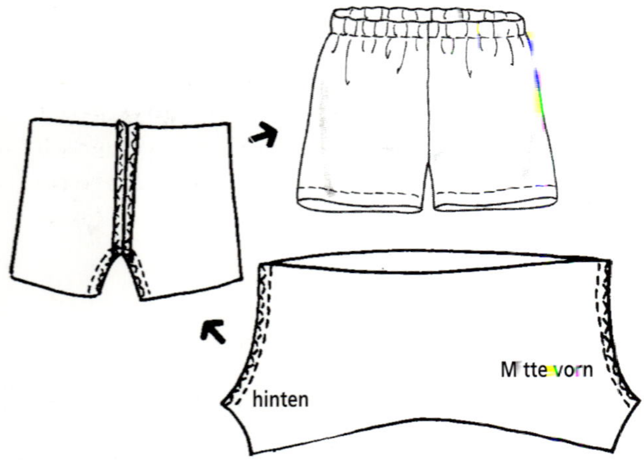

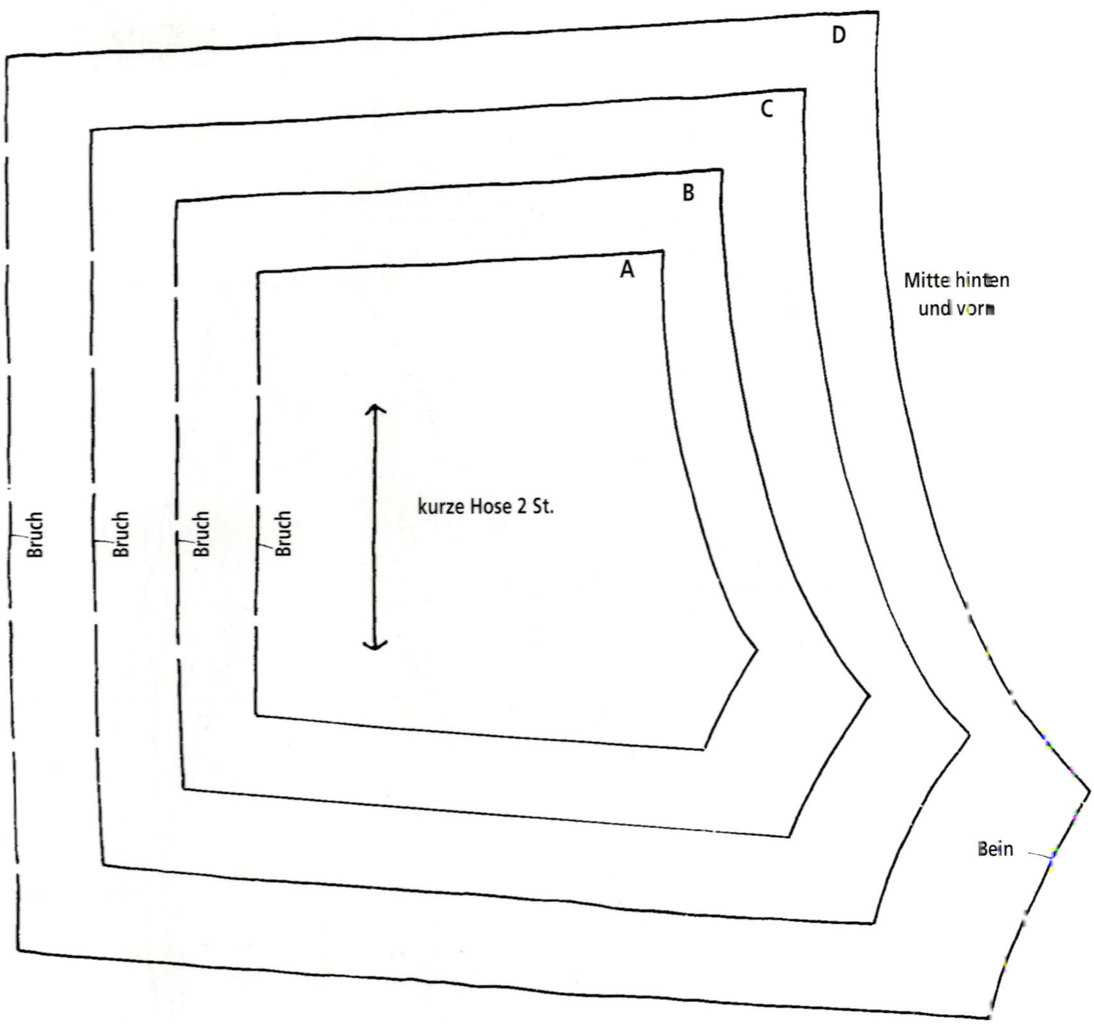

Johannes' Schlafanzug, Größe C

Stoffverbrauch: 60 x 50 cm.

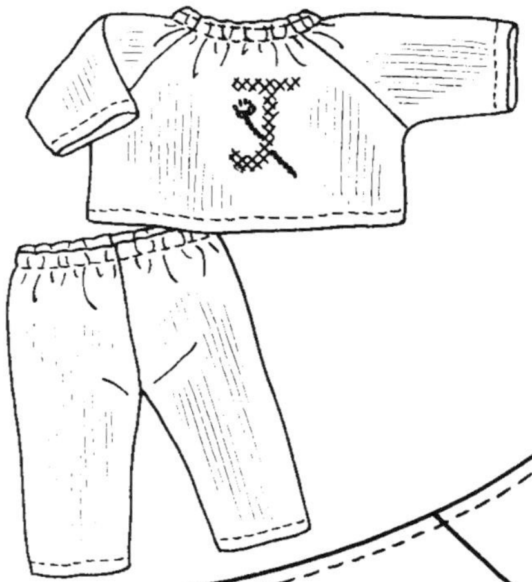

Mit den schrägen Raglannähten beginnen, Halsausschnitt mit Schrägstreifen einfassen, Seiten zusammennähen, Ärmel und untere Kante säumen. Gummiband durch die Schrägbandeinfassung am Hals ziehen und eventuell das Vorderteil besticken.

Hose: Hosenmuster auf S. 71 verlängern. Entweder mit gerade geschnittenen Beinen und Gummizug unten oder schmal zulaufend und unten offen. Gummizug im Bund.

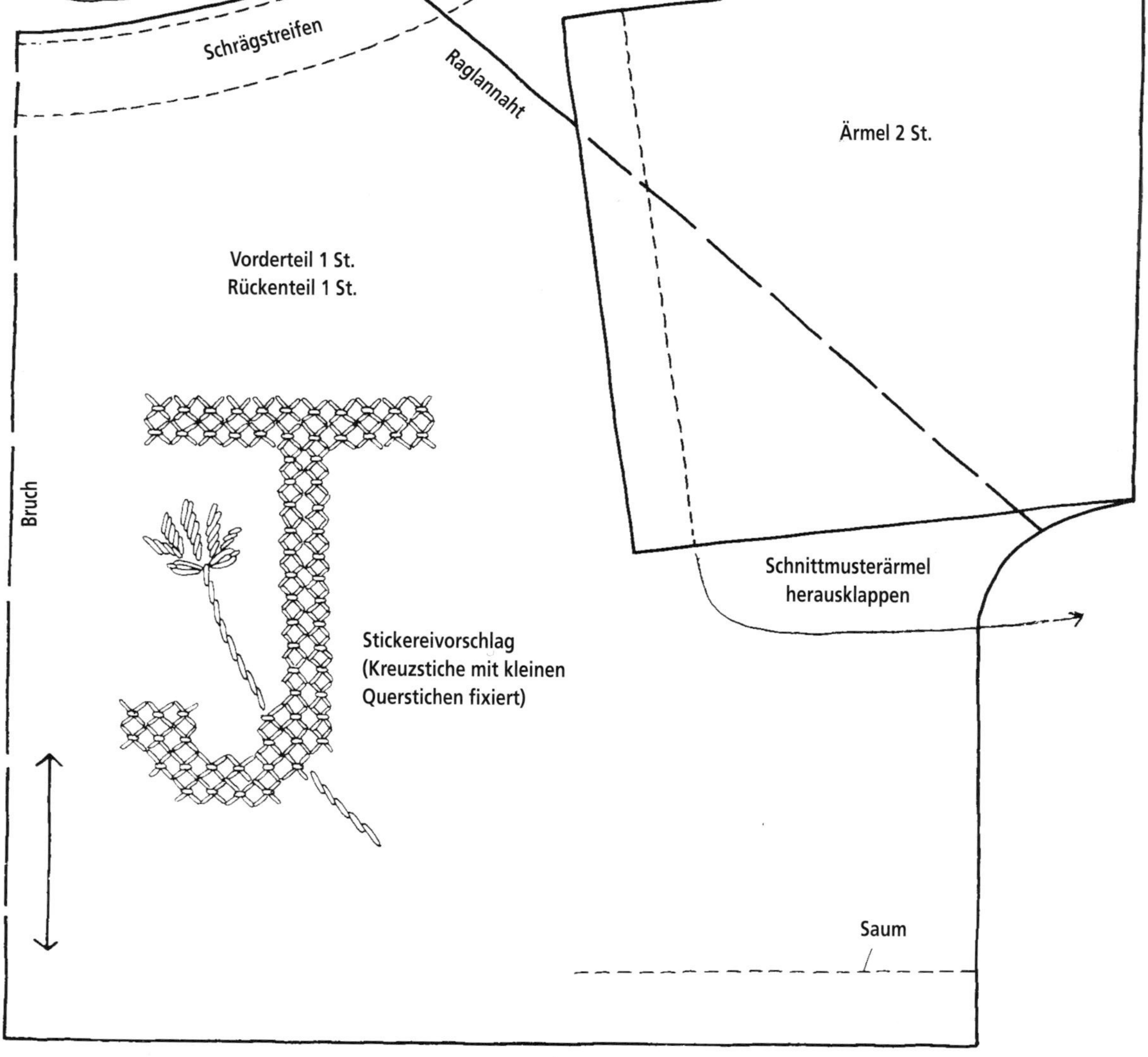

Johannes' Bluse, Größe C

Stoffverbrauch: 40 x 45 cm.
Die Schulternähte werden zuerst gearbeitet. Dann die Außennaht des Kragens, Kragen wenden, bügeln und mit Heftstichnaht besticken. Kragen um den Hals herum anpassen. Schrägstreifen rechts auf rechts am Halsausschnitt entlang auf den Kragen legen. Kragen und Schrägstreifen gleichzeitig annähen.

Schrägstreifen umklappen und ihn an der Innenseite des Halsausschnitts feststicheln. Ärmel festnähen, Ärmel und Seiten zusammennähen, untere Blusenkante säumen; Vorderkanten einschlagen, bügeln und schließlich mit Knöpfen und Knopflöchern versehen.

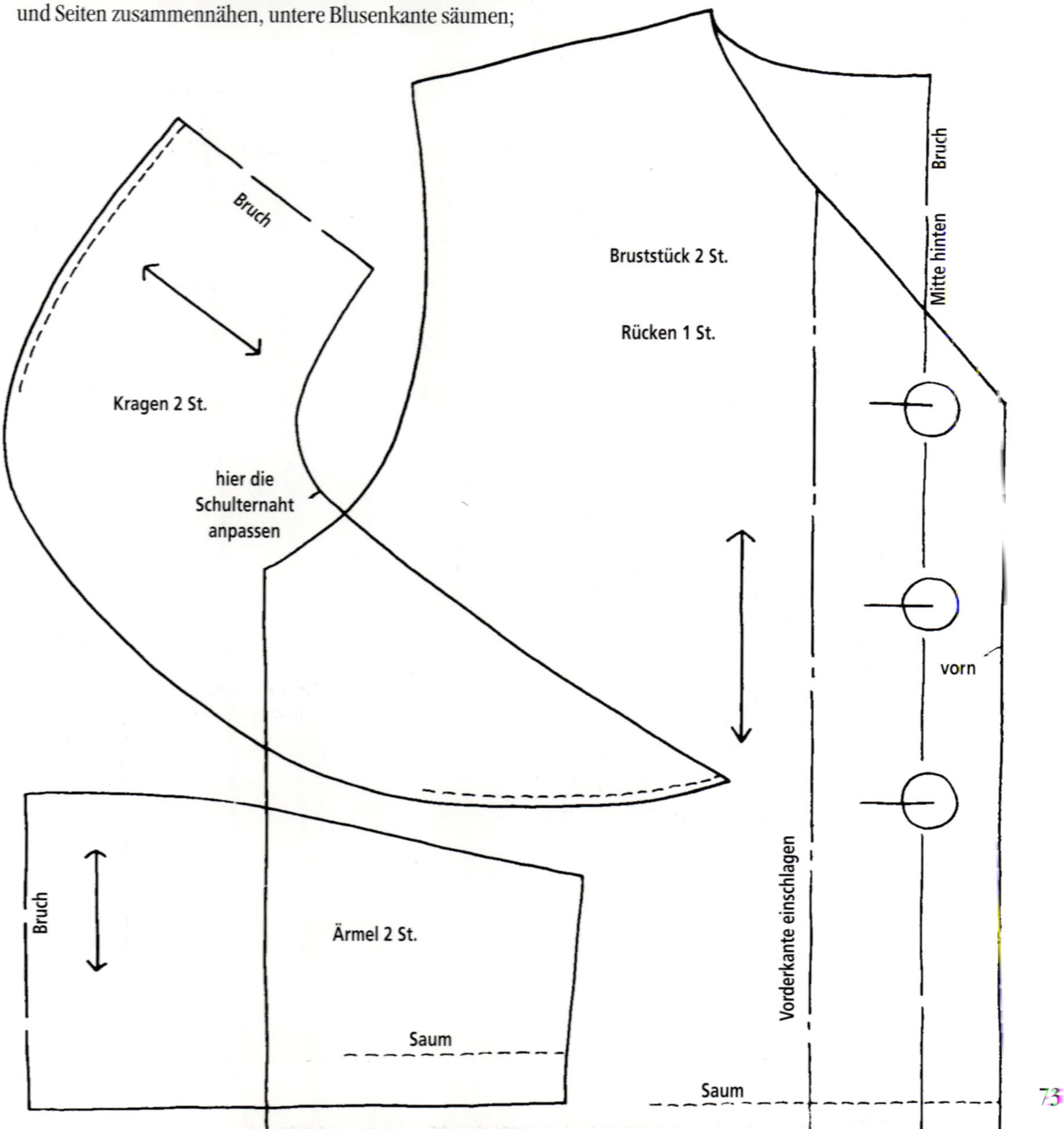

Johannes' Hemdchen und Spielhose, Größe C

Spielhose: Grundmuster für Latzhosen S. 90, 91 benutzen und der Nähanleitung auf S. 69 folgen. Beine kürzen!

Stoffverbrauch: Hemd: 80 x 80 cm. *Hose:* 80 x 20 cm.
Hemdchen: Zuerst das Halsloch ausschneiden, Öffnung mit Schrägband einfassen, Seitennähe machen, unten säumen und Gummiband durchziehen. Verlängert wird es ein Nachthemd!

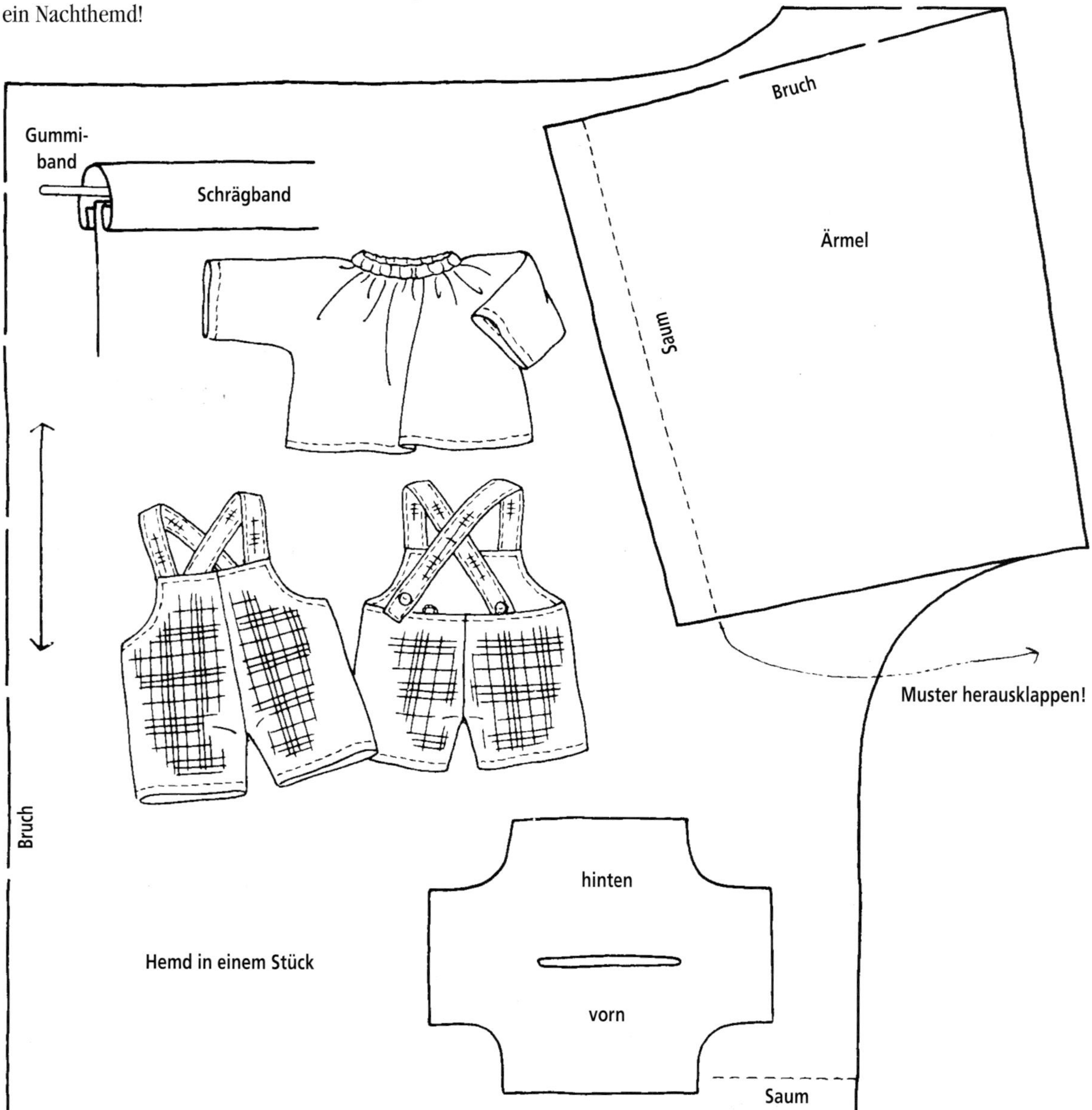

Johannes' Pulli, Größe C

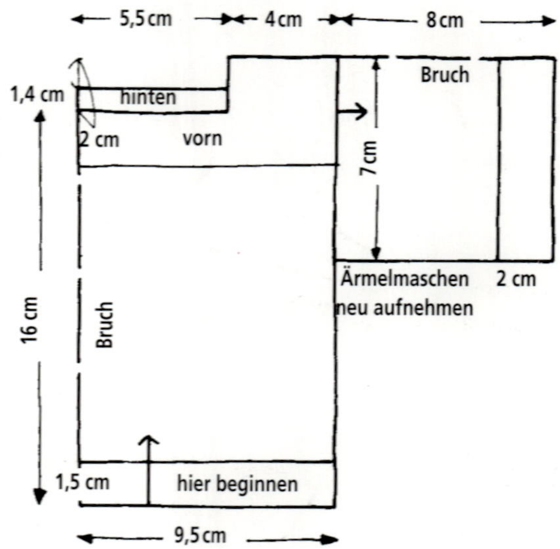

Garnverbrauch: 60 g (siehe Grundmuster 1. Halsausschnitt nicht zu eng arbeiten!).
Kleines Probestrickmuster machen, um zu sehen wieviele Maschen auf 10 cm gehen. Ausrechnen, welche Anzahl Maschen aufgenommen werden muß. Vorne unten mit ca. 1 1/2 cm Bündchen anfangen, weiterstricken, wie es das Bild zeigt. Die Ärmel werden direkt am Brust- und Rückteil angestrickt.

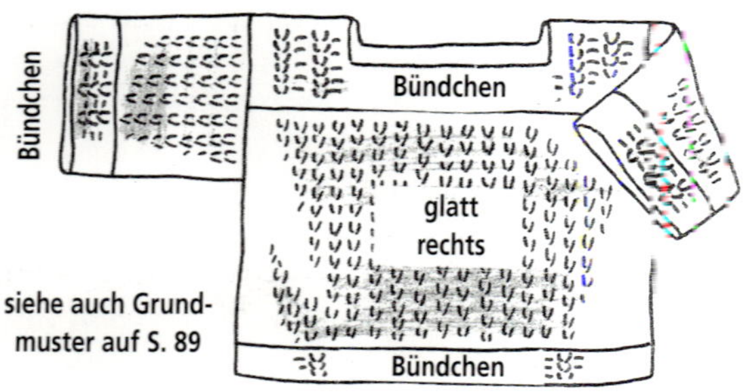

Linus' Strickpulli und Hosen, Größe B

Garnverbrauch: 30 g.
Ein dünnes Garn wählen und durchgehend Bündchen stricken. Der Bildbeschreibung folgen!

Aus dünnem Garn nur Bündchen stricken.

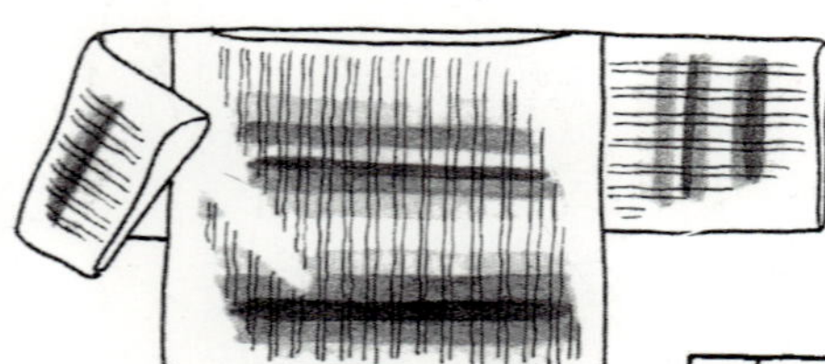

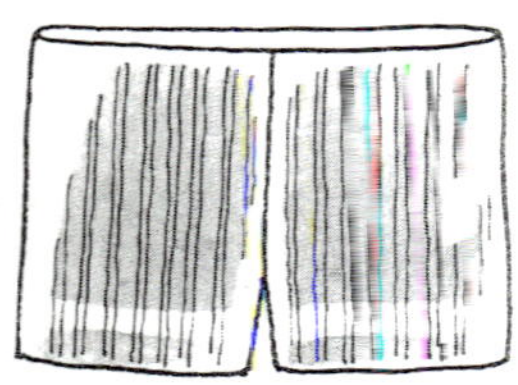

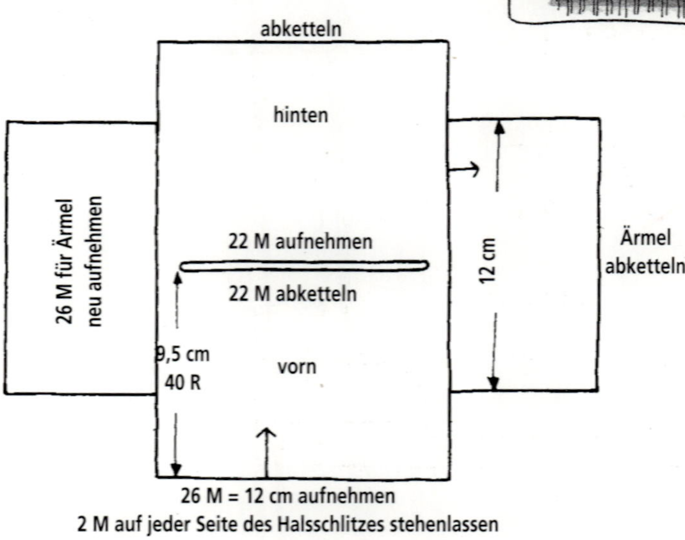

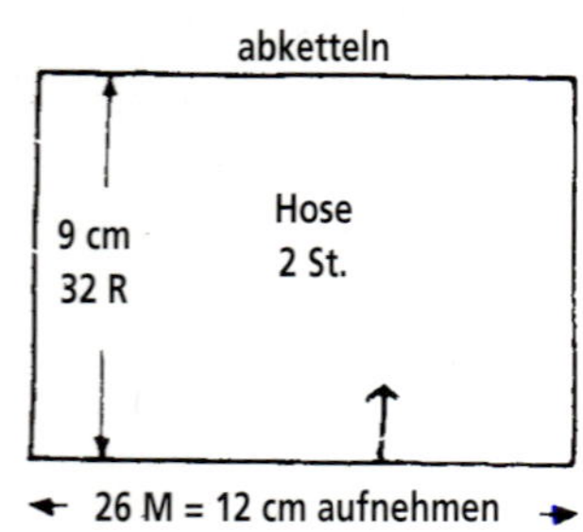

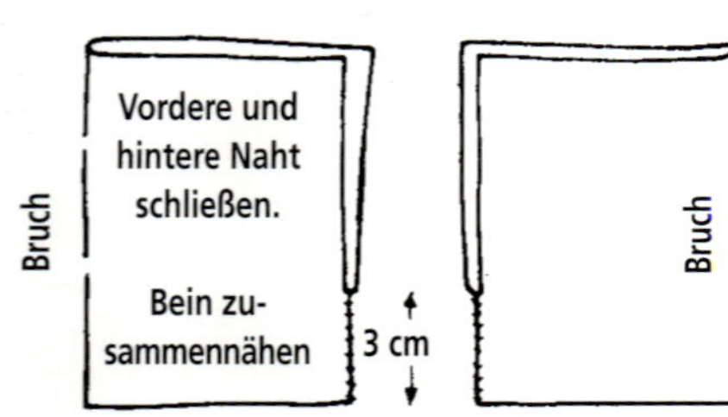

Linus' Bluse, kurze Hosen und Unterhosen, Größe B

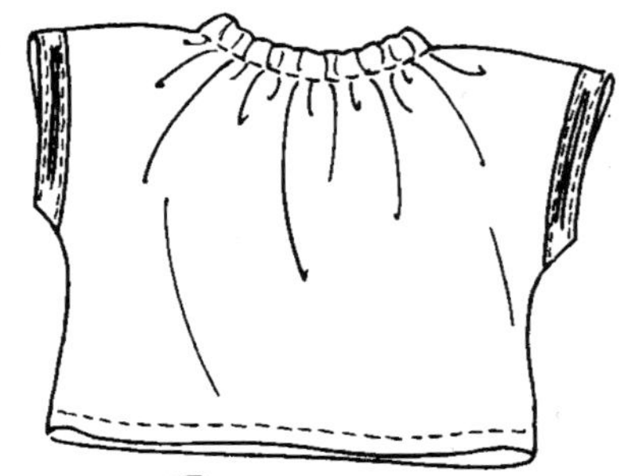

Stoffverbrauch Bluse: 55 x 20 cm und 36 cm Zierborte.
Bluse: Siehe Grundmuster auf S. 89 für alle Größen.
Mit den Schulternähten beginnen. Borte an die Armlöcher annähen, Halsausschnitt mit Schrägband aus Blusenstoff einfassen, Seiten zusammennähen und unten herum säumen. Gummiband durchziehen.

Kurze Hose: Muster und Beschreibung S. 71.

Unterhosen: Ein Stück Mullbindenschlauch ergibt die einfachste Unterhose. Oben wird er mit einem Tunnel zum Durchziehen von Gummiband versehen und unten mit ein paar Stichen im Schritt. Man kann auch ein gerades Stück weiche Baumwolle von einem alten T-Shirt nehmen. Abmessen, damit es der Puppe um die Taille paßt!

kurze Hose

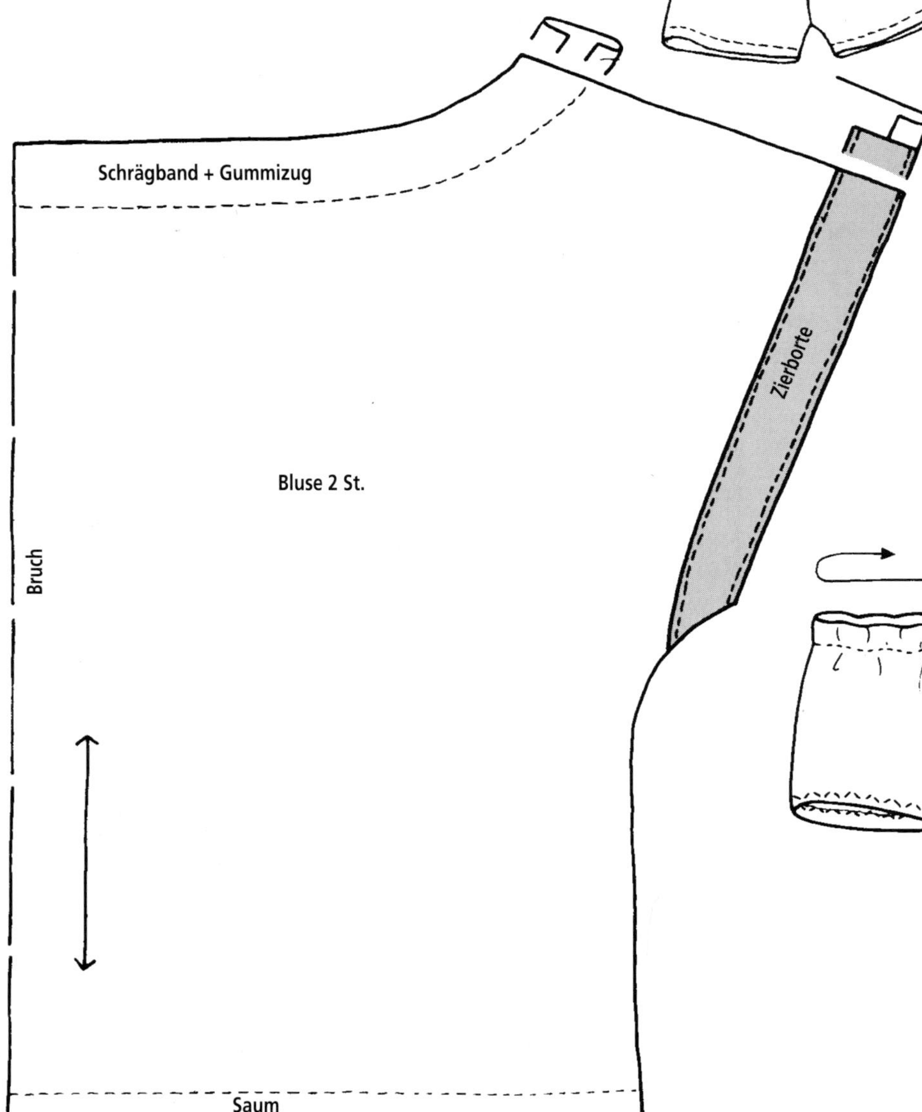

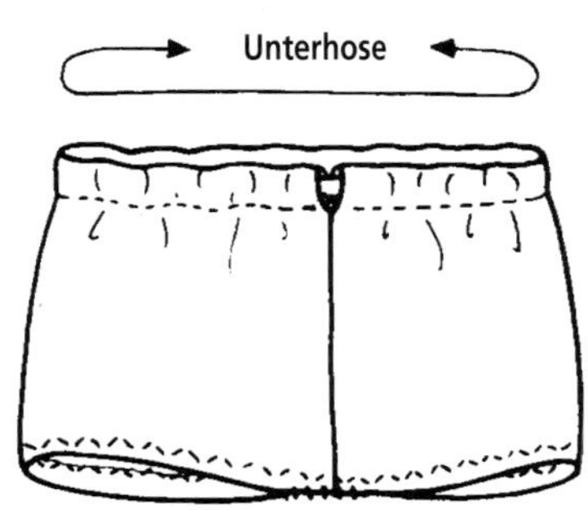

Linas Kleidchen, Größe B

Stoffverbrauch: 45 x 20 cm und 1,2 m Zierborte.

Bei den Schulternähten beginnen, Nahtzugabe an Hals und Armlöchern nach außen klappen, bügeln. In den Ecken und Biegungen ein paar Einschnitte machen; die Borte mit der Maschine festnähen. Seiten zusammennähen und unten herum gleichzeitig säumen, wenn man die Borte annäht. Die offenen Rückenkanten einschlagen und säumen, Druckknöpfe annähen.

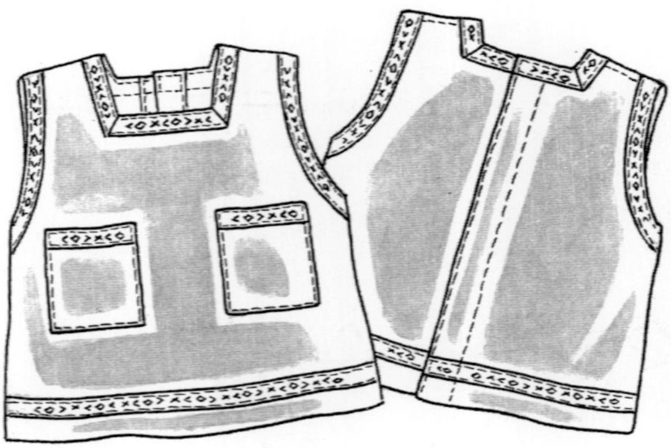

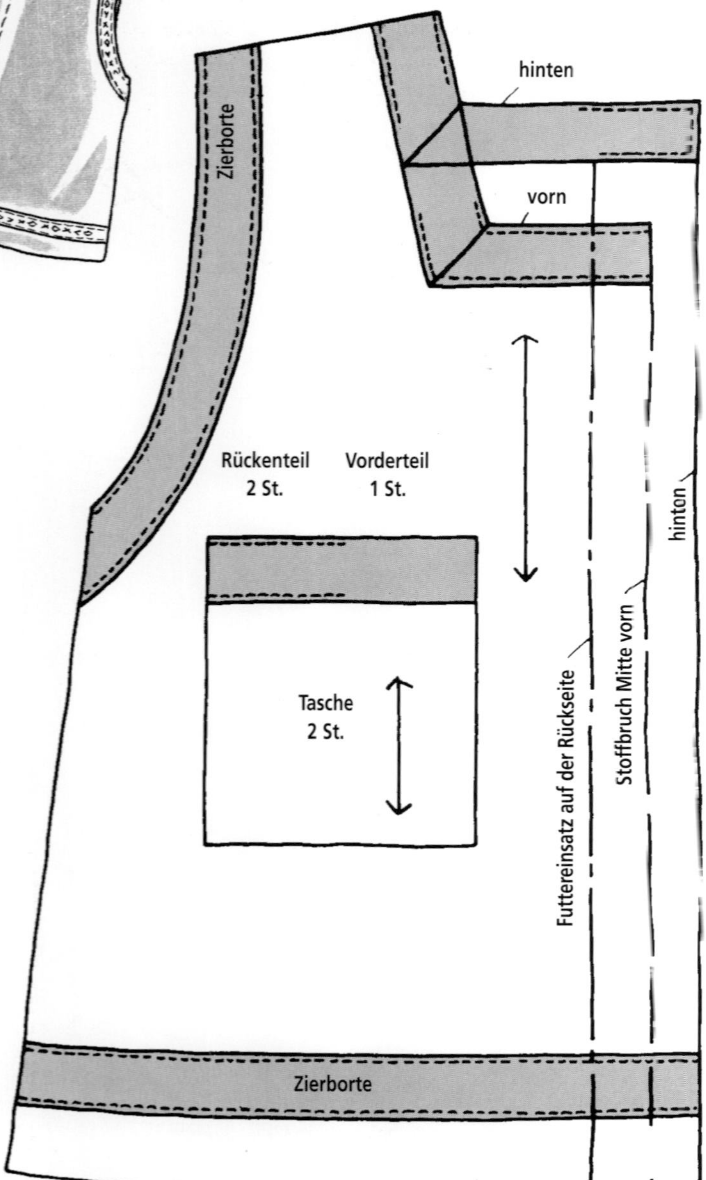

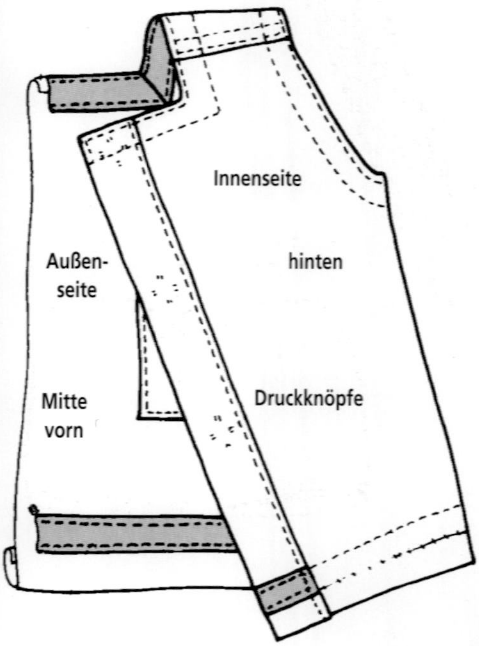

Kleid mit langen Ärmeln, Lina (B)

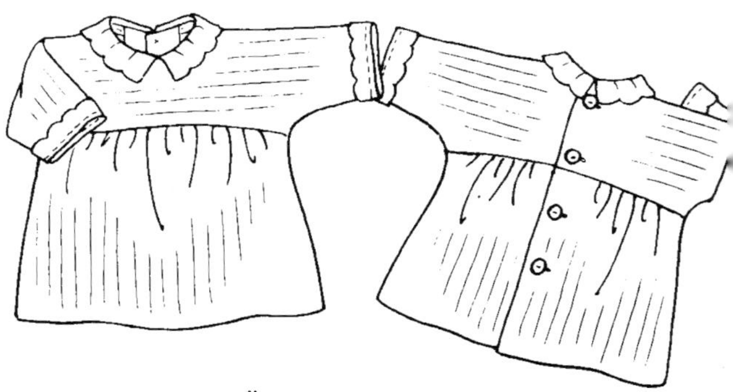

Stoffverbrauch: 30 x 50 cm und 65 cm durchbrochenes Spitzenband, 2,2 cm breit.
Ein dünner Wollstoff eignet sich gut.
Wenn man das Muster auf den Stoff gelegt, Nahtzugabe berechnet und zugeschnitten hat, näht man das Spitzenband unten an den Ärmeln an. Rock an den Seiten zusammennähen und in der Taille kräuseln. Ärmel zusammennähen. Dann Rock und Oberteil rechts auf rechts (Stern auf Stern legen!) zusammennähen und auf dem Rücken beide Kanten der Öffnung einschlagen. Knopflöcher und Knöpfe anbringen. Spitzenband kräuseln und um den Halsausschnitt annähen. Rock säumen.

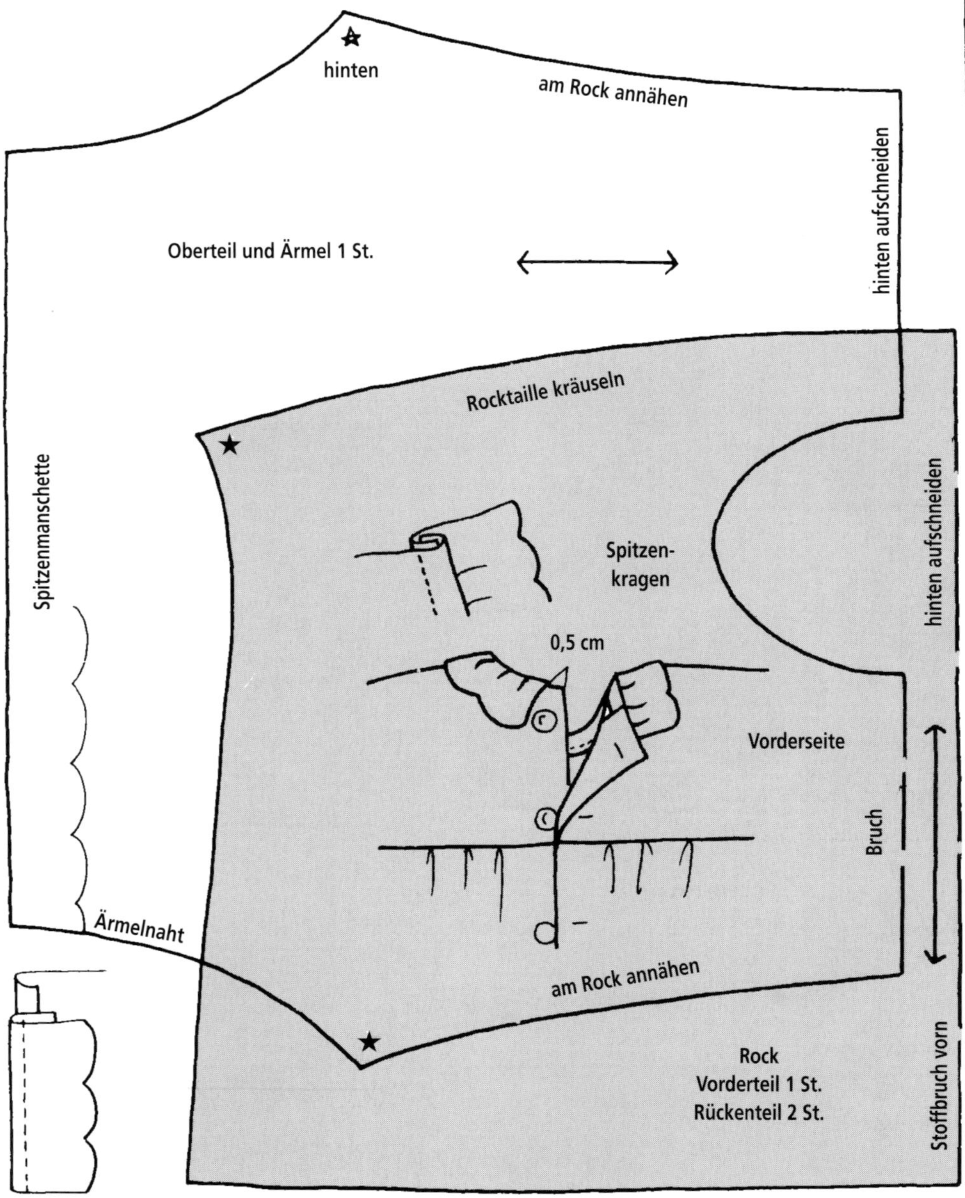

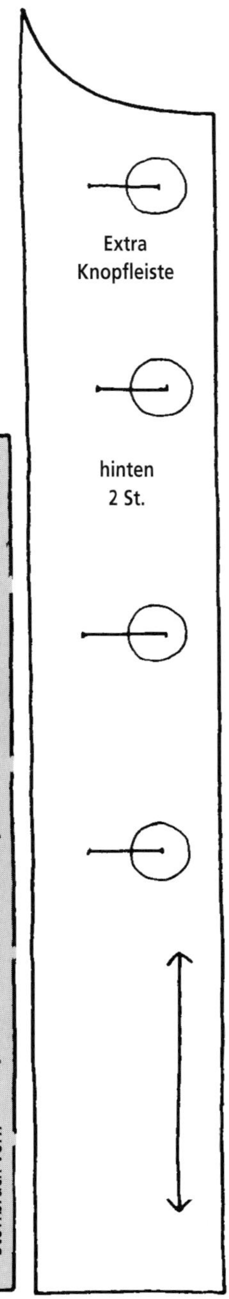

Maries Rock und Bluse, Größe A

Soffverbrauch: 30 x 20 cm. *Bluse:* 40 x 25 cm.
Der Trägerrock ist auf S. 32 beschrieben. Hier handelt es sich um die kleinste Größe, A. Vorlage und Puppe messen! Ein eigenes Muster machen, damit der Rock auch paßt.

Bluse: Das gleiche einfache Modell wie auf S. 74. Zur Beachtung: Für diese kleinen Puppenkleider extra dünnen Stoff wählen und immer vor dem Nähen kontrollieren, daß man der Puppe das Kleidungsstück auch über den Kopf ziehen kann.

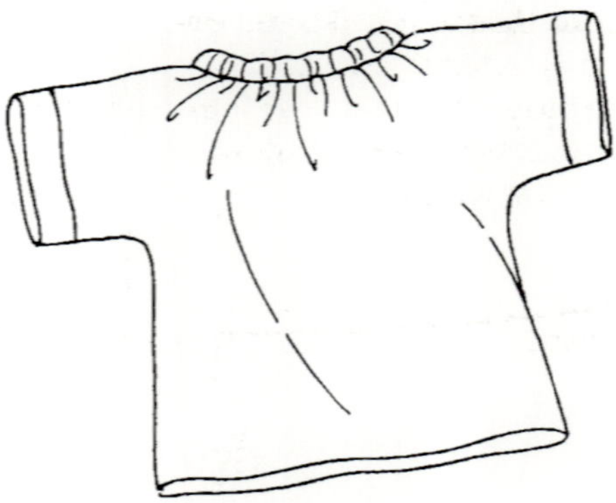

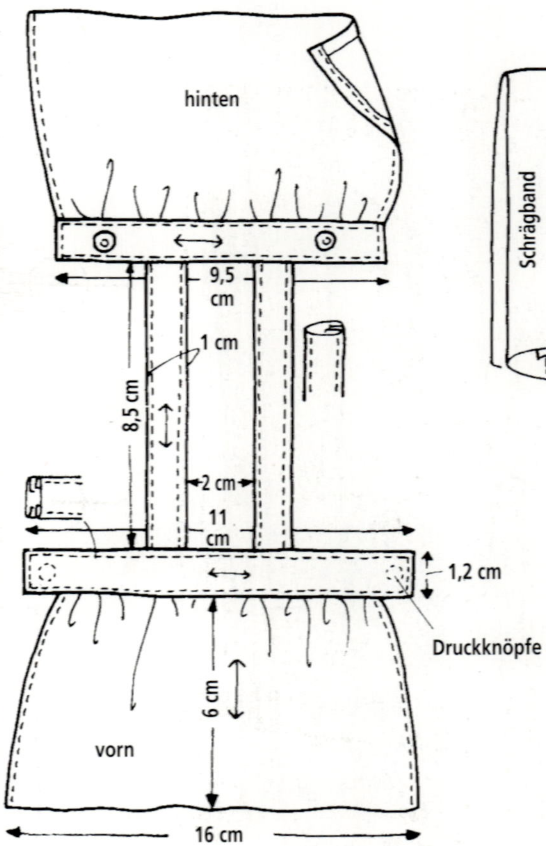

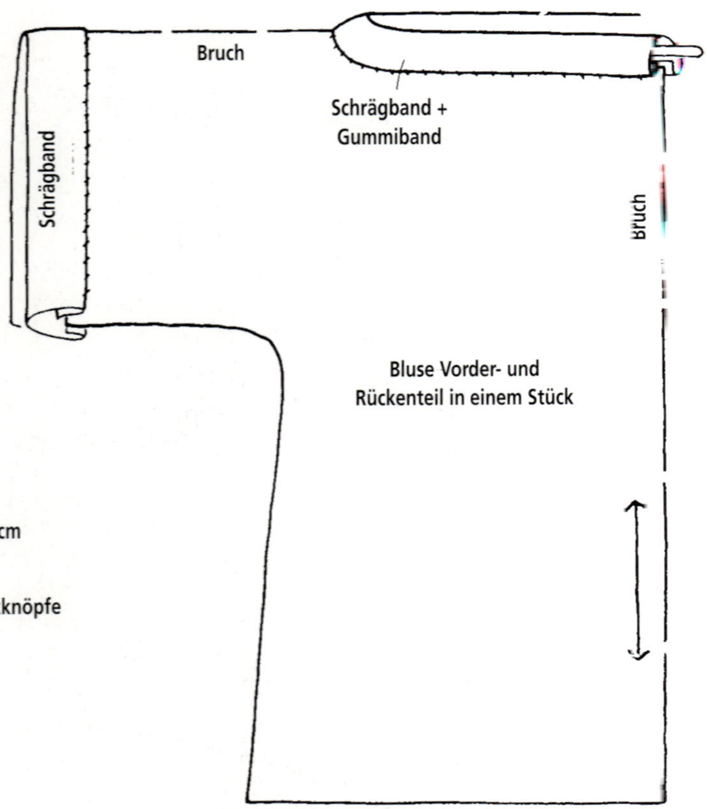

Pias Strampelhose und gefüttertes Jäckchen

Stoffverbrauch: Hose:50 x 45 cm. *Jacke:* 47 x 70 cm.
Hose: Zuerst die Hose vorn und hinten in der Mitte zusammennähen, dann das Futter. Futter und Hose rechts auf rechts legen, d. h. das Futter wird über das Hosenoberteil gestülpt und um die Träger und den Halsausschnitt herum angenäht. Futter nach innen wenden und Hose mit Heftstichnähten an der oberen Kante entlang verzieren. Futter innen annähen. Die Nähte an den Beinen und, falls es eine Strampelhose wird, um den Fuß herum zusammennähen (A), sonst unten säumen (B).

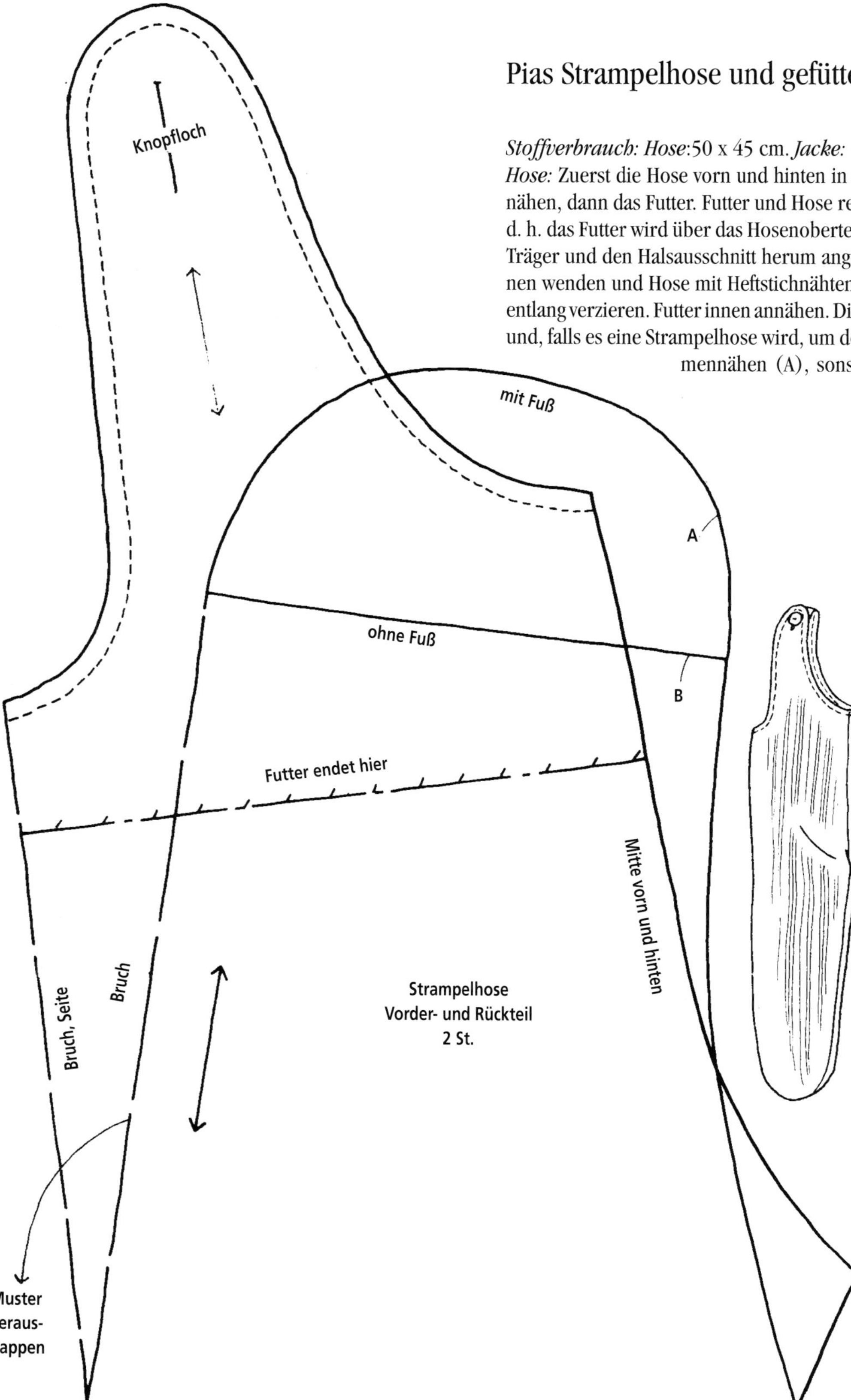

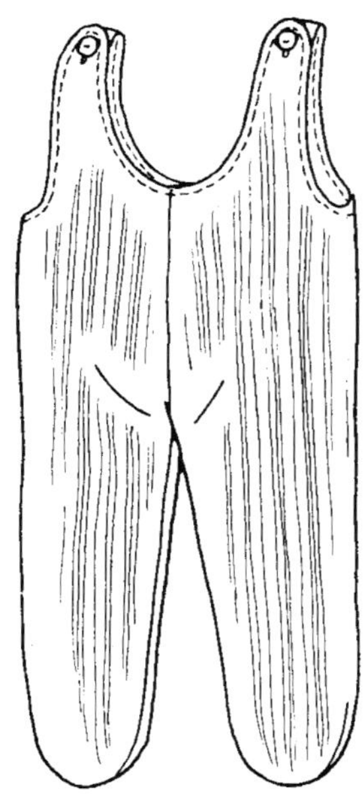

Pias Strampelhose und gefüttertes Jäckchen

Jacke: Man beginnt mit dem Zusammennähen der Ärmel. Die schräge Raglannaht bei Jackenstoff und Futter getrennt arbeiten.

Stoff und Futterstoff rechts auf rechts legen und die Jacke mit einer einzigen Naht an Vorderkanten, Halsausschnitt und unterer Kante entlang zusammennähen, aber nicht vergessen, ein kleines Loch zum Wenden offenzulassen! Nach dem Wenden bügeln und den Stoff an den Ärmeln unten einschlagen. Zusammennähen, ebenso wie die Öffnung, durch die gewendet wurde. Alle Kanten mit Heftstichen verzieren. Den Halsausschnitt mit einem gehefteten Tunnel versehen, durch den ein Gummizug oder ein Band zum Zuknoten gezogen wird.

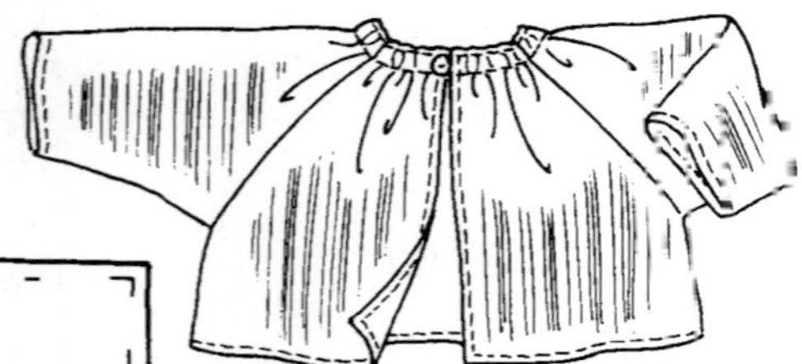

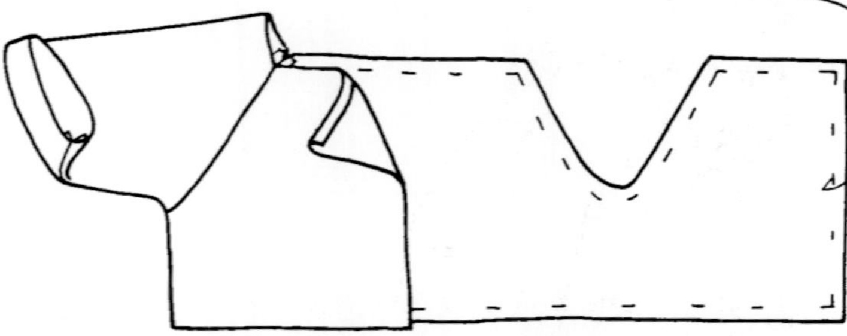

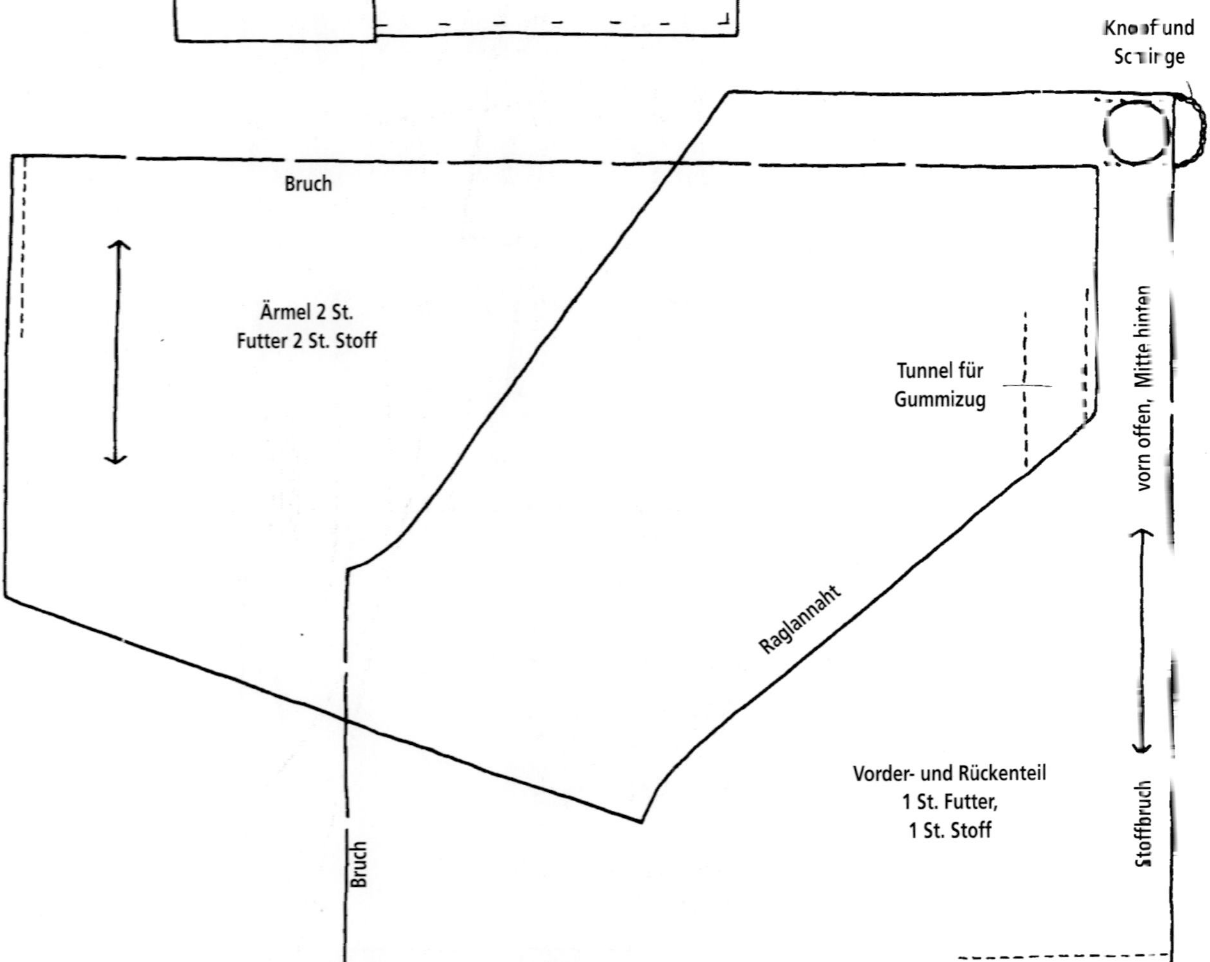

Pias Bluse und Häubchen

Stoffverbrauch Bluse: 50 x 50 cm. *Haube:* 25 x 40 cm
Die Bluse ist in einem Stück geschnitten. Loch für den Hals ausschneiden und anprobieren. Die Kante mit so kleinen Stichen wie möglich säumen, Seitennähte schließen, unten herum säumen und oben die dünnste Sorte Gummiband durchziehen.

Haube: Muster auf S. 83 nach den Maßen der Puppe vergrößern. Die gerundete Nackenpartie einschlagen und mit Zickzack versäubern. Dann wird die gerade Vorderkante auch umgeschlagen und genäht, wobei man unten eine kleine Öffnung für den Gummizug läßt. Zwei Nähte machen, damit man das Band zum Knoten durchziehen kann.

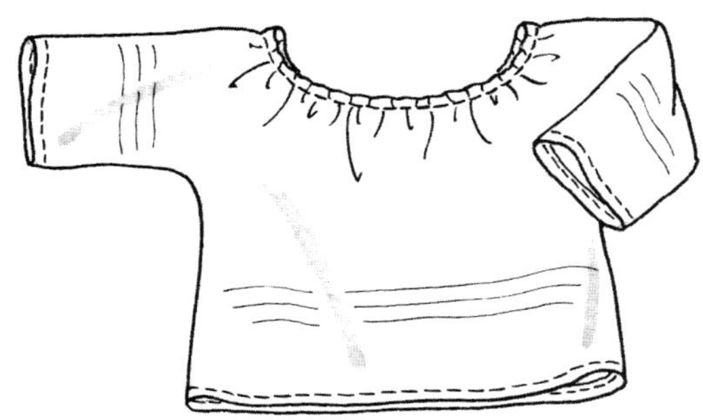

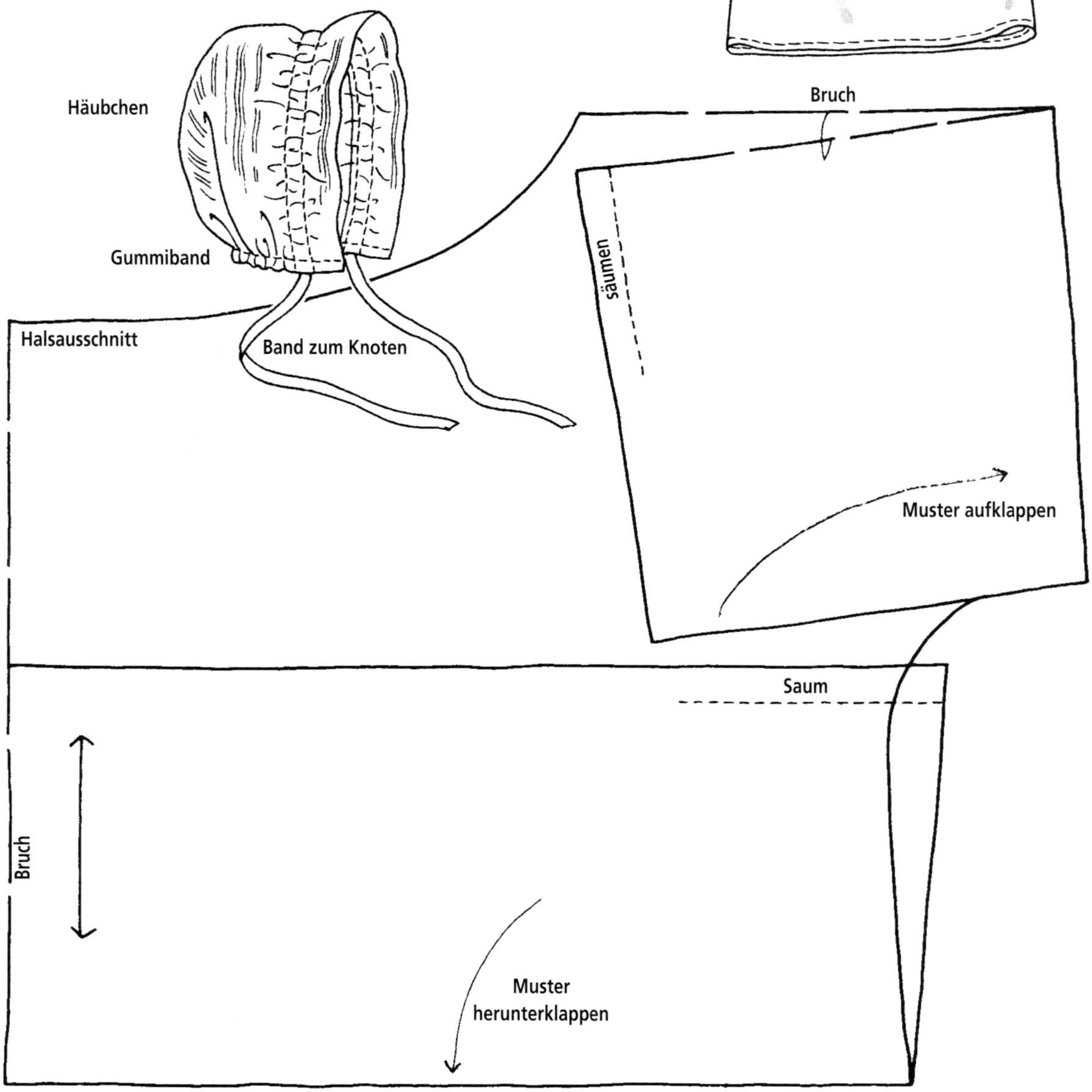

Moritz' Schlafsack, Größe A

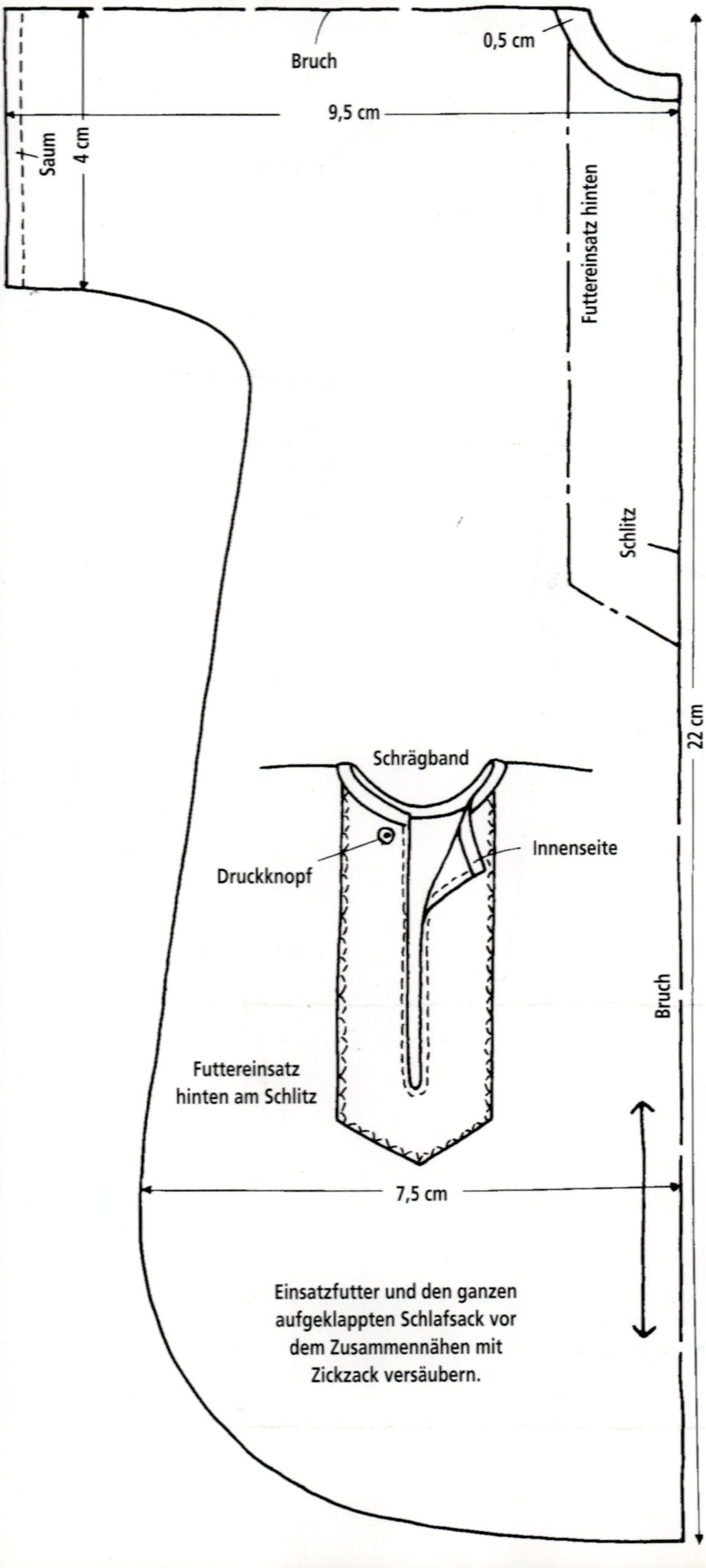

Stoffverbrauch: 25 x 50 cm weicher Flanell oder Baumwolljersey.

Nach dem Zuschneiden werden die Teile mit Zickzack gekantet. Schlitz hinten in der Mitte aufschneiden, auch beim Einsatzfutter, das zur Verstärkung hinten eingelegt wird. Das Futter rechts auf rechts, Schlitz auf Schlitz auflegen und um die Kante des Schlitzes nähen, Futter nach innen wenden, bügeln und mit einer Heftstichnaht verzieren.

Halsausschnitt mit Schrägband umkanten, Sack zusammennähen und Ärmel säumen. Schlinge und Knopf oder Druckknopf annähen.

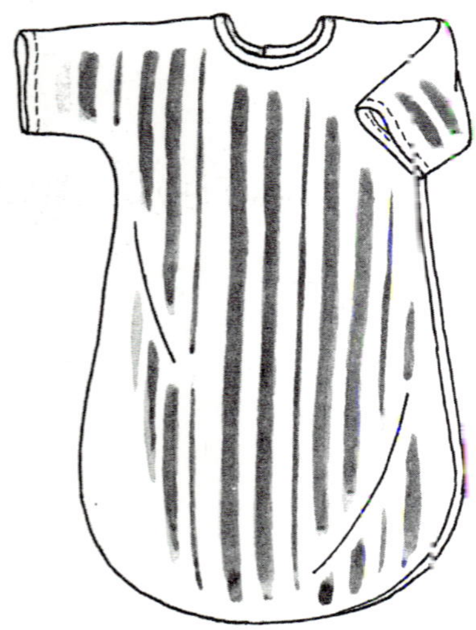

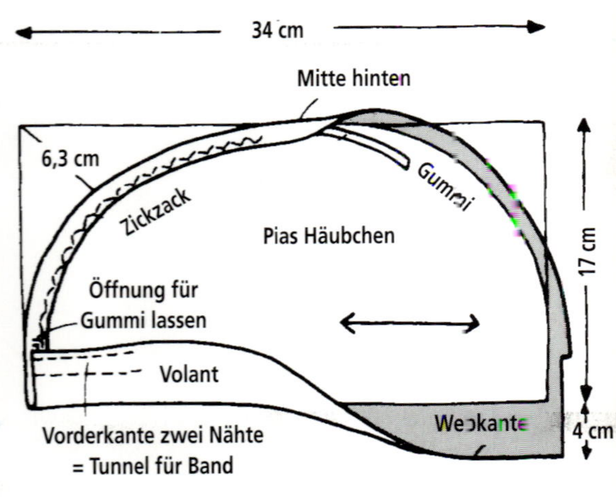

Peterchens Kleider aus einem Paar Strümpfen gemacht, Größe A

Aus einem Paar noch nicht abgetragener Kinderwollstrümpfe, die dieselbe Breite haben wie das Muster zur Puppe A, kann man eine elegante Kombination Kleider nähen. Die Strümpfe werden zerschnitten, wie es das Bild zeigt, und mit Zickzack genäht (siehe Farbbild S. 15).

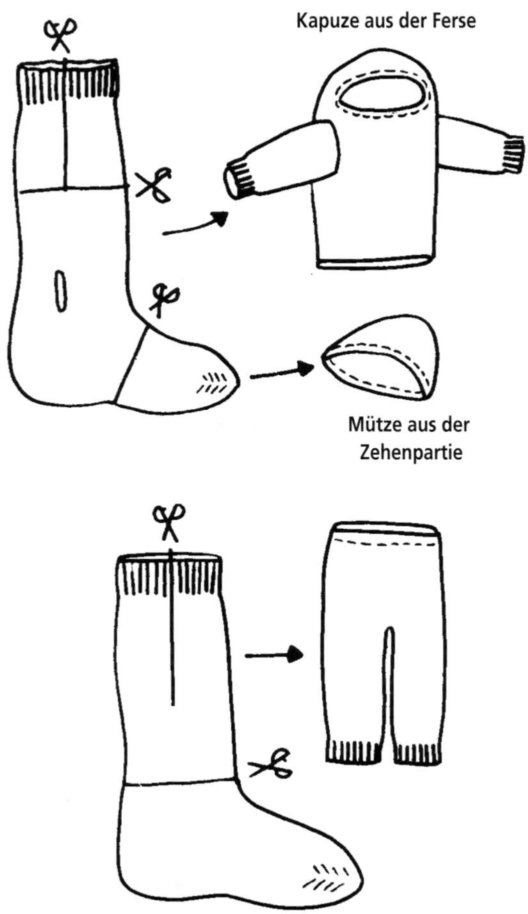

Ullis Lederschuhe, Größe D

Material: Dünnes Leder, 30 x 15 cm, Lederriemchen oder gedrehte Kordel als Schnürsenkel. Starkes Nähgarn verwenden, z. B. aus Leinen.

Zuerst wird die Ferse zusammengenäht, dann, hinten angefangen, um die Sohle herum das Oberleder annähen. Die Zehenpartie wird leicht gekräuselt.

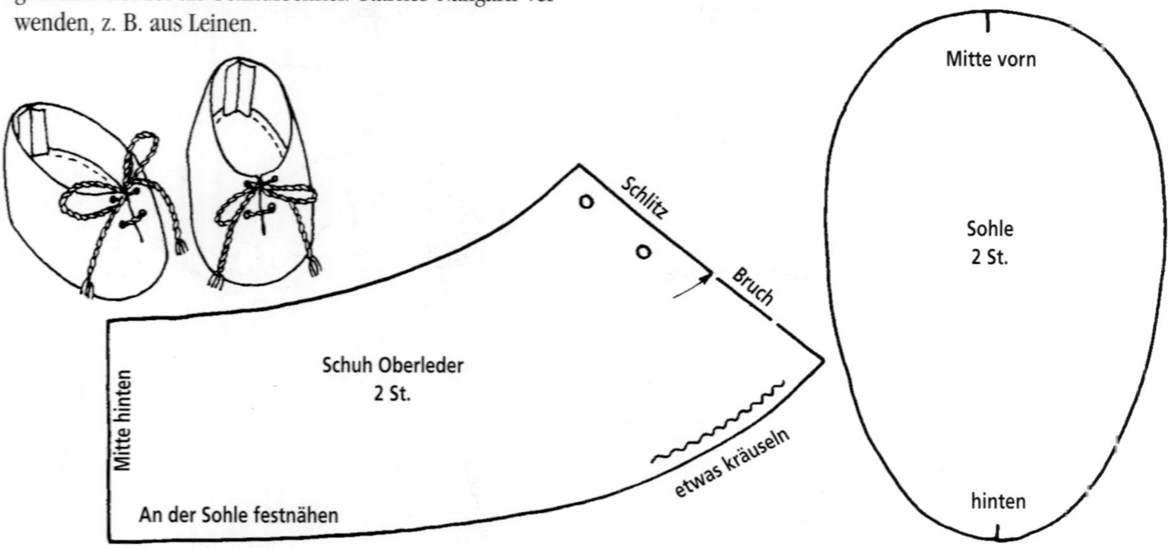

Gewebte Tasche, Linus, Größe B

Material: Stück Pappe, etwa 6 x 5,5 cm, Reste dünnen Garns in bunten Farben und eine Stopfnadel.

Die Pappscheibe mit kleinen Einschnitten mit ca. 4 mm Zwischenraum versehen, dieselbe Anzahl an der oberen wie an der unteren Kante. Das eine Ende des Kettfadens oben um den ersten Zahn binden, auf der Rückseite herunterführen, unten in den ersten Einschnitt legen und vorne wieder nach oben verlaufen lassen, *um* den nächsten Zahn *herumlegen* und auf der Vorderseite wieder nach unten, im nächsten Einschnitt um die untere Kante, hinten hinauf usw., so daß der Kettfaden immer um die untere Kante verläuft, an der oberen Kante aber immer um die Zacken herum wendet und nie über die Kante verläuft. Der letzte Kettfaden geht nach unten, so daß auf der einen Seite eine gerade Anzahl Fäden gespannt ist und auf der anderen eine ungerade. Eine grobe Nadel dient als Schiffchen. Man «stopft» immer im Kreis herum, wobei das Gewebe nach unten geschoben wird. Wenn man an der oberen Kante angekommen ist, schiebt man die Schlingen von den Zacken herunter, nimmt die Pappscheibe heraus, und die Tasche ist fertig! Das Band zum Umhängen der Tasche kann gehäkelt, geflochten oder gedreht werden. Alle losen Fäden vernähen oder das Täschchen füttern.

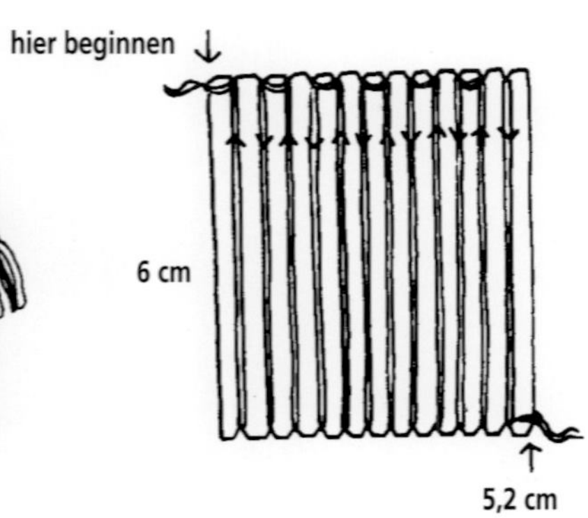

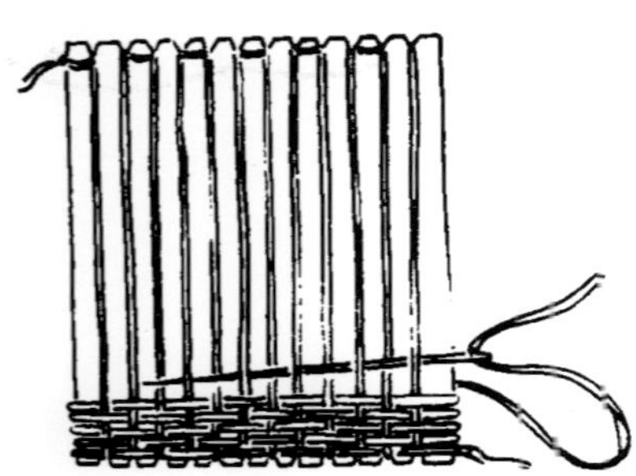

Rucksack

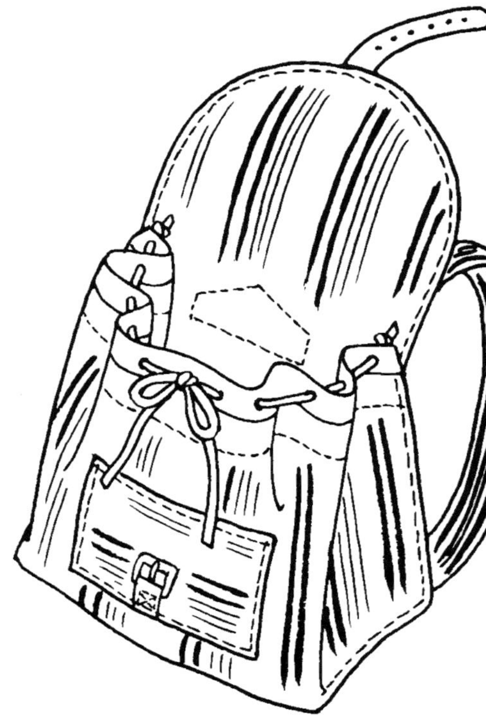

Dieser Rucksack wird aus doppeltem Stoff genäht.

Verbrauch für das kleine Modell (A-B) (Maße in den Klammern): 22 x 16 cm und etwas Leder für die Riemen, ca. 12 - 15 cm lang.

Verbrauch für den doppelt so großen Rucksack (C-D): 41 x 32 cm, 25 cm Riemen.

Das Muster mit Nahtzugabe auf den Stoff überführen und zuschneiden. Rechts auf rechts mit Stecknadeln zusammenheften, Riemchen zum Zuschnallen der Deckelklappe dazwischenlegen (1). Einen Lederriemen mit gestanzten Löchern parallel mit der Kante zwischen die beiden Stoffstücke legen (2). Die beiden Stofflagen die ganze Kante entlang zusammennähen bis auf eine Öffnung, durch die man wendet. Nach dem Wenden bügeln und das Ganze mit Heftstich rundherum verzieren.

Zwei kleine Stücke Stoff für eine Außentasche zuschneiden, bis auf eine kleine Öffnung zusammennähen, wenden, bügeln, fertig zusammennähen, Schnalle mitten auf der Tasche und die Tasche mitten vorn auf dem Rucksack annähen. Die oberen Enden der Trageriemen mit einem kleinen Lederstück hinten in der Mitte oben und die unteren Enden an den unteren Enden des Rucksacks annähen.

Nun den Sack zusammennähen: a an a, b an b, c an c und d an d. Die Nähte sind nach außen gewendet, was dem Rucksack Standfestigkeit verleiht. Zwei Schnüre durch die Lochreihe an der Öffnung ziehen. Man kann, statt den Lederriemen mit Löchern anzubringen, einen Tunnel nähen, durch den die Schnur gezogen wird.

Rucksack

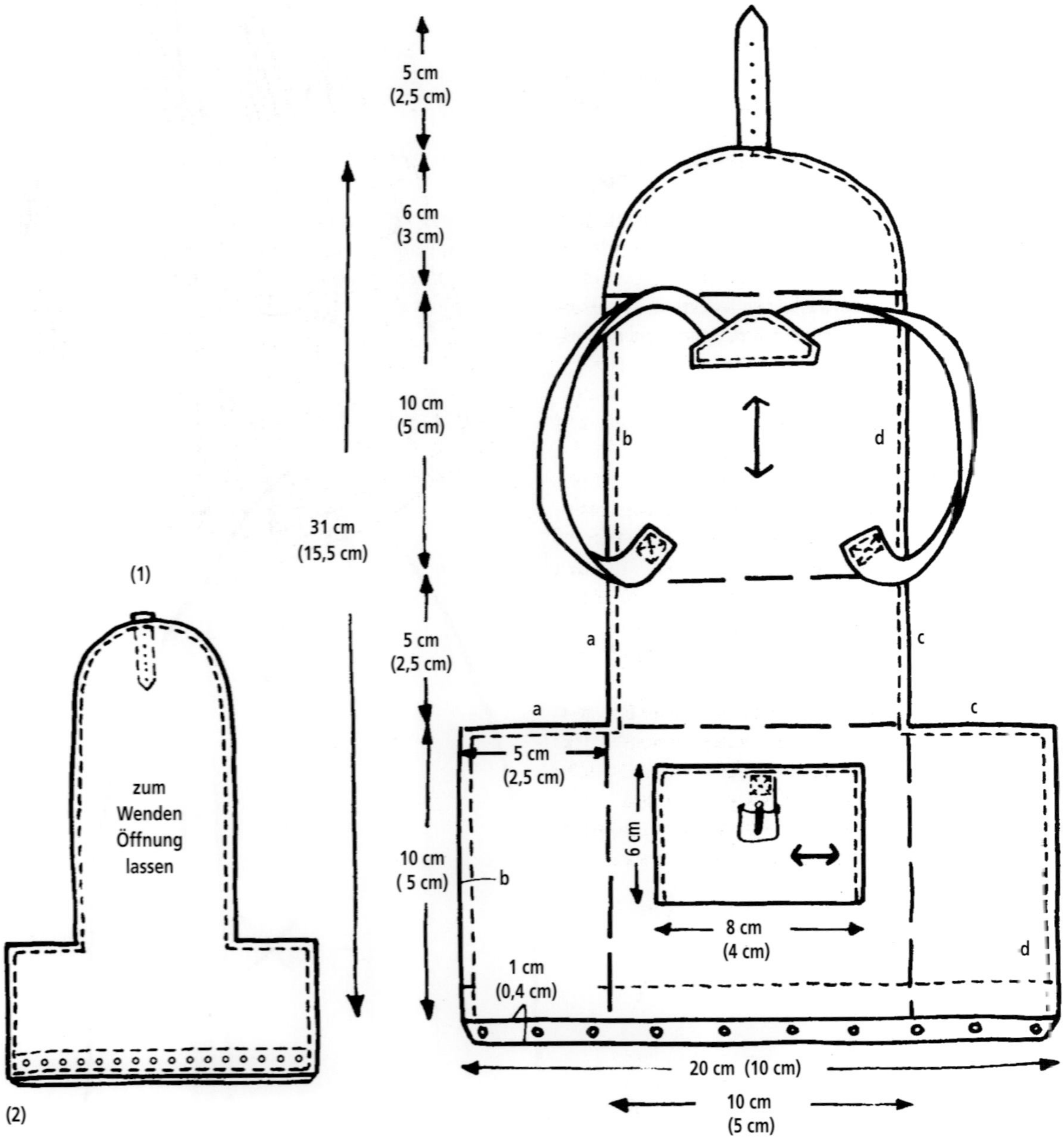

(1)
zum
Wenden
Öffnung
lassen
(2)
5 cm
(2,5 cm)
6 cm
(3 cm)
10 cm
(5 cm)
31 cm
(15,5 cm)
5 cm
(2,5 cm)
10 cm
(5 cm)
b
d
a
c
a
c
5 cm
(2,5 cm)
6 cm
b
8 cm
(4 cm)
1 cm
(0,4 cm)
d
20 cm (10 cm)
10 cm
(5 cm)

Hut aus sechs Teilen, Größe A, B, C, D

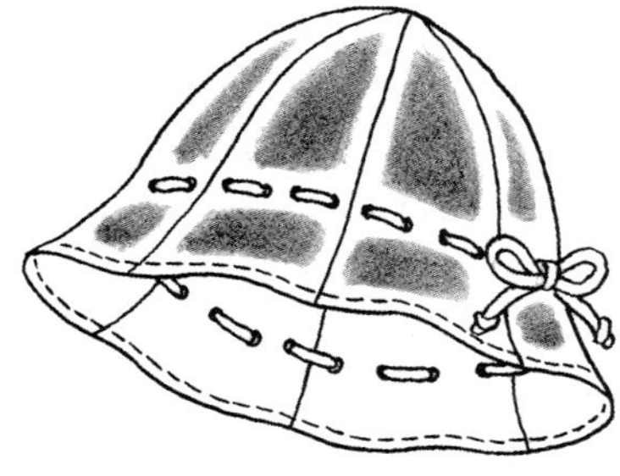

Materialverbrauch: Stoff, Leder oder Filz, A: 30 x 12 cm, B: 40 x 15 cm, C: 65 x 25 cm, D: 80 x 30 cm.

Wenn in Filz oder Leder gearbeitet wird, knappere Nahtzugabe berechnen: 0,3 mm. Zwei Teile rechts auf rechts zusammennähen, dann noch einen = 3 Teile x 2, und dann näht man die beiden Hälften zusammen.

Modell A und B haben das Futter der Hutkrempe mit im Muster; dieses wird nach innen umgebogen und mit drei parallelen Nähten im Kreis herum angenäht. Die großen Hüte können ganz und gar gefüttert werden. Man näht einfach einen zweiten, etwas kleineren Hut aus Futterstoff, legt ihn links auf links in den ersten, biegt die Kanten nach innen und macht mehrere parallele Nähte um die Krempe herum. In einen Hut aus Leder stanzt man mit einer Lochzange Löcher; einen Stoffhut versieht man mit einem Tunnel, durch den ein Gummiband gezogen wird.

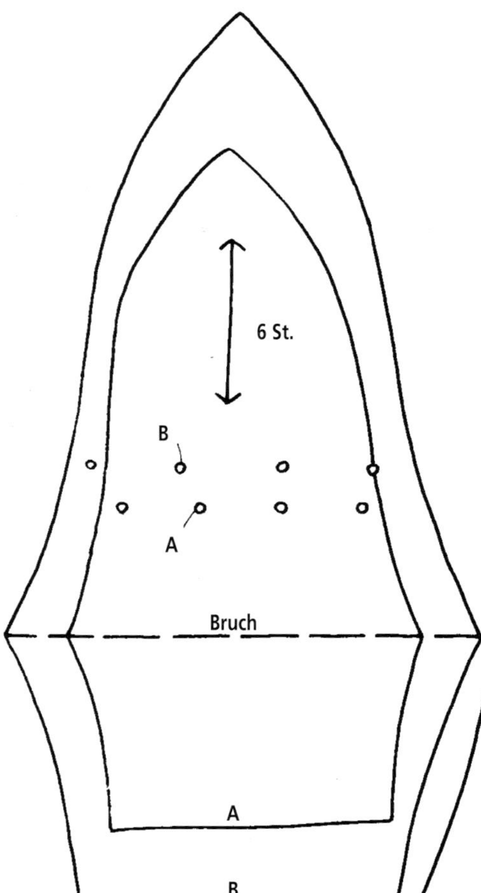

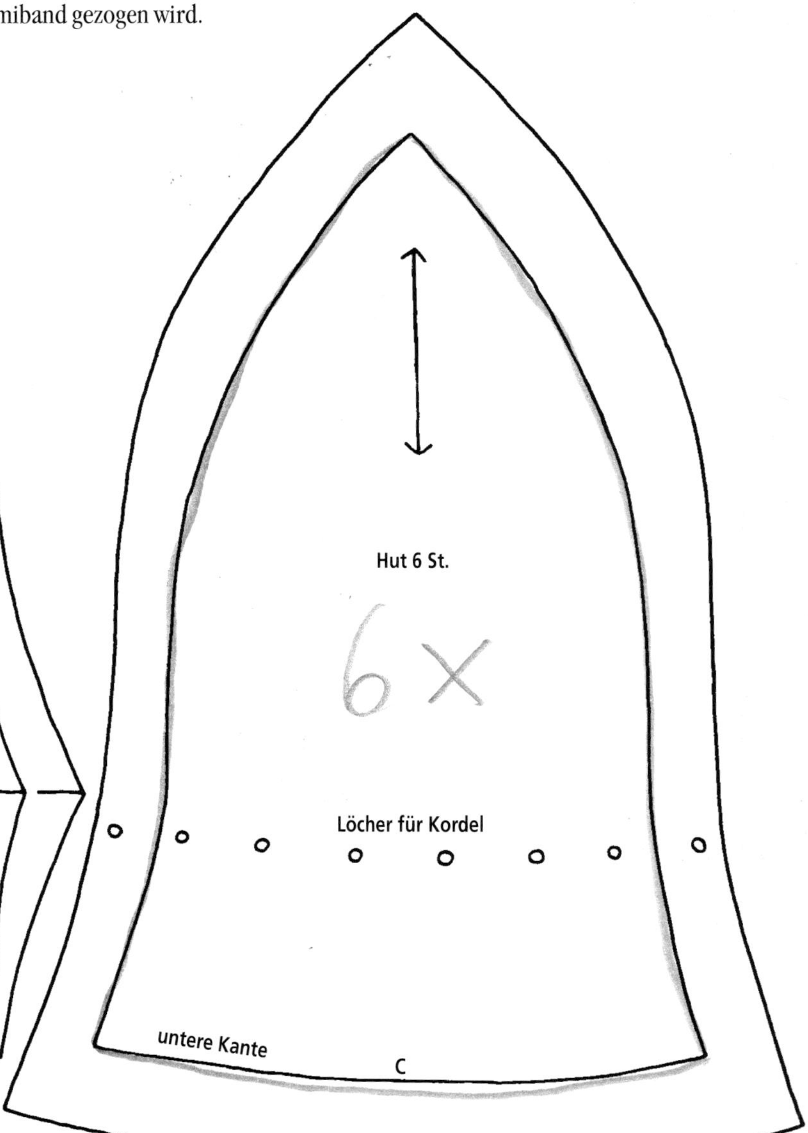

Grundmuster

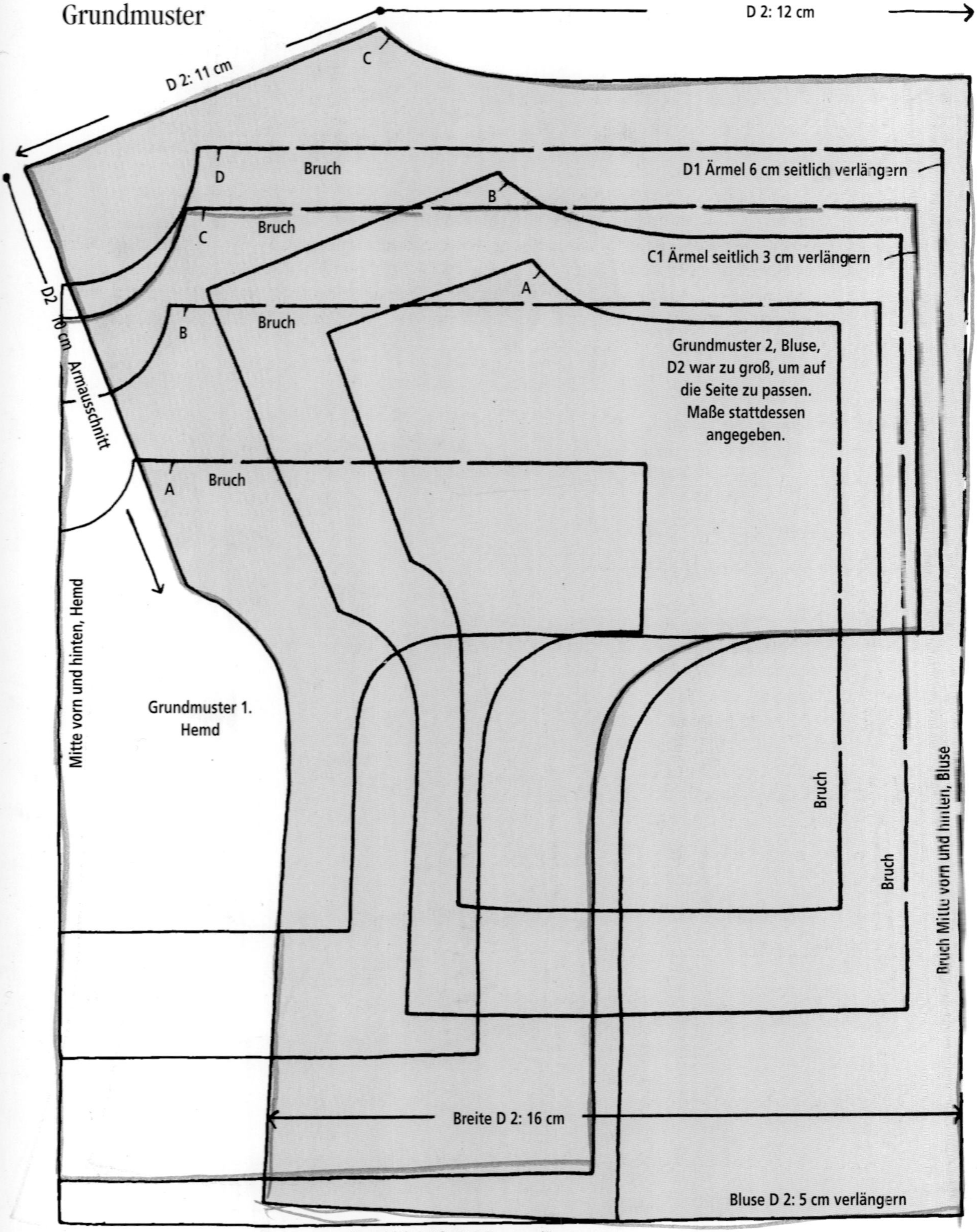

Grundmuster Latzhose, Größe A, B, C, D

Tabelle für die Maße der Hosenträger-Breite und -Länge

A	1	cm	x	10	cm
B	1,5	cm	x	14	cm
C	2	cm	x	19	cm
D	3,5	cm	x	25	cm

Nähanleitung siehe S. 69

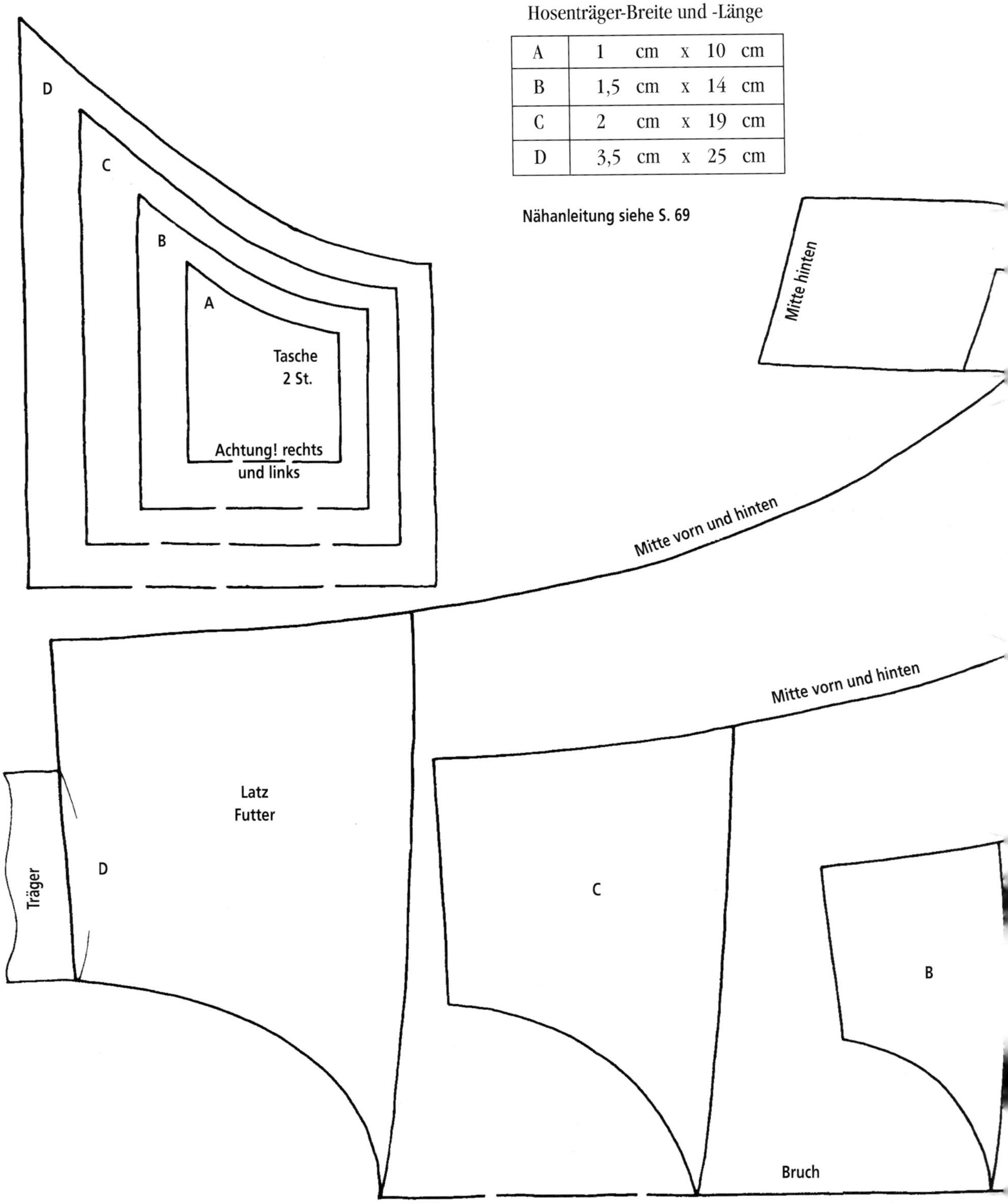

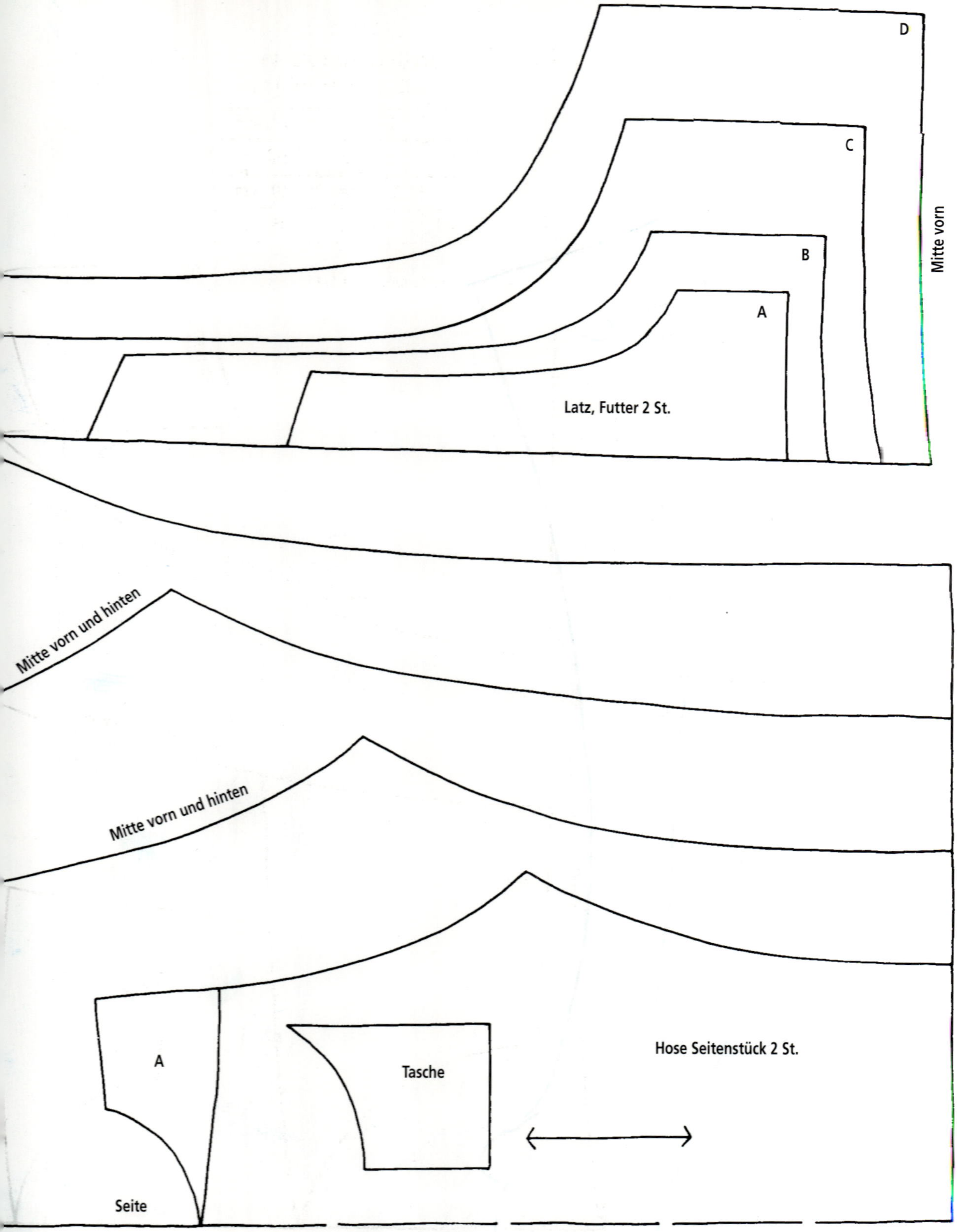
D
C
B
A
Mitte vorn
Latz, Futter 2 St.
Mitte vorn und hinten
Mitte vorn und hinten
A
Tasche
Hose Seitenstück 2 St.
Seite

Grundmuster Puppe, A, B, D, C

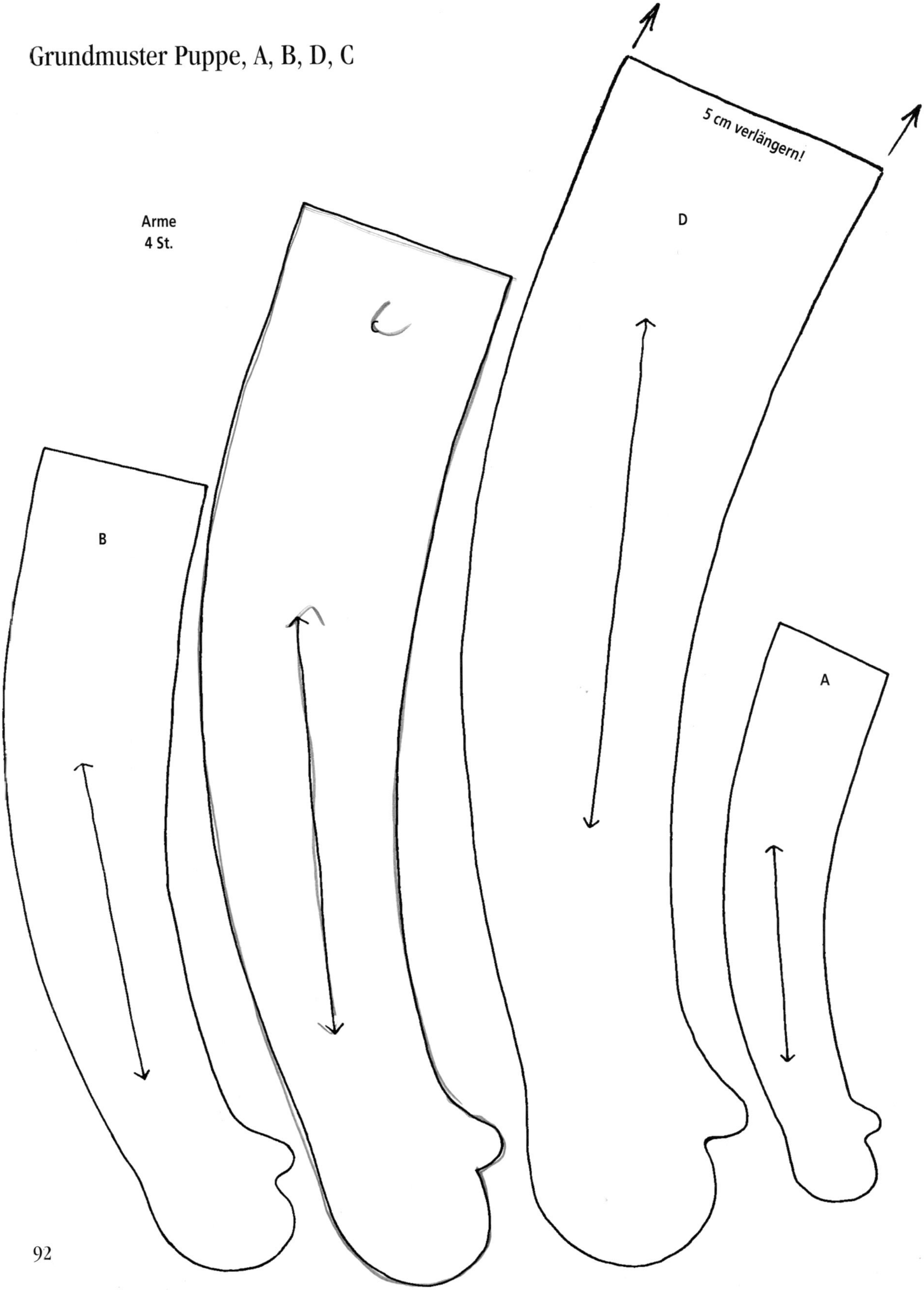

Körper und Beine, A und B

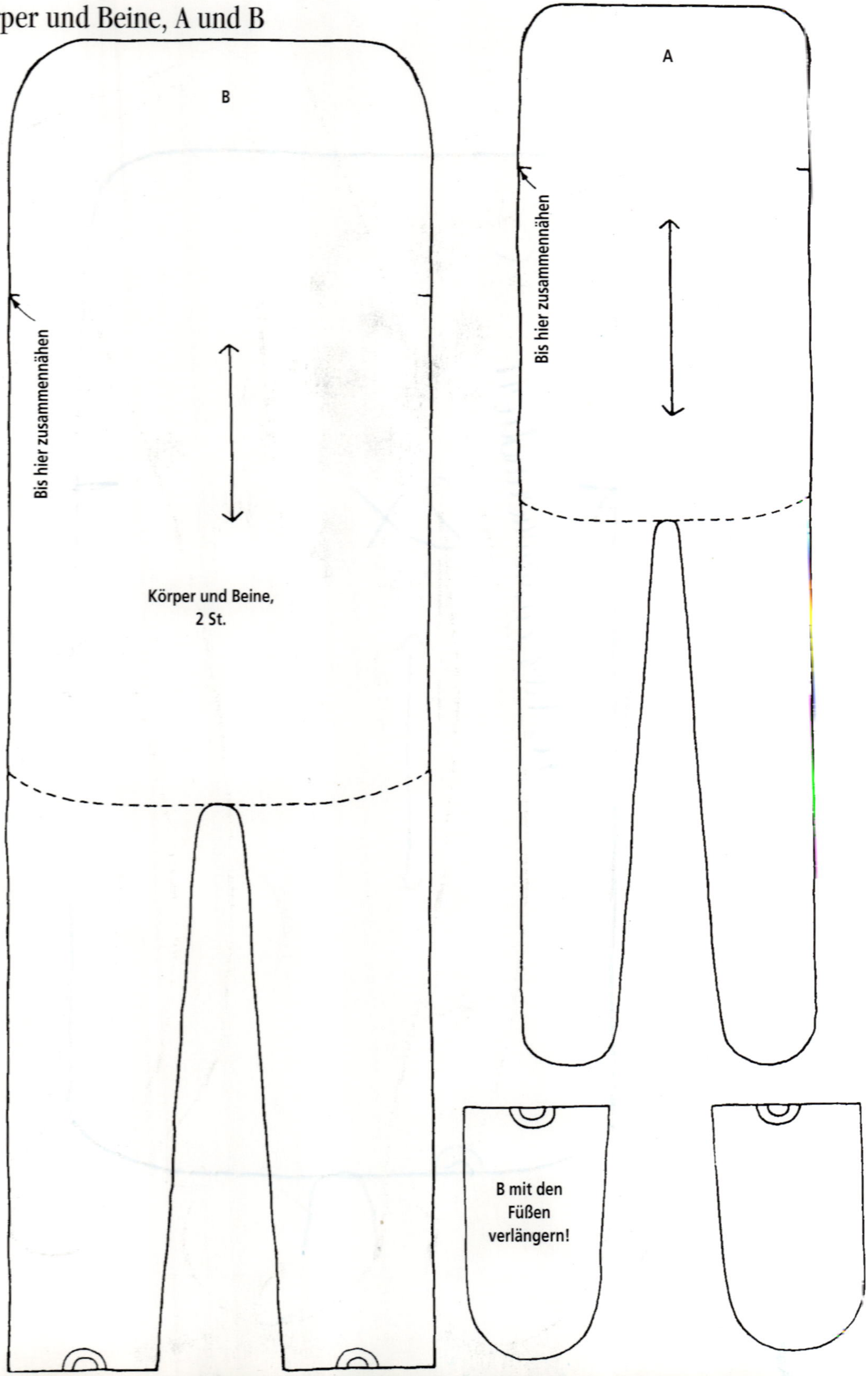

Körper und Beine,
C und D

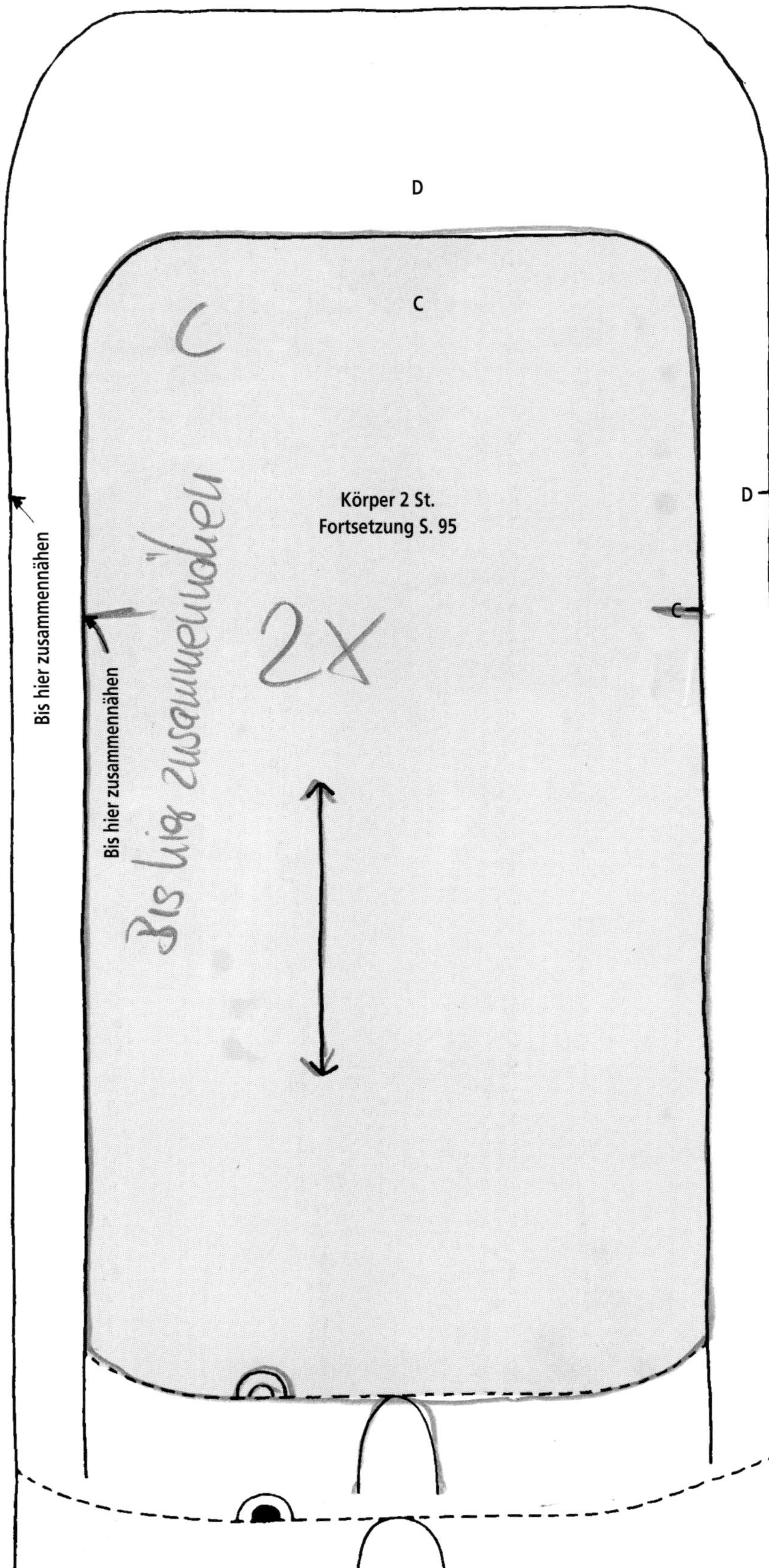

Celina del Amo

Welpenschule

2. Auflage
51 Farbfotos
15 Zeichnungen

Ulmer

Inhalt

Vorwort

Lieber Leser,
möglicherweise fragen Sie sich, weshalb man in letzter Zeit so viel Brimborium um die Welpenaufzucht, um Welpenspielgruppen und Ähnliches macht. Vielleicht hatten Sie auch schon früher Hunde, die nicht an einer Welpengruppe teilgenommen haben, aber trotzdem tolle Gefährten waren, und Sie halten diesen Aufwand deshalb für übertrieben. Der Grund dafür, dass ich Welpengruppen, eine artgerechte Früherziehung und später eine intensive weitere Beschäftigung mit dem Hund für notwendig halte, ist der, dass sich leider recht viele Hunde nicht ohne Probleme in der menschlichen Gesellschaft zurechtfinden. Einige sind nicht gut genug erzogen und fallen deshalb auf, anderen mangelt es an guter Sozialisation. Ins Blickfeld der Öffentlichkeit geraten vor allem scheue und ängstliche oder aggressive Hunde.
Der Schlüssel für das reibungslose Einfügen in die Gesellschaft ist vor allem ein reicher und positiv gestimmter Erfahrungsschatz, den der Welpe während der Sozialisationsphase erworben hat. Daneben spielt selbstverständlich auch die Erziehung eine große Rolle. Ein gut sozialisierter und gut erzogener Hund verursacht kaum jemals Probleme. Er kann praktisch überallhin mitgenommen werden und ist in der Lage, sich leicht neuen Situationen anzupassen.

Auch folgenden Aspekt sollte man berücksichtigen: Das Leben, das sehr viele Hunde heute führen, unterscheidet sich von dem, für das die meisten Rassen ursprünglich gezüchtet worden sind. Dass die Hunde nicht mehr für uns Menschen arbeiten, wie sie es früher getan haben, mag auf den ersten Blick als Fortschritt erscheinen. Es ist aber für die Tiere ein großer Nachteil, denn Hunde, die keine Beschäftigung haben und „nur" als Haushunde gehalten werden, leiden schnell unter Langeweile. Lassen Sie Ihren Hund schon als Welpen im Sinne einer guten Sozialisation möglichst viele Umweltabenteuer erleben und beginnen Sie frühzeitig, die Grundbefehle zu trainieren! Beides wird Ihnen Ihr Hund, wenn er erst einmal erwachsen ist, dadurch danken, dass er sich zu einem unkomplizierten und belastbaren Kumpel entwickelt hat.

Düsseldorf, im Frühjahr 2000
Celina del Amo

Für
Noemí Hazel und
Alraro

Was Sie über Welpen wissen sollten

Die Welpenzeit erstreckt sich vom Moment der Geburt bis etwa zum 4. Lebensmonat und geht fließend in die Junghundphase über. Für das spätere problemlose Zusammenleben spielt die Sozialisationsphase, die in die Welpenzeit fällt, die entscheidende Rolle.

Sozialisation

Im Leben des Hundes kommt der Welpenzeit eine ganz besondere Bedeutung zu, denn während der ersten Lebensmonate nimmt der Hund seine Umwelt anders wahr als im Verlauf seines weiteren Lebens. Die für die Entwicklung des Verhaltens und des Charakters wichtigste Phase ist die Sozialisationsphase (3. bis 12. Lebenswoche), die sich nach der Geburt an die Neugeborenenphase (1. bis 14. Tag) und die Übergangsphase (15. bis 21. Tag) anschließt. Die Erfahrungen und Eindrücke, die der Welpe während dieser Zeit in Bezug auf Artgenossen, im Erleben der Umwelt mit all ihren Individuen und in der Begegnung mit Objekten und Situationen gewinnt, dienen ihm dann für das gesamte weitere Leben als Vergleichsmaßstab. Die Sozialisationsphase hat somit prägungsähnlichen Charakter.

Deshalb sollte man dem Welpen während dieser Zeit unbedingt genug Gelegenheiten bieten, seine Welt in möglichst vielfältiger Weise zu erleben. Der Züchter, aber natürlich auch Sie als neuer Welpenbesitzer haben hierzu alle Fäden in der Hand und können entscheidend dazu beitragen, dass sich der kleine Welpe positiv entwickelt und so zum selbstsicheren und fröhlichen Hund heranwächst. Die Sozialisationsphase gegenüber Hunden, Menschen, anderen Tierarten, unbelebten Objekten und Situationen ist unterschiedlich lang, die zeitlichen Übergänge sind fließend.

Die Sozialisationsphase ist für den Welpen allerdings nicht nur wichtig, damit er seine Umwelt kennen lernt, sondern es ist auch der Lebensabschnitt, in dem er wichtige Regeln der innerartlichen Kommunikation erlernen muss. Die meisten Verhaltensregeln, die er für einen problemlosen Umgang mit Artgenossen braucht, sind Hunden nicht mit in die Wiege gelegt. Sie müssen erlernt werden. Dies geschieht meist bei Spielen und Rangeleien – zunächst zwischen den Wurfgeschwistern,

> Als Sozialisation wird der Prozess der Eingliederung eines Individuums in die Gesellschaft bezeichnet. Auf Hunde übertragen bedeutet dies, dass Welpen während der Sozialisationsphase die für ihren Lebensraum typischen Situationen, Ereignisse und soziale Spielregeln kennen lernen.

Rechte Seite: Welpen nutzen gerne jede Gelegenheit zum Spielen.

Wenn sich Hund und Katze schon jung kennen lernen, gibt es keine Probleme.

später aber auch im Spiel mit anderen Hunden und mit Menschen.
Wir trennen die Welpen meist zu einem Zeitpunkt von der Mutterhündin und den Wurfgeschwistern, zu dem beispielsweise ein junger Wolf den Familienverband noch lange nicht verlassen würde. Deshalb sollten dem Welpen ausreichend Spielgelegenheiten geboten werden, bei denen er soziale Interaktionen und Rangstellungen erproben und gleichzeitig seine Geschicklichkeit schulen kann. Hunde, die als Welpen viel Gelegenheit zum Spielen hatten, werden später keine Kommunikationsprobleme mit anderen Hunden haben, denn sie kennen die wichtigsten Verhaltensregeln und wissen Mimik und Gestik einzuschätzen.

Um zu erreichen, dass aus dem Welpen später ein angstfreier und freundlicher Hund wird, sollte darauf geachtet werden, dass er mit Menschen und Artgenossen stets positive Kontakte hat! Ähnliches gilt für Reizsituationen aus der unbelebten Umwelt (Geräusche, Gerüche, Bodenflächen etc.). Auch diese Reize sollten dem Welpen so präsentiert werden, dass er sie als „ungefährlich" einstuft. Denn dann kann er sich leicht daran gewöhnen.

Abhilfe schaffen, indem Sie ihm Gummispielzeuge anbieten, die im Handel erhältlich sind. Viele Hunde nehmen diese gerne als Ersatz an. Preiswerter ist aber selbstgebasteltes Spielzeug wie ein alter Socken, den Sie einfach mit Stoffresten füllen. Die meisten Hunde lieben in der Zeit des Zahnwechsels besonders Ziehspiele. Wenn dabei einmal ein Milchzahn verloren geht, ist das kein Grund zur Besorgnis, auch wenn die Sache blutig aussieht.
Häufig haben Hunde während des Zahnwechsels unangenehmen Mundgeruch. Wenn dieser nach dem Zahnwechsel nicht besser wird, sollten Sie den Hund vom Tierarzt untersuchen lassen, denn auch Magen-Darm-Erkrankungen können der Grund für schlechten Atem sein. Sollte der Hund in späteren Jahren wieder einmal Mundgeruch haben, liegt es vielleicht daran, dass er Zahnstein hat. Im Zahnstein und in Zahnbelägen sammeln sich Bakterien, die ungesund sind. Deshalb, aber natürlich auch wegen des üblen Geruchs, sollten Sie den Zahnstein entfernen lassen. Kontrollieren Sie die Zähne Ihres Hundes von klein an regelmäßig, so erkennen Sie Zahnprobleme frühzeitig und können sie behandeln lassen.

Wenn Sie mit dem Hund ein Ziehspiel spielen
- Versuchen Sie von Anfang an darauf zu achten, dass Sie die Spielregeln aufstellen.
- Um das Spiel abzubrechen, eignet sich hervorragend der Befehl AUS (s. Seite 81), den Sie hier gut üben können.

Sexualität – der kleine, große Unterschied

Wenn Sie noch keinen Welpen ausgesucht haben, sollten Sie sich zunächst genau überlegen, ob Sie lieber eine Hündin oder einen Rüden haben möchten. Die wichtigsten, auf das Sexualleben bezogenen Unterschiede zwischen den Geschlechtern sind im Folgenden zusammengestellt.

Hündin

Bei einer Hündin tritt die Geschlechtsreife zwischen dem 7. und 11. Lebensmonat ein. Sie wird dann zum ersten Mal läufig. Da der Körper der Hündin zu diesem Zeitpunkt noch nicht ausgewachsen ist, sollte man nicht bereits in der ersten Läufigkeit mit der Hündin züchten. Die meisten Hündinnen werden zweimal im Jahr läufig. Die Läufigkeit dauert meist ca. 21 Tage. Am Anfang sondert die Hündin dabei ein blutiges Sekret ab, das zunehmend klarer wird. Dieses Sekret enthält Duftstoffe, die die Rüden anlocken. Paarungsbereit ist die Hündin allerdings nur wenige Tage – meist um den 11. bis 13. Tag der Läufigkeit. Man erkennt dies daran, dass die Hündin den Schwanz zur Seite legt und die Rüden nicht mehr wegbeißt, sondern mit ihnen kokettiert und sich ihnen anbietet. Nicht selten spielen die Hunde vor dem Deckakt miteinander. Viele Rüden umwerben hierbei die Hündin regelrecht, andere wollen sofort zur Sache kommen. Hündinnen bestimmen sehr eigenverantwortlich, welchen Rüden sie als Geschlechtspartner für angemessen halten. Alle anderen werden weggebissen. Diese Form der Aggressivität ist völlig normal und hört nach der Läufigkeit wieder auf.

Beim Trinken machen die Welpen einen zufriedenen und konzentrierten Eindruck.

Hündinnen können von mehreren Rüden befruchtet werden, da die Eizellen nicht alle zum gleichen Zeitpunkt reif sind. Deshalb ist es möglich, einen Wurf Welpen von verschiedenen Vätern zu haben.

> Aus medizinischer Sicht ist und bleibt die Hündin trotz eines gemischten Wurfes zuchttauglich. Außerdem „verderben" etwaige Mischlinge im Wurf in keiner Weise das Erbgut der reinrassigen Wurfgeschwister!

Entgegen alter Bauernweisheiten ist dies auch beim Rassehund kein Grund zur Besorgnis, denn es wird bei der Befruchtung jeweils nur eine Eizelle von einem Spermium befruchtet. Die Gene unterschiedlicher Väter werden also nicht vermischt! Die Trächtigkeit dauert normalerweise 62 bis 63 Tage. Die Welpen werden ca. bis zur 6. Lebenswoche von der Mutterhündin gesäugt und dann von der Muttermilch endgültig entwöhnt.

Rüde

Beim Rüden erkennt man die Geschlechtsreife daran, dass er beim Wasserlassen sein Bein hebt und sich plötzlich für läufige Hündinnen interessiert. Dies kann ab dem Alter von fünf Monaten der Fall sein oder auch sehr viel später. Das Erreichen der Geschlechtsreife beim Rüden ist neben seiner Größe auch von seinem sozialen Umfeld abhängig. Lebt er beispielsweise mit recht dominanten erwachsenen Hunden zusammen, kann sich seine „psychologische" Geschlechtsreife verspätet einstellen.

Paarungsakt

Der Paarungsakt bei Hunden dauert zwischen 5 und 30 Minuten. Hierbei entfällt die meiste Zeit auf das sogenannte „Hängen“, also die Zeit, in der der Rüde zwar schon von der Hündin abgestiegen, aber noch durch seinen Penis mit ihr verbunden ist. In dieser Zeit darf man die Tiere nicht trennen! Das würde zu schlimmen Verletzungen im Scheidenbereich der Hündin führen. Der Penis des Rüden hat einen ballonförmigen Schwellkörper, der eine vorzeitige Trennung unmöglich macht. Wenn es sich um eine unerwünschte Paarung handelt, bleibt einem nichts als abzuwarten und dann in Ruhe mit dem Tierarzt zu beraten, wie es weitergehen soll.

Spielend die Welt zu erkunden ist für jeden Welpen wichtig.

maßnahmen sollten aber dennoch getroffen werden. Zum Beispiel sollte der Gruppenleiter einer Welpenspielgruppe darauf achten, dass alle Welpen mindestens die erste Impfung bereits erhalten haben und dass sie einen gesunden Eindruck machen.
Die Teilnehmer der Gruppe sollten deutlich darauf hingewiesen werden, dass ein Welpe nicht mit in die Gruppe gebracht werden darf, wenn es ihm einmal nicht so gut geht, er Fieber, Durchfall, Erbrechen, Husten oder Nasenausfluss hat. Diese Vorsichtsmaßnahme ist unerlässlich, weil sich bei mangelndem Impfschutz – ähnlich wie im Kindergarten oder in der Schule – eine Infektionskrankheit in einer Hundegruppe rasant schnell ausbreiten kann.
Am besten sprechen Sie mit Ihrem Tierarzt einmal ausführlich über dieses Thema und lassen sich von ihm ein Impfschema für Ihren Hund erstellen, das den jeweiligen Gegebenheiten, wie dem Impfstatus der Mutter, dem Infektionsdruck in der Umgebung, Kontakt zu erkrankten Tieren oder Auslandsreisen angepasst ist.

Gegen folgende Krankheiten gibt es Impfstoffe

- Tollwut
- Leptospirose
- Parvovirose
- Hepatitis
- Staupe
- Zwingerhusten
- Borreliose

Nach einer Impfung kann es zu einem leichten Fieberschub kommen, da der Körper auf die vorgetäuschte Infektion reagiert. Der Welpe sollte nach der Impfung einen Tag lang geschont werden und an diesem Tag auch nicht die Welpenspielgruppe besuchen.

Durchfall und Erbrechen

Durchfall und Erbrechen sind häufige Krankheitssymptome beim Hund und können sowohl harmlose Ursachen haben als auch Ausdruck einer schweren Erkrankung sein. Durchfall kann durch Viren, Bakterien, Parasiten oder nur durch eine Futterunverträglichkeit oder eine zu rasche Futterumstellung verursacht worden sein. Der Tierarzt kann abklären, ob der Durchfall harmlos ist oder ob der Hund behandelt werden muss.
Denken Sie daran, dass der Flüssigkeitsverlust, der bei Durchfall und Erbrechen entsteht, besonders bei einem Welpen lebensbedrohlich sein kann. Wenn also der Hund kein Wasser aufnimmt oder es nicht bei sich behalten kann, wenn er nicht frisst und weiterhin erbricht oder der Durchfall nicht aufhört, dann ist der Tierarztbesuch unumgänglich.
Gegebenenfalls wird der Hund an den Tropf gelegt, um den Flüssigkeitsverlust auszugleichen.
Wenn Sie das Futter des Hundes umstellen möchten, sollten Sie immer in kleinen Schritten vorgehen, um Durchfall zu vermeiden. Das neue Futter wird zunächst in einem

geringen Anteil in das herkömmliche Futter gemischt. Über mehrere Tage hinweg sollte man dann den Anteil des neuen Futters langsam steigern, bis schließlich nur noch das neue Futter gefüttert wird. So sollten Sie auch verfahren, wenn Sie die Fütterung von einer Welpen- auf eine Junghundenahrung umstellen.
Ist der Grund für den Durchfall des Hundes harmlos (weil er zum Beispiel ein Pfund Butter vom Tisch geklaut hat), können Sie ohne Bedenken nach folgendem Diätplan vorgehen:

Diätvorschlag

- **12 — 24 Stunden** ▶ hungern lassen
- **48 Stunden** ▶ Reisschleim oder Haferschleim in vielen kleinen Portionen
- **1 Woche lang** ▶ wiederum in viele kleine Portionen aufgeteilt gekochten, ungewürzten Reis, Kartoffelpüree oder gekochte Nudeln mit ungewürztem Hühnerfleisch (ohne Knochen !!!) oder gekochtem Rinderherz mischen.
- **Ab dem 3. Tag** kann dann Hüttenkäse und/oder ein hart gekochtes Ei beigemischt werden.
- **Ab dem 7. Tag** langsam das gewohnte Futter untermischen und Schritt für Schritt wieder ganz dazu übergehen.
- **Getränke** ▶ Wasser, Tee oder Elektrolytlösungen
- **Verboten** ▶ rohe Eier, Milch, gewürzte Speisen, Obst, Tischabfälle, Aufschnitt, Knochen

Hausapotheke für den Hund

- Gaze oder andere spezielle Wundauflagen
- mehrere Mullbinden und elastische Binden in verschiedenen Breiten
- synthetische Watte zum Polstern
- Verbandsschere
- eine Rolle Leukoplast
- Fieberthermometer aus Plastik
- Zeckenzange
- eine kleine, aber kräftige Taschenlampe

Außerdem –
nach Absprache mit dem Tierarzt:

- ein Wunddesinfektionsmittel oder Wundpuder
- Reinigungsmittel für die Ohren
- ggf. Augentropfen
- Elektrolyte zum Einmischen ins Trinkwasser
- 5- und 10-ml-Spritzen
- ein leichter Plastikmaulkorb
- ein Halskragen in der richtigen Größe
- ein wasserundurchlässiger Hundeschuh, der über einem Verband getragen werden kann

Hausapotheke

Legen Sie sich eine kleine Hausapotheke an, um im Notfall erste Hilfe leisten zu können. Lassen Sie Ihren Tierarzt unbedingt einen Blick darauf werfen, damit er Sie bei der Medikamentenauswahl beraten kann, damit nichts fehlt und alle Sachen wirklich „hundetauglich" sind.
Einige Tierärzte bieten von Zeit zu Zeit Erste-Hilfe-Kurse an, in denen man die wichtigsten Notfallmaßnahmen für Tiere erlernen kann. Fragen Sie Ihren Tierarzt nach einem solchen Angebot.

Magendrehung

Als einzige Krankheit soll hier die Magendrehung kurz näher beschrieben werden. Sie ist lebensbedrohend und es muss sofort gehandelt werden. Die Magendrehung ist eine akute Erkrankung, die wesentlich öfter bei Hunden großer Rassen auftritt, aber auch bei kleinen Hunden auftreten kann.
Es kann zur Magendrehung kommen, wenn der Hund direkt nach einer reichlichen Mahlzeit viel Bewegung hatte, gesprungen ist oder wild gespielt hat. Der Magen dreht sich um die eigene Achse und dabei werden lebensnotwendige Gefäße abgeschnürt. Ohne Behandlung führt dies innerhalb weniger Stunden zum Tod des Tieres.
Die Symptome sind vor allem große Unruhe und Schmerzen. Der Hund würgt, geifert und versucht erfolglos zu erbrechen. Auffällig ist der aufgeblähte Bauch und eine zunehmende Atemnot. Nach und nach kommt es zu Kreislaufschwäche, raschem, schwachem Puls, blassen Schleimhäuten, Taumeln und Zusammenbruch.

!

Nur wenn der Hund sofort operiert wird, ist sein Leben zu retten. Bei Verdacht auf Magendrehung also so schnell wie möglich zum Tierarzt!

Besonders bei großen Hunden sollte darauf geachtet werden, dass sie nicht unmittelbar vor einem ausgedehnten Spaziergang oder vor dem Spielen Futter bekommen, um das Risiko einer Magendrehung so gering wie möglich zu halten.

Entfernen Sie die Grannen sofort, wenn sich eine ins Fell oder in die Haut gepiekst hat.

Grannen

Grannen von Getreide und Teile von anderen Gräsern bleiben, je nachdem, wo man mit dem Hund spazieren geht, leicht im Fell des Hundes hängen und pieksen sich dann mit der spitzen Seite in die Haut. Durch die Bewegungen des Hundes kann es passieren, dass die Grannen weiter unter die Haut geraten und auch unter der Haut weiterwandern. Dies kann zu schlimmen Entzündungen führen und die Grannen müssen dann operativ entfernt werden. Besonders an und in den Ohren und in den Zehenzwischenräumen verfangen sich Grannen gerne; deshalb sollte man im Sommer, wenn die Gräser trocken werden, diese Stellen beim Hund besonders häufig kontrollieren und die Übeltäter rechtzeitig entfernen.

Parasitäre Plagegeister und was man dagegen machen kann

	Allgemeines	Infektionsweg	Symptome	Besonderheiten	Prophylaxe/ Behandlung
Flöhe	In Möbeln, Teppichen, Decken etc. Nur zur Blutaufnahme auf dem Hund. Nur erwachsene Flöhe saugen Blut. Die Larven leben in der Umgebung.	Von anderen Tieren oder aus verflohter Umgebung.	Juckreiz und typisches Flohknabbern. Flohallergien sind häufig und potenzieren den Juckreiz.	Beim "Knacken" der Flöhe kann sich der Hund mit Bandwürmern infizieren.	Fragen Sie Ihren Tierarzt. Wichtig ist, die Umgebung mit zu sanieren.
Zecken	Zecken sind nur zur Blutaufnahme auf dem Hund.	Sie lassen sich von Gräsern, Sträuchern etc. auf ihr Opfer fallen.	Zeckenbisse führen häufig zu Entzündungen. Starker Juckreiz.	Zecken können Krankheiten (z.B. Frühsommer-Meningoenzephalitis "FSME" und Borreliose) übertragen. Auch den Menschen können sie infizieren.	Fragen Sie Ihren Tierarzt. Zecken sollten umgehend durch Drehen (ohne zu ziehen) entfernt werden.
Milben	Milben leben in oder auf der Haut und ernähren sich von Blut oder Hautzellen.	Durch direkten Kontakt oder aber auch durch die Umgebung z.B. über das Gras oder ein kontaminiertes Halsband.	Juckreiz, ggf. Haarausfall. Allergien gegen Milben sind häufig und potenzieren den Juckreiz.	Immungeschwächte Tiere sind besonders betroffen. Jahreszeitliche Häufung bestimmter Milbenarten.	Fragen Sie Ihren Tierarzt.
Läuse und Haarlinge	Läuse und Haarlinge sitzen an den Haaren.	Von Tier zu Tier oder aus der Umgebung.	Juckreiz		Scheren und Waschlösungen vom Tierarzt.
Würmer	Hunde können sich mit über 30 Arten von Würmern infizieren. Betroffene Organe sind: der Darm, das Blutgefäßsystem, die Blase, die Lunge, die Leber etc.	Infektion erfolgt je nach Wurmart durch Eier, Larven, einen Wurm selbst oder aber durch die Aufnahme von Zwischenwirten (z.B. Mäuse).	Durchfall, Leistungsabfall und Schwäche, je nach betroffenem Organsystem weitere Symptome.	Von den über 30 Wurmarten, die für Hunde infektiös sind, stellen 6 auch für den Menschen eine Gefahr dar.	Regelmäßige Entwurmung mit Präparaten vom Tierarzt. Bei Welpen alle 2 Wochen, später 3- bis 4-mal jährlich.

Dies sind die in unseren Breiten am häufigsten vorkommenden Parasiten. Natürlich gibt es noch eine Reihe weiterer, mit denen sich ein Hund infizieren kann. Wenn Ihr Hund nach einer Auslandsreise erkrankt, sollten Sie dies beim Tierarzt unbedingt erwähnen, damit dieser abklären kann, ob sich Ihr Welpe auf der Reise mit einer in Deutschland nicht auftretenden Krankheit angesteckt hat.

Was Sie über die Erziehung wissen sollten

Einige grundlegende Dinge über das Lernen sollten Sie wissen oder sich in Erinnerung rufen, um mit Ihrem neuen Welpen den leichtesten und vor allem auch einen modernen Weg der Erziehung einzuschlagen.

Neugier und Angst

Neugier steuert ab der 3. Lebenswoche die Aktivitäten des Welpen. In dieser Zeit kennen Hunde noch keine Angst. Etwa ab der 5. Lebenswoche zeigen sie erstmals Angstreaktionen. Um die 8. Woche herum werden die Welpen immer vorsichtiger. Die Stimmungen Angst und Neugier werden zu echten Gegenspielern. Sie bestimmen zu einem großen Teil das Leben des Welpen. Während er aus Neugier ein bestimmtes Objekt begutachten will, kann die Angst ihn davon abhalten.
Als neuer Hundebesitzer muss man respektieren, dass dem kleinen Welpen verschiedene neue Dinge zunächst unheimlich vorkommen.

> Ein Fehler, vor dem Sie sich hüten sollten: Jeder Versuch, einen ängstlichen Hund zu trösten oder zu beruhigen, führt zur Verschlimmerung seiner Angst
> (s. Seite 31).

Bemühen Sie sich, wenn Ihr Hund vor etwas Angst hat, besonders selbstsicher aufzutreten. Nehmen Sie sich Zeit. Reden Sie nicht beschwichtigend auf ihn ein, sondern lassen sie ihn von sich aus mutiger werden und die Situation oder das Objekt aus eigenem Antrieb begutachten. Je neutraler Sie selbst in einer Situation auftreten, die den Hund ängstigt, desto schneller wird er sich beruhigen und dann auch mutiger an die Sache herangehen. Achten Sie darauf, dass er dabei einen möglichst positiven Eindruck bekommt. Dann wird er auch bei ähnlichen Begebenheiten später zwar immer noch vorsichtig sein, sich aber die Sache doch eher einmal anschauen wollen.

Rechte Seite: Für einen Welpen ist vieles neu.

Motivation

Da die einzelnen Hundecharaktere so verschieden sind und es auch für alle Übungen in der Hundeerziehung immer mindestens zwei verschiedene Möglichkeiten gibt, dem Hund etwas zu vermitteln, kann keine Methode wirklich als Patentrezept bezeichnet werden.
Dennoch gibt es tatsächlich etwas, mit dem man in der Hunderziehung alles erreichen kann – mit Motivation. Genau wie Menschen tun Hunde nichts „einfach so". Sie brauchen einen Anreiz und werden umso eher geneigt sein, ein bestimmtes

Verhalten zu zeigen, je größer dieser Anreiz / die Motivation ist. In der Hundeerziehung ist man dann erfolgreich, wenn man den Hund immer in der entsprechenden Weise motivieren kann, das gewünschte Verhalten zu zeigen.
Hunde zu motivieren gelingt besonders leicht über Futter, zumindest wenn keine Ablenkung vorhanden ist und der Hund sich nicht gerade satt gefressen hat. Auch durch ein Spiel oder durch den Zugang zu einem Spielzeug, durch verbales Lob und durch Streicheleinheiten kann man Hunde sehr gut motivieren, etwas Bestimmtes zu tun. Ein weiterer Motivationstrick ist, sich schnell vom Hund zu entfernen, denn das verleitet ihn zum Nachlaufen. Auch fremde, aber lustige und nicht bedrohlich wirkende Bewegungen wirken motivierend auf Hunde. Es kann also gelegentlich helfen, den Hund zu locken, indem man sich auf den Schenkel klopft, in die Hocke geht oder sich sogar auf den Boden legt (vgl. Seite 79f., Übung HIER).

Diese kleine Hündin betrachtet neugierig und aufmerksam die Kamera und den Fotografen.

Lob und Strafe

Neben der Motivation sind Lob und Strafe weitere wichtige Bausteine in der Hundeerziehung. Wenn man dabei einige Regeln beachtet und Lob und Strafe sinnvoll einsetzt, steht der erfolgreichen Hundeerziehung nichts mehr im Wege.
Belohnungen werden eingesetzt, um den Hund zu motivieren und um eine bestimmte Verhaltensweise zu bekräftigen. Handlungsweisen, die belohnt wurden, werden vom Hund häufiger gezeigt.
Belohnungen für den Hund sind: Futterhappen, Spielzeug oder ein kurzes Spiel, Streicheln, lobende Worte oder verstärkte Aufmerksamkeit. Auch das Wegfallen einer Strafe und damit einer unangenehmen Erfahrung stellt eine Belohnung in sich selbst dar.

So funktioniert Lob am besten

Vor allem in der Anlernphase sollte man mit einer Belohnung arbeiten, die den Hund hoch motiviert (ihn aber gleichzeitig konzentrationsfähig hält).

Eine Belohnung muss während oder bis höchstens eine Sekunde nach der gewünschten Handlung erfolgen, sonst kann der Hund keine Verknüpfung herstellen und bezieht das Lob auf eine nachfolgende Handlung.

In der Anlernphase sollte man den Hund immer belohnen, wenn er das gewünschte Verhalten zeigt! Erst später gilt es das Lob auszudünnen. So bleibt der Hund aufmerksam, die Übung spannend und der Hund hat etwas, auf das er hinarbeiten kann.

Achtung: Hunde interpretieren auch schmeichelnde Worte und Beruhigungsversuche als Lob! Wenn der Hund ängstlich reagiert, verstärkt man seine Ängstlichkeit, wenn man versucht, ihn zu beruhigen. Bedenken Sie, dass sich Hunde untereinander auch nicht beruhigen. Diese Verhaltensweise ist Hunden fremd und zieht deshalb leicht Probleme nach sich.

Bedingungen für den sinnvollen Einsatz von Strafen

Auch hier gilt wieder: Nur in einem zeitlichen Abstand von etwa einer Sekunde können Hunde die Strafe sicher mit ihrer Handlung verknüpfen.

Strafen sind nur sinnvoll, wenn man das betreffende Verhalten immer bestraft! Sonst erreicht man dasselbe wie beim unregelmäßigen Belohnen, nämlich dass es für den Hund spannend bleibt, das Verhalten zu zeigen, weil er nie genau weiß, ob er nicht doch Glück hat und der Strafe entgeht.

Eine Strafe muss wirkungsvoll genug sein, die Handlung sofort zu unterbrechen. Strafen, die man ständig wiederholen muss, sind nicht wirkungsvoll!

Achtung: Beim Einsatz von Strafe ist die Gefahr der Fehlverknüpfung groß. Angstverhalten, Frustration und Aggression sind die negativen Konsequenzen, wenn Strafe falsch eingesetzt wird.

Einen wichtigen Punkt sollten Sie aber immer im Auge behalten: Mit Strafe kann man zwar eine unerwünschte Handlung unterdrücken, der Hund lernt dabei aber nicht, sich besser zu verhalten.
Im Sinne der Erziehung, bei der man dem Hund ja ganz bestimmte Verhaltensweisen antrainieren möchte, sind deshalb immer auf Belohnung basierende Methoden besser geeignet.

Da die Bedingungen, unter denen Strafen sinnvoll einzusetzen sind, im Alltag praktisch nie zuverlässig eingehalten werden können, kann man von ihrem Einsatz absehen!
Wenn der Hund Verhaltensweisen zeigt, die einen stören, ist es sinnvoll ihn bei seinem Tun zu ignorieren, denn dann macht es ihm (außer bei selbstbelohnendem Verhalten wie beispielsweise Jagen) keinen richtigen Spaß.
Der Einsatz einer indirekten Strafe in Form eines Schreckreizes bzw. „Falle“ kann in machen Fällen angezeigt sein. Wichtig ist aber, dass der Hund die Maßnahme direkt auf sein Handeln beziehen und es nicht mit dem „Kontrolleur“ in Verbindung bringen kann. Ein kommentarloses Vorgehen ist wichtig.

Generalisierung

Hunde lernen kontextspezifisch. Das bedeutet, sie verknüpfen in einer Übungssituation nicht nur das Signal und die Handlung mit dem Lob oder der Strafe, sondern speichern zunächst auch alle möglichen Dinge ihrer Umwelt ab – beispielsweise dass man auf Teppichboden steht, dass man eine enge schwarze Hose an hat oder dass die Sonne durchs Fenster scheint. Wenn man mit dem Welpen in möglichst vielen verschiedenen Situationen denselben Befehl übt, erreicht man durch häufige Wiederholungen, dass der Hund auf „Nebensächlichkeiten" der Umgebung immer weniger achtet. Es kristallisiert sich für ihn heraus, dass nur das Signal, seine Handlung und das Lob eine Rolle spielen. Hat man dies erreicht, spricht man davon, dass der Hund den Befehl generalisiert hat. Ein generalisierter Befehl ist in jeder Umgebung abrufbar, ein noch nicht generalisierter Befehl nicht. Es ist also nicht etwa Aufmüpfigkeit oder Ähnliches, wenn der Welpe zum Beispiel drinnen schon zuverlässig SITZ macht, draußen aber nicht. Um schließlich eine Generalisierung zu erreichen, muss man in solchen Fällen draußen die Übung von Anfang an aufbauen und mit dem Hund dort häufiger üben.
Für die Erziehung des Hundes bedeutet das, dass man, um die Generalisierung zu erreichen, eine Übung drinnen und draußen, zu verschiedenen Tageszeiten, auf unterschiedlichen Bodenbeschaffenheiten und nach und nach mit immer mehr Ablenkungen wiederholen muss. Ebenso wichtig dabei ist, dass sich an den Übungen alle Familienmitglieder beteiligen, denn sonst gehorcht der Hund später nur der Person zuverlässig, die häufig mit ihm geübt hat.

Hilfsmittel für die Hundeerziehung

Es gibt eine ganze Reihe von Hilfsmitteln in der Hundeerziehung. In der folgenden Übersicht wird jeweils kurz auf die Vor- oder Nachteile des jeweiligen Hilfsmittels eingegangen.

Leinen und Halsbänder:	
Leine	Preis und Qualitätsunterschiede, je nach Material
Halsband/Geschirre	Halsung sollte möglichst breit sein; Blinkhalsbänder bei Dunkelheit hilfreich
Autogeschirre	auf TÜV-Prüfung achten!
Endloswürger/Stachelhalsband	aus tierschutzrechtlichen Gründen abzulehnen
Gentle Walk, Easy Walk, Lupi	Wirkung über Druck auf Nerven, deshalb aus tierschutzrechtlichen Gründen abzulehnen
Halfter (Halti, Gentle Leader)	schmerzfrei und „hundelogisch“, Gewöhnung erforderlich
Sekundäre Verstärker und Signalgeber:	
Clicker	als positiver sekundärer Verstärker einsetzbar, muss zunächst über Futter oder Spiel konditioniert werden
Fisher-Discs	müssen ebenfalls zunächst konditioniert werden, dienen dann als negativer Verstärker
Pfeifen	können als Rufsignal aufgebaut werden; spiegeln keine Emotionen wider, diverse Materialien und Töne
Wasserpistole	als indirekte Strafe/Falle einsetzbar
Spielzeug:	
Ball	darf nicht verschluckt werden können, auf hundetaugliches Material achten
Kong	kann mit Futter gefüllt werden, gibt es auch fürs Wasser, mit oder ohne Kordel erhältlich
Tunnel	gut geeignet für Übungen, als Stofftunnel etwas für „Fortgeschritter e“
Ziehtau	sehr beliebt, besonders im Zahnwechsel
Quietschetiere	gehen leicht kaputt, sollten aus Latex sein
Vollgummifiguren, Dummies, Hanteln	für Apport-Übungen und -spiele, auch im Wasser
Stöcke	fast immer greifbar, aber: können zu Zahnschäden führen, Achtung: Verletzungsgefahr!!!
Strümpfe	Ziehen, Schütteln, Apport, können gefüllt werden
Kartons	zum Kaputtbeißen, Spielen
Steine	überhaupt nicht geeignet!!!, zerstören den Zahnschmelz und können verschluckt werden
Futterspielzeuge	gut geeignet für das Alleinsein-Training und zur Beschäftigung im Alltag

Die erste Zeit im neuen Zuhause

Natürlich wird Ihr neuer Welpe in der ersten Zeit Ihr Leben ganz schön auf den Kopf stellen. Bedenken Sie aber bei all der Freude über Ihren neuen Begleiter, dass auch für den Welpen nun ein ganz neuer Abschnitt begonnen hat. Lassen Sie ihm ein wenig Ruhe zum Eingewöhnen. Schon nach kurzer Zeit werden Sie beide sich mit der neuen Situation zurechtfinden. Wenn Freunde und Bekannte auch ganz gespannt auf Ihren Welpen sind, steht gemeinsamen Unternehmungen im Prinzip nichts im Weg. Überfordern Sie Ihren Welpen aber nicht.
Der Ansturm von vielen fremden Menschen kann ihn ängstigen. Gestalten Sie neue Kontakte so, dass er aus freien Stücken auf die Leute zugehen kann und nicht von ihnen bedrängt wird.

Name

Natürlich kann ein Welpe zunächst einmal mit seinem Namen noch nicht viel anfangen. Deshalb muss man ihn daran gewöhnen. Er soll in Zukunft mit seinem Namen verknüpfen, dass er gemeint ist. Dies ist wichtig, wenn Sie ihn rufen oder zumindest seine Aufmerksamkeit erregen wollen.
Benutzen Sie den Namen Ihres Hundes möglichst oft am Tag, und zwar idealerweise in Momenten, die dem Hund etwas Positives verheißen: vor dem Füttern, vor oder im Spiel oder auch wenn Sie ihn streicheln. Benutzen Sie den Namen hingegen nicht, wenn Sie mit dem Hund schimpfen. So wird der Name für den Welpen zu etwas Angenehmem und Sie erreichen bald, dass Ihnen der Hund Aufmerksamkeit schenkt, wenn Sie seinen Namen sagen. Falls der Welpe schon vom Züchter einen Namen bekommen hat, Ihnen dieser aber nicht gefällt, können Sie Ihren Hund umgewöhnen. Sagen Sie hierzu den neuen Namen und stecken Sie Ihrem Hund dann ein schmackhaftes Futterstückchen zu oder animieren Sie ihn zu einem Spiel.

*Rechte Seite:
Wenn Sie Ihren Welpen zu sich holen, fängt auch für ihn ein ganz neuer Lebensabschnitt an.*

dem sie sich schon oft gelöst haben. Führen Sie den Hund zu einer Zeit, zu der er auch sonst sein Geschäft erledigt, an diesen Ort, der er schon kennt, und beobachten Sie ihn genau!
Sagen Sie in dem Augenblick, in dem er sich anschickt sich zu lösen, immer den gleichen Befehl (z.B. MACH SCHNELL!) und loben Sie ihn leise, während er sich versäubert. Als zusätzliche Belohnung können Sie ihm auch ein kleines Leckerchen anbieten, wenn er fertig ist. Wenn Sie in dieser Weise eine Zeitlang verfahren, wird ab einem gewissen Moment das Lautzeichen beim Hund das Bedürfnis auslösen, sich versäubern zu wollen.

Halsband

Die meisten Welpen mögen am Anfang ihr Halsband gar nicht. Es stört sie, sie finden es ungewohnt und möchten es gerne wieder loswerden. Deshalb kratzen oder schütteln sie sich wie die Weltmeister, um das lästige Ding wieder abzubekommen. Auch hier kann man innerhalb kürzester Zeit eine Gewöhnung erreichen, wenn man schrittweise vorgeht. Legen Sie dem Welpen das Halsband in den ersten Tagen vor dem Fressen oder erst auf dem Spaziergang an, denn dann ist er so abgelenkt, dass er ganz vergisst, dass ihn eigentlich sein Halsband stört. Gestalten Sie die Momente, in denen er das Halsband tragen soll, abwechslungsreich und interessant, denn so wird das ungewohnte Tragen zur Nebensächlichkeit.
Legen Sie dem Hund das Halsband zunächst nur für kurze Zeit an und dehnen Sie die Tragedauer nach und nach aus.

Anspringen

Es ist eine normale und besonders welpentypische Verhaltensweise, zur Begrüßung an Personen hochzuspringen. Dies ist ein Überbleibsel aus dem Wolfsverhalten, denn die Wolfswelpen springen an den Rudelmitgliedern hoch, die von der Jagd zurückkehren, stupsen ihnen an die Mundwinkel und verleiten sie so, Futter hervorzuwürgen. Für uns Menschen ist das Anspringen bei der Begrüßung vielleicht bei einem Welpen noch zu tolerieren und nicht selten sind wir ganz gerührt, weil er sich

Bild Seite 38: Mit allen Geschwistern zusammen ist das Schlafen besonders schön.

TIPP

Wenn Hunde spielen, sollen sie keine Leine, im Idealfall auch kein Halsband tragen. Sie bleiben sonst zu leicht hängen oder verknoten sich untereinander. Solche Zwischenfälle führen leicht zu einer Panikreaktion oder gar zu Verletzungen.

Bei den ersten Gängen an der Leine kann es sein, dass der Welpe streikt und lieber spielen will.

so freut. Je nach Größe des ausgewachsenen Hundes aber kann diese Angewohnheit zur Tortur werden.
Im Gegensatz zu jungen Wölfen, die mit dem Heranwachsen diese Verhaltensweise immer seltener zeigen, behalten viele Junghunde die Eigenart bei. Das liegt daran, dass sich die meisten Menschen einem hochspringenden niedlichen Welpen zuwenden und ihn streicheln, knuddeln und mit ihm spielen: Das Hochspringen lohnt sich für den Welpen und wird somit fester Bestandteil seines Verhaltensrepertoires.
Das Anspringen ist also eine aus einem normalen welpentypischen Verhaltensmuster entstandene, aber dennoch durch Lernen gefestigte Verhaltensweise.
Wenn der Hund ausgewachsen ist und bis dahin für sein Anspringen immer (unabsichtlich) belohnt wurde, kann man ihm schwer klar machen, dass Springen plötzlich etwas Unerwünschtes ist. Bedenken Sie, dass auch Schelte (Schimpfen oder Wegstoßen) für ihn eine Form der Belohnung sein kann! Für Hunde steht die Aufmerksamkeit, die ihnen zuteil wird, im Vordergrund – auch negative.
Begrüßen Sie Ihren Welpen nur, wenn er alle vier Pfoten auf dem Boden hält. Sie brauchen keine Sorge zu haben, dass er diese Maßnahme grausam findet, ganz im Gegenteil, er wird sich schnell Ihren Regeln anpassen, schließlich gönnen Sie ihm ja weiterhin eine tolle Begrüßung – wenn alle vier Pfoten auf dem Boden bleiben!
Falls der Welpe die Angewohnheit hat, an fremden Personen hochzuspringen, hat man zunächst ziemlich schlechte Karten, denn auf die Entfernung hat man keine Kontrolle mehr über ihn. Da die fremden Menschen nicht wissen können, wie man selbst die Erziehung angesetzt hat, reagieren die meisten nicht im Sinne der Erziehungsmaßnahme, die wir für diesen Fall vorgesehen haben.
Die beste Möglichkeit, dem Welpen das Anspringen fremder Personen abzugewöhnen, ist deshalb, ihn rechtzeitig abzulenken, damit er nicht alleine zu Fremden hinstürzen kann. Günstig ist, ihn angeleint an Fremde heranzuführen. Dann können Sie ein Anspringen solange verhindern, bis Sie die fremde Person zum Beispiel gebeten haben sich hinzuhocken. Das kennt Ihr Hund ja schon von Ihnen und nimmt ihm den Anreiz zum Springen. Damit wird dann auch Ihre Übung nicht gestört. Sie werden sehen, dass die meisten Menschen für Ihre Bitte großes Verständnis haben und gerne bei der „Erziehung" mithelfen.

Die effektivste Methode, dem Hund das Anspringen abzugewöhnen ist, ihn einfach mit Nichtbeachten zu strafen. Das Ignorieren fällt einem am leichtesten, wenn man die Arme verschränkt, nach oben schaut und nicht mit dem Hund redet. Wenn der Welpe nach einiger Zeit aufhört, an Ihnen hochzuspringen, können Sie sich hinhocken und ihn am Boden begrüßen, mit ihm spielen oder ihn liebkosen.

TIPP

Achten Sie aber darauf, dass Ihr Welpe trotzdem auch mit Fremden Kontakte knüpfen kann.

Alleine bleiben

Alleine bleiben zu müssen ist etwas, was den wenigsten Hunden gefällt. Das ist leicht verständlich, wenn man sich überlegt, dass Hunde soziale Rudeltiere sind, die von Natur aus in einer festen familiären Struktur leben. Da man aber dem Hund kaum ein Leben ermöglichen kann, bei dem er niemals alleine bleiben muss, ist es empfehlenswert, ihn schon von den ersten Tagen an immer wieder kurz (d.h. zunächst wenige Sekunden bis maximal fünf Minuten) alleine zu lassen. So kann er sich an gelegentliche Trennungen gewöhnen. Machen Sie sich klar, dass der Unterschied zwischen dem Alleine- und dem In-Gesellschaft-Sein für den Hund um so deutlicher wird, je enger der Kontakt vor dem Verlassenwerden war. Mit anderen Worten: Umständliche Verabschiedungsrituale mit Streicheln, Erklärungen oder Begründungen, weshalb man weggeht,

> Auf Rudelmitglieder warten zu müssen, ist für Welpen an sich nichts Ungewöhnliches, denn auch in einem Wolfsrudel müssen sie im Lager zurückbleiben, wenn die erwachsenen Tiere auf der Jagd sind. Allerdings haben sie da ja noch die Wurfgeschwister und der soziale Kontakt ist auf alle Fälle gesichert. Ganz alleine zu sein hingegen, kann Todesangst auslösen!

Nach dem Toben hat der Welpe ein großes Schlafbedürfnis.

sind überflüssig und machen dem Hund den Abschied unnötig schwer. Hunde untereinander verabschieden sich nicht. Deshalb kann ein Hund diese Rituale nicht deuten und lernt nur, dass ein Abschied etwas Seltsames ist.
Üben Sie Trennungen täglich mehrmals in der Wohnung, indem Sie die Tür hinter sich schließen, wenn Sie aus dem Zimmer gehen. Nach kurzer Zeit können Sie wieder hereinkommen und den Hund belohnen, wenn er ruhig war. Schimpfen Sie nicht, wenn er gejault hat. Dann war die Trennung zu lang! Erleichtern Sie Ihrem Welpen die Trennung, indem Sie ihm z.B. ein attraktives Futterspielzeug geben, wenn Sie das Alleinsein üben. Versuchen Sie unbedingt darauf zu achten, nicht ausgerechnet wieder hereinzukommen, wenn der Hund jault, sondern erst in einer „Winsel-Pause". Arbeiten Sie sich Schritt für Schritt an längere Trennungen heran, indem Sie Tag für Tag die Dauer der Trennung ein klein wenig ausdehnen.
Bedenken Sie außerdem, dass Hunde sich leichter an Abläufe gewöhnen, wenn diese täglich in ähnlicher Weise stattfinden. Das bedeutet für das Wochenende und ganz besonders auch für einen Urlaub, dass man den Hund täglich eine kurze Weile alleine lassen sollte, damit er nicht die Chance hat, sich daran zu gewöhnen, dass „seine Menschen" immer verfügbar sind. Wenn der Hund schon SITZ, PLATZ und BLEIB kennt, kann man das Alleinebleiben gut mit der BLEIB-Übung kombinieren (s. Seite 82).

TIPP

Achten Sie darauf, dass Sie stets auf einem Niveau arbeiten, das der Hund verkraftet. Bellen, Winseln, Jaulen oder besondere Unruhe sind Anzeichen dafür, dass Sie zu forsch vorgegangen sind.

Nachfolgebereitschaft

Genau wie Wolfswelpen wollen auch Hundewelpen nahe bei ihrer Gruppe bleiben. Natürlich sind auch andere Kontakte spannend, aber im Prinzip ist es nicht sonderlich schwer, einen Welpen davon zu überzeugen, dass es noch aufregender ist, mit „seinen" Menschen weiterzugehen.
Die Eigenart der Welpen, ihre Rudelmitglieder in der Hoffnung zu begrüßen, dass diese für sie Futter hervorwürgen, kann man hervorragend dazu nutzen, die Nachfolgebereitschaft zu festigen.
Bekommt Ihr Welpe immer wieder einmal ein Leckerchen von Ihnen zugesteckt, wenn er Ihnen folgt, bleibt dies für ihn spannend und lohnt sich. Hunde lernen sehr leicht nach dem Prinzip Versuch und Irrtum. Geschieht nichts oder nichts Positives, wenn er zu Ihnen kommt, wird er dies immer seltener tun. Setzen Sie als Futterbelohnungen unterschiedliche Leckereien oder ein attraktives Spiel ein. So bleibt es für den Welpen interessant, immer wieder einmal zu Ihnen zu laufen, um zu gucken, welche Belohnung er sich ergattern kann. Selbstverständlich können Sie dies auch an einen speziellen Rückrufbefehl koppeln (s. Seite 79, Übung HIER).

Beim Rückruftraining sind Bewegungen und einladende Gesten sinnvoll, weil sie die Aufmerksamkeit des jungen Hundes auf sich ziehen.

Leinenführigkeit

Leinenführigkeit ist die Bezeichnung dafür, dass der Hund an der Leine geht ohne zu ziehen oder weit zurückzubleiben. Dies ist eine wichtige Übung, die Ihr Hund auch dann lernen sollte, wenn Sie vorhaben, ihn ohne Leine laufen zu lassen. Denn wer weiß, ob es nicht doch einmal eine Situation geben wird, in der er angeleint werden muss. Nichts ist

dann stressiger als ein Hund, der an der Leine zickzack läuft, zu zögerlich geht oder wie ein Wilder zieht.
Am sinnvollsten und einfachsten können Sie dem Hund verständlich machen, wie schnell er an der Leine gehen darf und dass er nicht ziehen soll, wenn Sie ihn immer dann mit Worten loben, wenn er in einem akzeptablen Radius um Sie herum läuft. Die Leine soll dabei locker durchhängen. Sie können ihm dabei ab und zu auch ein Leckerchen zustecken. Später verfeinern Sie die Übung und belohnen ihn nach und nach immer nur noch, wenn er besonders nah bei Ihnen geht.
Eine spezielle Übung besteht darin, den Welpen mit einem Spielzeug oder Leckerchen, das man in der Hand dicht am eigenen Bein hält, dazu zu verleiten, diesem zu folgen. Sollte der Welpe zu schnell werden oder sich ablenken lassen, unterbricht man die Übung kurz mit SITZ und geht danach noch einmal wie beschrieben ein kleines Stückchen weiter.
Achten Sie auch dann darauf, wenn Sie nicht explizit die Leinenführigkeit üben, dass Sie den Welpen nicht an der Leine ziehen lassen. Gleichzeitig sollten Sie sich jedoch auch nicht dazu verleiten lassen, ihn an der Leine hinter sich her- oder von etwas wegzuziehen. Konzentrieren Sie ihn in solchen Fällen lieber erneut auf eine Übung. Wenn der Welpe sehr zögerlich ist, locken Sie ihn mit einem Leckerchen oder einem Spielzeug. Wenn er zieht, bleiben Sie stehen und gehen erst dann weiter, wenn der Zug an der Leine nachgelassen und der Hund Sie einmal angeguckt hat. So lernt der Hund, dass ein Gehen an der Leine etwas Spannendes und Lustiges ist, während das Ziehen an der Leine dazu führt, dass er nicht vorwärtskommt.

Für die Leinenführigkeit gibt es keinen Befehl, denn dann müsste man dem Hund den Befehl immer geben, wenn man möchte, dass er ordentlich an der Leine geht. Im Prinzip erwartet man aber, dass der Hund immer ohne zu ziehen läuft, sobald er angeleint ist.

Mit einem Welpen, der noch keine ordentliche Leinenführigkeit beherrscht, sollten Sie nicht mit Eile irgendwo hingehen, denn dann haben Sie nicht die Zeit, auf all diese Dinge zu achten. Sollte es dennoch einmal nicht anders gehen, wenden Sie einen Trick an: Geben Sie dem Hund den Befehl LAUF als Freibrief für das Ziehen an der Leine. Auf diese Weise stellt er mit der Zeit die Verknüpfung her: „LAUF bedeutet, ich kann ziehen, sonst muss ich immer ungefähr auf gleicher Höhe mit meinen Leuten gehen."

Den Hund zurückzuziehen, wenn er bereits zu weit vorgelaufen ist und an der Leine zieht, ist wenig sinnvoll, weil es praktisch wirkungslos ist. Zug bewirkt nur Gegenzug. Besser ist es, dem Hund gleich von Anfang an zu vermitteln, dass Ziehen erfolglos ist.
Nicht nur in der Welpenzeit sind alle Hilfsmittel, die dem Hund Schmerzen bereiten, zum Training der Leinenführigkeit ungeeignet. Hierzu zählen an erster Stelle die Stachelhalsbänder, aber auch die Gentle- oder Easy-Walk-Geschirre (Lupis), die zur Zeit sehr in Mode sind. Letztgenannte drücken auf das Nervengeflecht, das unter der Achsel des Hundes liegt und führen so dazu, dass der Hund, um den Schmerzen zu entgehen, nicht mehr an der Leine zieht. Aus tierschutzrechtlichen Gründen, aber auch, um seinen Hund nicht zu erdrosseln, sollte man die Finger von Zughalsbändern ohne

TIPP

Ein gutes Hilfsmittel, die Leinenführigkeit zu trainieren, sind die so genannten Hundehalfter (Haltis oder Gentle Leader), die um die Schnauze des Hundes gelegt werden.

Achten Sie bei der Auswahl des Halsbandes oder Geschirrs darauf, dass es breit, weich und gut gepolstert ist. Üben Sie mit dem Welpen vor der Leinentüchtigkeitsübung das geduldige Anziehen vom Halsband oder Geschirr.

Stopp lassen. Meist werden solche Hilfsmittel erst bei erwachsenen Hunden eingesetzt, wenn sie in Welpentagen nicht gelernt haben, ordentlich an der Leine zu laufen. Lassen Sie deshalb beim Training der Leinenführigkeit schon beim ganz jungen Hund besondere Sorgfalt walten, damit Sie sich über den Einsatz solcher Hilfsmittel gar nicht erst den Kopf zerbrechen müssen.

Aber Achtung!
Wenn man nur halbherzig an die Sache herangeht oder nach einiger Zeit doch weich wird und den Forderungen des Hundes nachgibt und auf ihn reagiert, hat der Hund auch etwas dabei gelernt: dass er nämlich lange und eindringlich genug dabei bleiben muss, um doch noch Erfolg zu haben!

Aufmerksamkeit erheischendes Verhalten

Auch Welpen lernen schnell, was sie anstellen müssen, um im Mittelpunkt des Geschehens zu stehen oder ihren Kopf durchzusetzen. Ein Paradebeispiel ist das Betteln. Kein Hund bettelt ewig weiter, wenn er merkt, dass er keinen Erfolg hat. Es kommt also einzig und allein auf Ihre Konsequenz an, mit der Sie dieser und ähnlich lästigen Verhaltensweisen entgegentreten. Wenn Ihr Welpe bereits die Tendenz erkennen lässt, in bestimmten Situationen Ihre Aufmerksamkeit einzufordern, sollten Sie dem rechtzeitig einen Riegel vorschieben. Wenn er Sie zum Beispiel anspringt, im Spiel zu stürmisch beißt oder Sie während eines Telefongesprächs belästigt: Gehen Sie nicht auf das fordernde Verhalten Ihres Hundes ein! Drehen Sie sich weg und ignorieren Sie ihn, bis er Sie in Ruhe lässt. Ignorieren bedeutet: nicht anfassen, nicht ansprechen und nicht angucken! Wenn man ein Verhalten konsequent ignoriert, wird der Hund es schon nach kurzer Zeit nicht mehr zeigen, denn es führt für ihn zu keinem Erfolg.

Wenn Ihr Welpe nicht mitlaufen möchte, sollten Sie ihn locken und motivieren.

Umweltabenteuer

Dieses Kapitel bietet Ihnen einen Überblick über eine ganze Reihe sinnvoller und lustiger Umweltabenteuer. Alle diese Abenteuer sollte Ihr Welpe im Zuge einer breit gefächerten und guten Sozialisation erleben. Dabei ist wichtig, dass er diese Umweltreize in einer entspannten Atmosphäre serviert bekommt, so dass er sie stress- und angstfrei erlebt. Der Welpe stuft dann die Erlebnisse entweder als harmlos oder auch als spannend ein. Beides ist günstig im Hinblick darauf, dass ihm diese Erfahrungen für den Rest seines Lebens als Vergleichsmaßstab dienen werden.
Wenn Sie mit Ihrem Welpen die Umweltabenteuer erleben, sollten auch Sie in gelöster Stimmung sein. Denn Ihre Selbstsicherheit oder Ihre Unsicherheit überträgt sich auf den Welpen, wenn Sie ihn an ihm unbekannte Menschen, Tiere, Objekte und Situationen heranführen.
Besonders empfehlenswert ist es, wenn der Welpe die Reize in einer Welpenspielgruppe erleben kann, denn in diesem Umfeld fühlt er sich sicher und erlebt die Dinge so ganz nebenbei, weil er auf das Spiel mit den anderen Welpen konzentriert ist. Die Abenteuer wurden so zusammengestellt, dass möglichst viele verschiedene Aspekte dabei berücksichtigt werden. Legen Sie besonders viel Wert auf die Dinge, die im normalen Alltag für Ihren Hund nicht vorkommen, denn dies sind die Punkte, mit denen er später mangels früher positiver Erfahrung Probleme haben könnte. Ein Beispiel dazu wäre, dass ein Hund, der in ländlicher Umgebung groß geworden ist, oft mit Straßenlärm, Menschengetümmel oder Skateboardfahrern nicht zurechtkommt.

Achten Sie darauf, dass Sie Ihren Welpen nicht überfordern, aber lassen Sie ihn auch nicht zu behütet aufwachsen. Die Sozialisationsphase ist schließlich die Zeit, die den Welpen auf sein späteres Leben vorbereitet.

1 Fremde Hunde

Der Hund muss einen Großteil des Sozialverhaltens erlernen. Für den Welpen bedeutet das, dass er durch Kontakte mit anderen Hunden die Bedeutung der Gebärden, Gestik und Mimik kennen und einzuschätzen lernt, denn im Spiel werden Rangstellungen durchgespielt, Jagdsequenzen erprobt und die Geschicklichkeit trainiert. Ein weiterer wichtiger Baustein der erlernten Verhaltensweisen ist die Beißhemmung, die vor allem im Spiel mit anderen Welpen geübt wird (vgl. Seite 9). Da es mittlerweile mehr als 400 verschiedene Rassen gibt, nicht zu vergessen die große Zahl der unterschiedlichsten Mischlinge,

Rechte Seite: Lassen Sie Ihrem Welpen genug Zeit, die Umwelt zu erkunden.

ist für den Welpen Hund nicht gleich Hund. Achten Sie auch auf dem Spaziergang darauf, dass Ihr Welpe häufig Gelegenheit bekommt, große, kleine, alte, junge, lockige, glatt-, kurz-, lang-, hell- und dunkelhaarige Hunde kennen zu lernen. Hierbei macht er gleichzeitig Bekanntschaft mit den verschiedenen Spieltypen, denn auch in diesem Punkt können sich Hunderassen erheblich voneinander unterscheiden.

Wenn Sie vorhaben, mit Ihrem Welpen eine Welpengruppe zu besuchen, sollten Sie einen Spielkreis auswählen, in dem alle Rassen und Mischlinge zugelassen sind, denn dann lernt der Hund von Anfang an eine größere Vielfalt kennen.

2 Menschen

Der Hund ist in einem entscheidenden Punkt ganz anders als all unsere anderen Haustiere. Er sieht den Menschen als echten Sozialpartner an und überträgt sein Handeln und sein Verständnis von Familienstrukturen auch auf uns Menschen. Durch diese Besonderheit lebt der Hund sozusagen in zwei Welten: Er muss nicht nur seine arteigene Kommunikation erlernen, sondern auch noch menschliche Gestik einschätzen können. Dies ist für ihn

Nachlaufen und Beute abjagen macht jungen Hunden viel Spaß.

nicht immer einfach, denn obwohl es einige Gemeinsamkeiten zwischen den sozialen Gesten und den Sozialstrukturen von Menschen und Hunden gibt, verstößt unser menschliches Handeln oft genug gegen die Hundelogik.
Bedenken Sie, dass es einfacher ist, wenn Sie sich nach der Hundelogik richten, denn Ihnen selbst ist klar, was Sie tun, der Welpe hingegen weiß gar nicht, dass es darum geht, Menschen als „Fremdsprache" zu erlernen.
Achten Sie darauf, dass der Welpe auch Kontakte zu Menschen knüpfen kann, die schon optisch durch ihre Andersartigkeit auffallen. Bedenken Sie, dass vor allem Kinder, aber auch alte oder körperlich behinderte Menschen dem Hund nicht gleich als „Menschen" vertraut sind, denn sie haben eine andere Körperhaltung und eine andere Art sich zu bewegen. Babys sind für Hunde noch einmal etwas ganz anderes. Geben Sie Ihrem Welpen Gelegenheit, während der Sozialisationsphase auch zu Babys und Kleinkindern Kontakte zu knüpfen, damit er sie später als normale Mitgeschöpfe einstuft. Versuchen Sie außerdem Situationen zu schaffen, in denen der Welpe außer „normalen" Erwachsenen auch spielende, laut schreiende Kinder, Jugendliche, alte Menschen oder Menschen mit einer anderen Hautfarbe kennen lernen kann. Bitten Sie diese Menschen doch, sich einen Moment lang ruhig zu verhalten oder sich hinzuhocken, damit der Welpe Mut für eine direkte Begegnung fassen kann. Solche freundlichen Kontakte tragen dazu bei, dass der Welpe einen positiven Eindruck bekommt.

Im Umweltabenteuer 5 sind weitere Beispiele für Begegnungen mit optisch auffälligen Menschen aufgeführt.
Mit einer weiteren Gruppe von Menschen sollte der Hund aus anderen Gründen ebenfalls vertraut gemacht werden: Gemeint sind Jogger, Rollbrett-, Rollschuh- und Fahrradfahrer. Sie können einen Hund durch ihre schnelle Fortbewegung leicht zum Hetzen verleiten. Im schlimmsten Fall jagt der Hund seiner Ersatzbeute Mensch nicht nur hinterher, sondern beißt sie auch noch. Damit es aber gar nicht erst soweit kommt, sollte Ihr Welpe diesen besonderen Kreis von Menschen schon früh kennen lernen.
Hat der Hund die Tendenz, den Sportlern hinterherzusetzen, sollte man so bald wie möglich eingreifen. Am besten geht das, indem man sich mit

Versuchen Sie als Besitzer, der Hundelogik zu folgen. Dann können Sie Ihrem Welpen die Welt leichter verständlich machen und gehen nicht das Risiko ein, dass er das Vertrauen zu Ihnen verliert, weil ihn Ihr Handeln schockiert.

Solche Begegnungen sind für beide Seiten ein Gewinn.

Schenkt der Welpe von sich aus den Sportlern kein großes Interesse, brauchen Sie im Prinzip gar nichts weiter zu tun. Hin und wieder können Sie dem Hund, wenn gerade ein Sportler an ihm vorbeirennt oder -fährt oder im dem Moment, wenn er brav auf Zuruf gekommen ist, ein Leckerchen zustecken.

einem Bekannten verabredet, der als "Köder" die Rolle des Sportlers übernimmt. Man selbst sollte mit einem Spielzeug oder genügend Leckerchen bewaffnet sein, um den Hund für gutes Verhalten belohnen zu können. Jedesmal wenn „Ihr Sportler" im Blickfeld auftaucht, sollten Sie den Hund rufen und sofort belohnen, wenn er gehorcht hat. Dies gelingt besonders leicht, wenn die mitspielende Person zunächst noch sehr weit entfernt ist. Leinen Sie Ihren Hund ggf. prophylaktisch an, um ein Misslingen dieser

TIPP

Je öfter die Übung durchgespielt wird, um so sicherer wird der Hund in Zukunft in ähnlichen Situationen fremden Sportlern gegenüber reagieren.

Übung von vornherein zu verhindern. Bitten Sie die Hilfsperson stehen zu bleiben, wenn Ihr Hund seinen Blick nicht von ihr abwenden kann. Warten Sie darauf, dass Ihr Hund Blickkontakt zu Ihnen aufnimmt und belohnen Sie ihn dafür. Animieren Sie ihn dann zu einem Spiel bei dem Sie sich von dem „Sportler“ entfernen. Auf diese Weise stellt der Hund auf Dauer die Verknüpfung her, dass Sportler der Schlüssel zu einer leicht verdienten Belohnung oder zu einem lustigen Spiel sind.

3 Fremde Tierarten

Wenn Welpen schon beim Züchter Kontakt zu einer anderen Tierart hatten und die Mutterhündin diesen Tieren gegenüber kein Jagdverhalten zeigte, betrachten sie diese in ihrem Umfeld als normal. Wachsen sie ohne Kontakte mit fremden Tieren auf, reagieren sie bei der ersten Begegnung entweder ängstlich oder aber sie stufen das Tier als Beute ein und wollen es jagen. Auch wenn Ihr Welpe bisher keine fremden Tierarten kennen gelernt hat, ist es weitgehend unproblematisch, ihn noch daran zu gewöhnen. Hatte der Welpe aber schon oft Gelegenheit, ein Tier zu jagen, wird es viel schwieriger. Mit einem entsprechenden Training der Befehle SITZ oder PLATZ und BLEIB kann man aber auch noch nach seiner Sozialisationsphase erreichen, dass der Hund unter Aufsicht anderen Tieren nicht nachstellt. Um den Horizont des Welpen zu erweitern und auch, um späteren Zwischenfällen vorzubeugen, sollte man sich während der Sozialisationsphase bemühen, dem Hund so viele fremde Tiere wie möglich vorzustellen. Achten Sie darauf, dass es sich um Tiere handelt, die den Umgang mit Hunden gewöhnt und stressfrei sind und die sich entsprechend ruhig verhalten. Ruhige Tiere sind zum einen weniger Furcht einflößend und verleiten den Hund andererseits weniger

stark zum Jagen. Belohnen Sie Ihren Welpen immer, wenn er in Anwesenheit der fremden Tierart mit Ihnen Blickkontakt aufgenommen hat oder er sich fremden Tieren gegenüber indifferent-freundlich verhält. Halten Sie die einzelnen Übungen kurz! Wiederholen Sie dieses Umweltabenteuer mit vielen verschiedenen Tierarten: Katzen, Kaninchen, Pferden, Kühen, Schafen, Vögeln. Auch einen Besuch im Zoo kann man zu solch einem Training nutzen – vorausgesetzt, Hunde sind erlaubt. Führen Sie den Welpen dort bis auf etwa einen Meter an die Gitter heran und lassen Sie ihn sich auf eine Übung konzentrieren oder animieren Sie ihn zu einem Spiel.
Auf diese Weise wird er auch diese fremden Tiere als etwas Nebensächliches und völlig Normales ansehen und sie so in seiner Erinnerung abspeichern. Führen Sie mit Ihrem Welpen in Sichtweite anderer Tierarten Gehorsamsübungen durch. Belohnen Sie ihn für artiges Mitarbeiten üppig mit Qualitätsbelohnungen.

Achtung: Auch der domestizierte Hund ist ein Raubtier! In unbeobachteten Momenten kann sein Jagdinstinkt durchkommen. Verhindern Sie in den ersten zwei Lebensjahren Jagderlebnisse, wenn Ihr Hund nicht Geschmack am Jagen finden soll.

So nah sollte der Welpe nur an ein freundliches und „hundesicheres" Pferd gebracht werden.

Bedenken Sie: Für ein gutes Gelingen der Übungen muss es bei Ihnen mehr Spaß machen als ein Jagdabenteuer.

4 Straßenlärm

Straßenlärm kann einen unerfahrenen Hund stark irritieren. Der Welpe sollte deshalb – selbst für den Fall, dass er in eher ländlicher Umgebung aufwachsen wird – unbedingt in der Sozialisationsphase mit dem Verkehrsgetöse vertraut gemacht werden. Denn irgendwann muss er vielleicht doch einmal in die Stadt mitgenommen werden.
Wählen Sie einen Zeitpunkt, in dem der Welpe in entspannter Stimmung ist und arrangieren Sie eine Situation, in der gewährleistet ist, dass Sie die Konzentration des Hundes auf etwas anderes als den Verkehr lenken können. Auch die Gewöhnung an Straßenlärm sollte ganz nebenbei stattfinden. Gut geeignet ist folgender Trick: Die Bezugsperson des Welpen begibt sich ohne ihn an eine laute und befahrene Straße. Dann bringt eine weitere Person den Hund aus einem vertrauten Umfeld, wie beispielsweise dem Auto, angeleint ins Sichtfeld der Bezugsperson. Diese kann den Welpen nun rufen. Meist stürzen die Welpen voller Begeisterung auf ihren Menschen zu und vergessen alles um sich herum. Für den ersten Übungstag reicht das schon. Beim nächsten Mal kann man die Übung erweitern, indem man den Hund auf Futter oder Spielzeug konzentriert und mit ihm einige 100 Meter entlang einer befahrenen Straße mit all ihrem Getöse spazieren geht.

5 Optische Reize

Auch wenn Hunde insgesamt weniger stark auf optische Wahrnehmungen angewiesen sind als zum Beispiel Menschen, gehören optische Eindrücke dennoch zu ihrem Leben. Umweltabenteuer mit optischen Reizen sind deshalb sehr wichtig. Sie können drinnen und draußen durchgeführt werden.

Als tolle optische Reize zum Aufhängen eignen sich in Streifen geschnittene Plastiktüten, Streifen aus Alufolie oder Bänder, wie sie für Straßenabsperrungen verwendet werden. Auch Luftballons in verschiedenen Formen, Seifenblasen, Girlanden oder Luftschlangen kann man hierzu verwenden. Gehen Sie auch hier schrittweise vor und bieten Sie die Reize zunächst in harmloser Form an, damit sie eher nebenbei wahrgenommen werden können. Beim nächsten Mal können Sie sie auffälliger platzieren oder so aufhängen, dass sie flattern und sogar Geräusche machen.
Neben den im Umweltabenteuer 2 angesprochenen Begegnungen mit Menschen sind Personen mit Hüten, weiten Mänteln, mit dunkler Kleidung, Gehstöcken, Koffern, großen Paketen, im Rollstuhl oder mit einem Badetuch um den Kopf oder Leute, die plötzlich einen Regenschirm öffnen, für den Hund zunächst fremd.

Führen Sie den Welpen an auffällige Gegenstände wie Kinder- oder Einkaufswagen, Mülleimer, Briefkästen, Telefonzellen, Parkbänke oder Baumaschinen heran.

Nutzen Sie jede Gelegenheit, dem Hund solche Eindrücke zu vermitteln. Sollte das schwierig sein, können Sie auch einen Bekannten bitten, sich auffällig zu kleiden, zu humpeln oder wie wild mit den Armen zu fuchteln, um dem Welpen etwas Neues und Ungewohntes zu bieten. Sollte er darauf ängstlich reagieren, ist es ideal,

Diese Welpen bekommen schon beim Züchter viele Reize geboten.

wenn er die betreffende Person kennen lernen kann und dieser Kontakt positiv verläuft. Bitten Sie in solchen Fällen Ihren Bekannten, sich ruhig und unauffällig zu verhalten und den Hund nicht direkt anzuschauen, denn dies ist eine bedrohliche Geste, die den Welpen weiter verunsichern könnte. Die Hilfsperson kann dem Hund ruhig ein Leckerchen anbieten oder ihn zu einem lustigen Spiel animieren, wenn er sich schließlich herangetraut hat.

Seifenblasen sind harmlose und lustige optische Reize.

TIPP

Achten Sie auch hier aber wieder darauf, den Welpen nicht im Moment seiner Angst zu belohnen, sondern erst, wenn er sich mutig aber ohne zu bellen ein paar Schritte vorgetraut hat.

6 Verschiedene Bodenbeschaffenheiten

Zum Erleben der Umwelt gehört auch das Kennenlernen verschiedener Bodenarten, denn für einen Hund ist es nicht dasselbe, ob er auf Waldboden, einer grünen Wiese, Stoppelfeldern, Sand, Kies, Schotter, Asphalt oder Parkett läuft. Es ist deshalb ein weiteres kleines Umweltabenteuer für den Welpen, diese Dinge kennen zu lernen. Um die Gewöhnung an verschiedene Bodenbeschaffenheiten möglichst breit anzulegen, sollten Sie den Hund neben den oben erwähnten Bodenarten auch über Holzplanken, Baumstämme, Laub, verschiedene Steine oder Steinfußböden, gekachelte Böden, Teppichboden, eine Plastikplane, Gummimatten und über Gitterroste laufen lassen.
Besonders im Spiel mit anderen Hunden erlebt der Welpe die Bodenbeschaffenheit als etwas Nebensächliches. Dasselbe ist der Fall, wenn Sie den Hund spielerisch ablenken, während Sie mit ihm zusammen über unbekannte Bodenbeläge gehen und er ihnen freimütig folgt.
Die Gewöhnung an verschiedene Bodenarten ist auch für die Stubenreinheit bedeutsam. Welpen werden auf den Boden geprägt, auf dem sie ihre ersten Ausscheidungen abge-

Sollte der Hund sich scheuen, über einen bestimmten Untergrund zu laufen, kann eine gezielte Übung dazu dienen, dem Hund das zunächst ungewohnte Gefühl beim Laufen als etwas Normales erscheinen zu lassen. Legen Sie Ihrem Hund hierzu, wenn er hungrig ist, in ruhiger Umgebung ein sehr attraktives Lockmittel so aus, dass er mit allen vier Füßen den noch ungewohnten Bodenuntergrund betreten muss. Als erste Hilfe ist es auch möglich, eine Leckerchenspur auszulegen. Lassen Sie den Welpen dann eigenständig Mut fassen und das Problem lösen, auch wenn es länger dauert.

Das Laufen über ungewohnte Bodenflächen ist ein wichtiges Umweltabenteuer.

setzt haben. Deshalb ist es leichter, einen Welpen stubenrein zu bekommen, der die Möglichkeit hatte, vom Wurflager aus zum Beispiel in ein Gebüsch zu gehen, um sich dort zu lösen, als einen, der im Haus gehalten wurde und den Teppich als Unterlage vorgefunden und benutzt hat. Damit der Hund schnell stubenrein wird, ist es empfehlenswert, draußen immer an denselben Ort zu gehen, denn dann kann der Hund leichter eine Verknüpfung herstellen (vgl. Stubenreinheit Seite 36).

7 Geräusche

Neben dem Umweltabenteuer Straßenlärm gibt es natürlich noch viele andere Geräusche, mit denen der Welpe während der Sozialisationsphase vertraut gemacht werden sollte. Bei der Suche nach verschiedenen Geräuschen sind der Phantasie keine Grenzen gesetzt. Achten Sie bei der Gestaltung dieser Umweltabenteuer darauf, dass der Welpe – wie bei den anderen Abenteuern auch – den Reiz möglichst nebenbei kennen lernt, also gleichzeitig durch etwas anderes für ihn Angenehmes abgelenkt wird.
Als Geräuschquellen eignen sich beispielsweise Spielzeugpistolen, Ratschen, Tröten, Rasseln, Pfeifen, Gasbrenner und auch gebastelte Krachmacher, wie etwa ein mit Schrauben gefülltes Kistchen oder eine Blechbüchse. Im Haushalt sollte der Welpe von Anfang an die üblichen Haushaltsgeräusche kennen lernen. Staubsauger, Fernseher, Radio, Telefon, Haustürklingel, Uhrenläuten, Rasierer, Föhn und vieles mehr klingen für den Welpen zuerst einmal neu. Besonders beeindruckend sind Staubsauger für Welpen, vermutlich nicht nur wegen des Geräusches, sondern auch wegen der Bewegung dieses Gerätes. Einige Hunde haben vor dem Staubsauger Angst, andere überspielen ihre Unsicherheit, indem sie ihn verbellen oder angreifen. Um dies zu vermeiden, sollten Sie den Hund schrittweise an den Staubsauger gewöhnen. Schalten Sie ihn zunächst ein, während Ihr Welpe frisst, und machen Sie beim Staubsaugen möglichst langsame Bewegungen, damit es den Hund weder ängstigt noch für ihn in irgend einer Weise spannend ist.
Neben dem Staubsauger hat die Türschelle für den Welpen schnell eine Schlüsselbedeutung. Das liegt vor allem daran, dass er beobachten kann, dass seine Menschen auf das Läuten wie auf Kommando reagieren und zur Tür hinstürmen. Wenn dabei gelegentlich noch laut gerufen wird (etwa: „Ich komme gleich!" oder Ähnliches), wird die ganze Aktion für den Hund noch interessanter. Belohnen Sie ihn dann für das Leisesein und bitten Sie Ihre Bekannten, zu verabredeten Zeiten häufiger mal zu klingeln, ohne dass Sie dann darauf reagieren, denn so kann der Hund

> Wenn man nicht möchte, dass der Hund später auf das Klingeln reagiert und an der Tür bellt, sollte man die Weichen schon beim Welpen stellen, dem das Klingeln noch nichts bedeutet.

keine Verknüpfung zum Klingeln herstellen.
Draußen gibt es noch eine ganze Anzahl weiterer Geräusche, die häufig zu vernehmen sind und die der Welpe idealerweise schon während der Sozialisationsphase kennen lernen sollte. Hierzu zählt das Schlagen von Autotüren, Baustellenlärm, laute Musik oder Stimmengewirr. Lassen Sie den Hund diese Umweltabenteuer zunächst in abgeschwächter Form erleben, damit er sich nicht ängstigt. Tasten Sie sich aber während der ersten 16 Lebenswochen auch an laute Geräusche heran.
Sie können die Intensität vieler Geräusche leicht regulieren, indem Sie die Entfernung zur Geräuschquelle verändern. Stecken Sie Ihrem Welpen immer wieder einmal ein Leckerchen zu, wenn er keine Anzeichen von Angst zeigt. Und beachten Sie ihn nicht, wenn er sich doch einmal erschrickt. Lenken Sie in solchen Fällen seine Aufmerksamkeit lieber auf ein Spiel oder Futter und machen Sie dann eine kleine Übung (z.B. oder Pfötchengeben), für die Sie ihn dann überschwänglich belohnen können.
Um Problemen zur Silvesterzeit oder auch bei Gewitter vorzubeugen, kann man den Welpen schon früh an das Knallen und Zischen von Böllern oder an Donner gewöhnen. Es gibt im Handel CDs mit den verschiedensten Geräuschen – etwa für Hörspiele oder um Videos zu vertonen. Mit Hilfe solch einer CD kann man den Welpen unabhängig von der Jahreszeit an diese Geräusche gewöhnen. Spielen Sie die CD in mittlerer bis hoher Lautstärke immer wieder einmal ab,

Möglichst nebenbei sollten junge Hunde viele verschiedene Geräusche kennen lernen.

wenn der Hund gerade frisst. Auf diese Weise tritt das Geräusch für ihn in den Hintergrund und führt dann „im Ernstfall" nicht mehr zu Problemen. Besonders für Hunderassen, die für ihre Geräuschempfindlichkeit bekannt sind, empfiehlt sich dieses Vorgehen.

TIPP

Je mehr Ideen Sie haben und je abwechslungsreicher Sie dieses Umweltabenteuer gestalten, desto größer ist der Nutzen für eine gute Umweltsicherheit.

8 Hindernisse

Draußen gibt es eine Menge Hindernisse, die man dem Welpen als Umweltabenteuer bieten kann. Man kann ihn etwa über verschiedene Brücken (z.B. über einen Fluß oder auch über eine Autostraße) oder durch einen kleinen Graben laufen lassen, ihn dazu animieren, einen Hügel oder eine Parkbank zu erklimmen, einen Stein oder Baumstamm zu besteigen, durch einen Tunnel zu krabbeln oder über ein kleines Hindernis wie ein Brett oder etwas Ähnliches zu springen. Auch im Haus bieten sich die tollsten Hindernisse. Lassen Sie Ihren

Linke Seite: Körpergefühl und Geschicklichkeit werden trainiert, wenn der Welpe lernt, Hindernisse zu überwinden.

Hund unter einem flachen Tischchen durchkriechen, durch ein im Türrahmen aufgespanntes Band aus zerschnittenen Plastiktüten oder ein aufgehängtes Tuch laufen und Ähnliches. Ihrem Einfallsreichtum sind keine Grenzen gesetzt.

9 Auto fahren

Autos sind aus dem täglichen Leben des Menschen nicht mehr wegzudenken. Das bedeutet gleichzeitig, dass auch für Hunde Autofahrten unumgänglich sind. In der Regel gewöhnen sich Welpen relativ schnell ans Autofahren, auch wenn es sein kann, dass ihnen bei den ersten Fahrten übel wird. Falls Ihr Welpe noch nie im Auto mitgenommen wurde, können Sie sich für ihn vom Tierarzt prophylaktisch ein Mittel gegen Übelkeit verschreiben lassen. Das können Sie dem Welpen auf den ersten Fahrten geben, damit er die negative Assoziation Auto = Übelkeit gar nicht erst herstellen kann. Hat sich der Welpe erst an das seltsame Geruckel gewöhnt, wird ihm kaum noch schlecht werden.
Bei allen Fahrten empfiehlt es sich, den Hund mit einem speziellen Geschirr anzugurten, denn nur auf diese Weise kann man die anderen Insassen und natürlich auch den Hund selber im Falle eines Unfalls am besten schützen. Achten Sie beim Kauf eines solchen Geschirres auf die TÜV-Tauglichkeit, denn leider gibt es nur wenig zuverlässige Gurte. Dasselbe gilt auch für Trenngitter.
Im Folgenden wird beschrieben, wie man dem Hund ein ruhiges Verhalten während des Autofahrens beibringen kann: Heben Sie den Welpen zunächst häufig ins Auto und ohne gefahren zu sein wieder heraus. Trainieren Sie mit ihm die Befehle SITZ oder PLATZ an dem Platz im Auto, den er künftig auf allen Fahrten einnehmen soll bzw. machen Sie mit ihm dort einige SITZ-und-BLEIB- oder PLATZ-und-BLEIB-Übungen. Belohnen Sie den Welpen immer für braves Befolgen der Befehle. Verlängern Sie von Mal zu Mal die Zeitspanne, die der Welpe in der von Ihnen verlangten Position bleiben soll. Dies erreichen Sie, indem Sie ihm die Belohnung immer ein klein wenig später geben. Dehnen Sie diese Übung auf etwa eine Minute aus.

> Es ist Vorschrift, den Hund im Auto gesichert zu transportieren.

Günstig ist es, wenn Sie eine Hilfsperson haben, denn dann können Sie gleich zum nächsten Schritt übergehen. Starten Sie den Motor des Autos, während die Hilfsperson mit dem Hund weiter übt. Am folgenden Tag fahren Sie ein kleines Stückchen. Auch hierbei sollte der Helfer den Welpen wieder auf seine Übung konzentrieren. Verlängern Sie Tag für Tag die Fahrten und vergessen Sie nicht, den Welpen für braves Verhalten zu belohnen.
Wenn Sie alleine üben, sollten Sie die Möglichkeit haben, immer sofort zu parken. Vielleicht können Sie Ihre Übungsfahrten auf einem großen Parkplatz machen. Wenn der Welpe dann entweder seinen Platz verlässt (mit einem Geschirr gesichert kann

er das selbstverständlich gar nicht) oder doch anfängt zu jaulen, zu bellen oder zu winseln, stoppen Sie sofort, schimpfen nicht, sondern warten ganz ruhig und ohne den Hund weiter zu beachten, bis er sich beruhigt hat. Belohnen Sie ihn dann. Wiederholen Sie die Übung auf einem leichteren Niveau, z.B. indem Sie nicht so weit fahren. Auf diese Weise können Sie die Übung erfolgreich abschließen. Gehen Sie nach diesem Schema weiter vor, bis Ihr Hund ohne Probleme auch auf längeren Fahrten ruhig und geduldig auf seinem Platz verharrt.

10 Treppen

Vermutlich wird fast jeder Hund früher oder später einmal in die Bedrängnis kommen, Treppen laufen zu müssen. Stellen Sie Ihren Welpen also schon früh vor diese schwierige Aufgabe, damit er sich daran gewöhnen kann. Das Treppenlaufen ist für Hunde insgesamt eine schwierige Angelegenheit, besonders für Rassen mit langen Rücken und kurzen Beinen. Von medizinischer Seite wird empfohlen, Hunde mindestens im ersten halben Jahr zu tragen, weil sich in dieser Zeit die Knochen und Gelenke noch im Wachstum befinden und nicht unnötig belastet werden sollten. Diesem Ratschlag kön-

Eine Transportbox bietet dem Hund auf der Fahrt Bewegungsspielraum.

Rechte Seite: Dieser Dackelwelpe hat schon gelernt, wie er das kleine Hindernis überwinden kann.

nen Sie ruhig Folge leisten, sollten dem Welpen aber das Treppensteigen dennoch als Umweltabenteuer bieten, denn sonst bereitet es beim ausgewachsenen Hund mitunter erhebliche Probleme, weil es ihm an Geschicklichkeit für den komplizierten Bewegungsablauf mangelt. Treppen hochzulaufen ist für den Welpen meist einfacher und wird am leichtesten gelernt, wenn Sie einige Stufen hochlaufen und den Hund dann rufen oder mit einem Leckerchen oder Spielzeug locken. Dasselbe gilt im Prinzip für das Abwärtsgehen, allerdings kostet das viele Hunde mehr Überwindung. Das kann man sehr leicht nachvollziehen, wenn man sich selbst einmal auf allen Vieren an einen Treppenabsatz begibt. Die Wandseite einer Treppe erscheint Hunden grundsätzlich sicherer als die Geländerseite. Dies sollte man in der Übung ausnutzen und den Welpen dazu animieren, an der Wand entlang ein paar Stufen hinunterzulaufen. Sollte Hilfestellung erforderlich sein, können Sie folgendermaßen vorgehen: Setzen Sie den Welpen auf der unteren Stufe ab und lassen Sie ihn diese eigenständig herabsteigen. Belohnen Sie ihn dafür. Setzen Sie ihn dann auf der zweitletzten Stufe ab und wiederholen Sie die Übung. Verfahren Sie so weiter, bis er in flüssigem Bewegungsablauf treppab gehen kann. Wechseln Sie auch hier oft den Übungsort und lassen Sie den Welpen auf Holztreppen, Steintreppen, Gittertreppen oder auch auf mit Teppich bezogenen Stufen üben, damit er die ganze Vielfalt kennen lernen kann.

11 Öffentliche Verkehrsmittel

Beim Fahren mit öffentlichen Verkehrsmitteln gilt es unterschiedliche Dinge zu beachten. Zum einen steht für uns natürlich die Sicherheit des Hundes im Vordergrund, der – besonders wenn er (noch) klein ist – schnell aus Versehen getreten werden kann. Wir sollten aber auch daran denken, dass es viele Menschen gibt, die aus den unterschiedlichsten Gründen Angst vor Hunden haben oder sich einfach belästigt fühlen, wenn ein Hund nah an sie herangeht oder sogar an ihrer Kleidung schnüffelt.

> Um den Hund gut an öffentliche Verkehrsmittel zu gewöhnen, ist es dringend nötig, häufige, aber zunächst nur kurze Fahrten mit den verschiedensten Beförderungsmitteln zu unternehmen.

Um sowohl dem Hund als auch unseren Mitmenschen gerecht zu werden, achten Sie bereits auf der ersten Fahrt darauf, dem Hund den Platz zuzuweisen, den er auch später auf solchen Fahrten einnehmen soll – am günstigsten zwischen Ihren Beinen. Auf den ersten Fahrten ist sicherlich ein Spielzeug oder ein Leckerchen nötig, damit Sie den Hund von den vielen neuen Eindrücken (Geräusche, Gerüche, fremde Menschen und nicht zuletzt die ruckelige Fahrt) ablenken und auf Sie konzentrieren können. Je nach Größe des Hundes und vor allem je nach Trainingsstand kann man ihm den Befehl SITZ, PLATZ oder STEH und BLEIB geben, damit er den ihm zugewiesenen Platz nicht verlässt. Sollte der Hund Anzeichen von Angst zeigen, ist auch hier wieder wichtig, diese Angst nicht ungewollt zu belohnen, sondern sie einfach zu ignorieren. Je kürzer die Fahrten sind, um so weniger Möglichkeit hat der Hund, sich in seine Angst hineinzusteigern. Dehnen Sie die Fahrten erst nach und nach aus, und zwar dann, wenn der Welpe schon eine erste Grundsicherheit besitzt. Gerade beim ängstlichen Hund ist es wichtig, diese Übung positiv zu gestalten, so dass für ihn nach und nach der angstauslösende Reiz in den Hintergrund tritt. Um dies zu gewährleisten, wählen Sie bei ängstlichen Hunden zunächst ein relativ ruhiges Beförderungsmittel wie etwa eine moderne U-Bahn und steigen Sie – wenn möglich – zusammen mit mehreren dem Welpen vertrauten Menschen ein. Geben Sie sich selbst möglichst entspannt.
Um ängstliches Verhalten nicht ungewollt zu belohnen, muss man auch mit Lob vorsichtig sein. Eine gute Lösung ist, den Hund mit einem Leckerchen zu motivieren und ihn zu veranlassen, SITZ zu machen. Stecken Sie ihm die Belohnung zu, wenn er sich brav setzt. Danach kann man mit einem weiteren Leckerchen oder einem Spielzeug die Spannung aufrecht erhalten, damit der Welpe abgelenkt ist und seinen Platz nicht verlässt.
Wenn der Welpe anfängt sehr stark zu speicheln, ist dies das erste Anzeichen dafür, dass ihm übel wird. Dann sollten Sie bei der nächsten Gelegenheit aussteigen und die nächsten Fahrten kürzer wählen. In

Fällen heftiger Übelkeit können Sie auch hier Ihren Tierarzt bitten, dem Hund ein entsprechendes Mittel zu verschreiben.
Wenn fremde Menschen den Welpen auf der Fahrt ansprechen oder streicheln wollen, können Sie dies gestatten, solange Ihr Welpe dabei fröhlich erscheint. Achten Sie aber darauf, dass der Welpe, wenn er eher schüchtern ist, nicht zu stark von fremden Menschen bedrängt wird.
Ein tolles zusätzliches Umweltabenteuer in Bezug auf öffentliche Verkehrsmittel können Sie Ihrem Welpen mit einer Fährfahrt bieten.

12 Aufzug

Das Fahren in gewöhnlichen Aufzügen tolerieren die meisten Hunde recht gut. In Glasaufzügen tun sich manche Hunde etwas schwerer. Beides sollte man dem Welpen als Umweltabenteuer bieten, damit Sie später nicht endlos Treppen und Umwege gehen müssen, nur weil Ihr Hund mit Aufzügen Probleme hat. Sie gewöhnen den Welpen am einfachsten an das Aufzugfahren, indem Sie ihn während der ersten Fahrten durch Spielzeug oder ein Leckerchen ablenken. Wenn dies auf Anhieb klappt, kann man den Hund während der Fahrten auch SITZ oder PLATZ machen lassen und ihn dafür am Ende der Fahrt belohnen. Der Moment, in dem sich die Türen schließen, ist oftmals kritisch, weil der Welpe einen Schreck bekommen kann. Wenn es hierbei Schwierigkeiten gibt, sollte man eine Zwischenstufe einschalten, in der man den Hund unter spielerischer Ablenkung ein- und aussteigen lässt – zunächst ohne dass sich die Türen schließen. Später steigt man ein, wartet bis sich die Türen schließen, öffnet diese wieder und steigt aus, ohne gefahren zu sein. Erst wenn dies alles gut klappt, sollte man eine kurze Fahrt machen. Lenken Sie auch hier den Welpen ab und achten Sie darauf, dass er, sollte er sich vor dem Schließen der Tür fürchten, nicht in Richtung Tür guckt.

13 Badewanne und Dusche

Man wird wohl kaum darum herumkommen, den Hund hin und wieder baden oder duschen zu müssen. Daher ist es sinnvoll, schon dem Welpen zu vermitteln, dass diese Prozedur harmlos ist. Legen Sie eine große Gummimatte so in die Duschkabine oder Badewanne hinein, dass auch die glatten Wände von der Matte abgedeckt sind. Dann heben oder locken Sie den Welpen hinein und belohnen ihn mit einem Leckerchen. Lassen Sie ihn danach wieder heraus. Verlängern Sie peu à peu die Zeit, die

der Welpe in der Dusche stehen soll. Bei dieser Gelegenheit können Sie auch gleich die STEH-Übung trainieren. Wenn diese Übung gut klappt, können Sie beim nächsten Mal etwas Wasser laufen lassen, damit sich der Welpe an das Geräusch gewöhnt. Wenn ihn all dies nicht weiter ängstigt, können Sie anfangen ihn vorsichtig abzuspülen. Sparen Sie auch hier nicht mit Lob, wenn er ruhig stehen bleibt. Achten Sie darauf, dass das Wasser weder zu kalt noch zu heiß ist, denn das könnte dem Welpen die Übung verleiden.
Meist ist es nicht notwendig, Hunde mit Shampoo zu baden. Schmutz vom Spaziergang läßt sich auch mit Wasser wegspülen. Verwenden Sie, wenn es dennoch einmal nötig sein sollte, nur spezielle Hunde-Shampoos vom Tierarzt, um Haut und Haar nicht zu schädigen.

14 Föhn

Der Föhn ist als Geräuschquelle bereits im Umweltabenteuer 7 erwähnt. Dennoch wird er hier noch einmal behandelt, denn er spielt unter Umständen nicht nur als Geräusch eine Rolle für den Hund. Wenn es Ihnen nicht reicht, dass Ihr Hund sich durch ein wildes Spiel trocken rennt und Ihnen auch das Trockenreiben zu aufwendig ist, können Sie den Hund auch trocken föhnen. Viele Hunde mögen das allerdings nicht. Wenn der Hund also später geföhnt werden soll, üben Sie das bereits mit dem Welpen. Achten Sie darauf, dass die Luft nicht zu heiß eingestellt ist und der Föhn nicht zu kräftig bläst. Loben Sie den Hund bei ruhigem Verhalten und belohnen Sie ihn zwischendurch immer wieder einmal mit einem Leckerchen. Begnügen Sie sich am Anfang mit ungefähr 20 bis 30 Sekunden, denn sonst verliert der Welpe schnell die Lust und würde einen negativen Eindruck von der Übung bekommen. Dehnen Sie langsam die Zeit aus, bis Sie es geschafft haben, alle Körperteile zu föhnen, die Sie trocknen wollen.

15 Tierarztbesuche

Wenn Welpen noch keine negativen Erfahrungen beim Tierarzt gemacht haben, gehen sie meist recht unbefangen an die Sache heran. Schnell lernen sie jedoch, dass es beim Tierarzt weh tun kann und dass dort Handlungen und Manipulationen an ihnen vorgenommen werden, die ungewohnt sind und die ihnen deshalb Angst machen. Damit die Konsultation für Ihren Hund und somit auch für Sie nicht zum stressreichen Erlebnis wird, ist es sinnvoll, den Hund einen Besuch beim Tierarzt schon als Umweltabenteuer kennen lernen zu lassen, bevor ein notwendiger Termin ansteht. Ist dieser Zeitpunkt schon verpasst, kann man die Übung trotzdem durchführen und im Nachhinein daran arbeiten.
Folgendes sollte mit dem Welpen zu Hause, auf dem Spaziergang und natürlich auch in der Tierarztpraxis selbst geübt werden: Fiebermessen, während er ruhig steht, Schnauze öffnen, Kontrolle der Ohren, Zähne und Pfoten, den Hund auf den Rücken drehen und auch das intensive Begutachten irgendeiner bestimmten

Rechte Seite: Die normale Körpertemperatur eines Welpen liegt bei 39 Grad Celsius – also ein Grad höher als beim erwachsenen Hund.

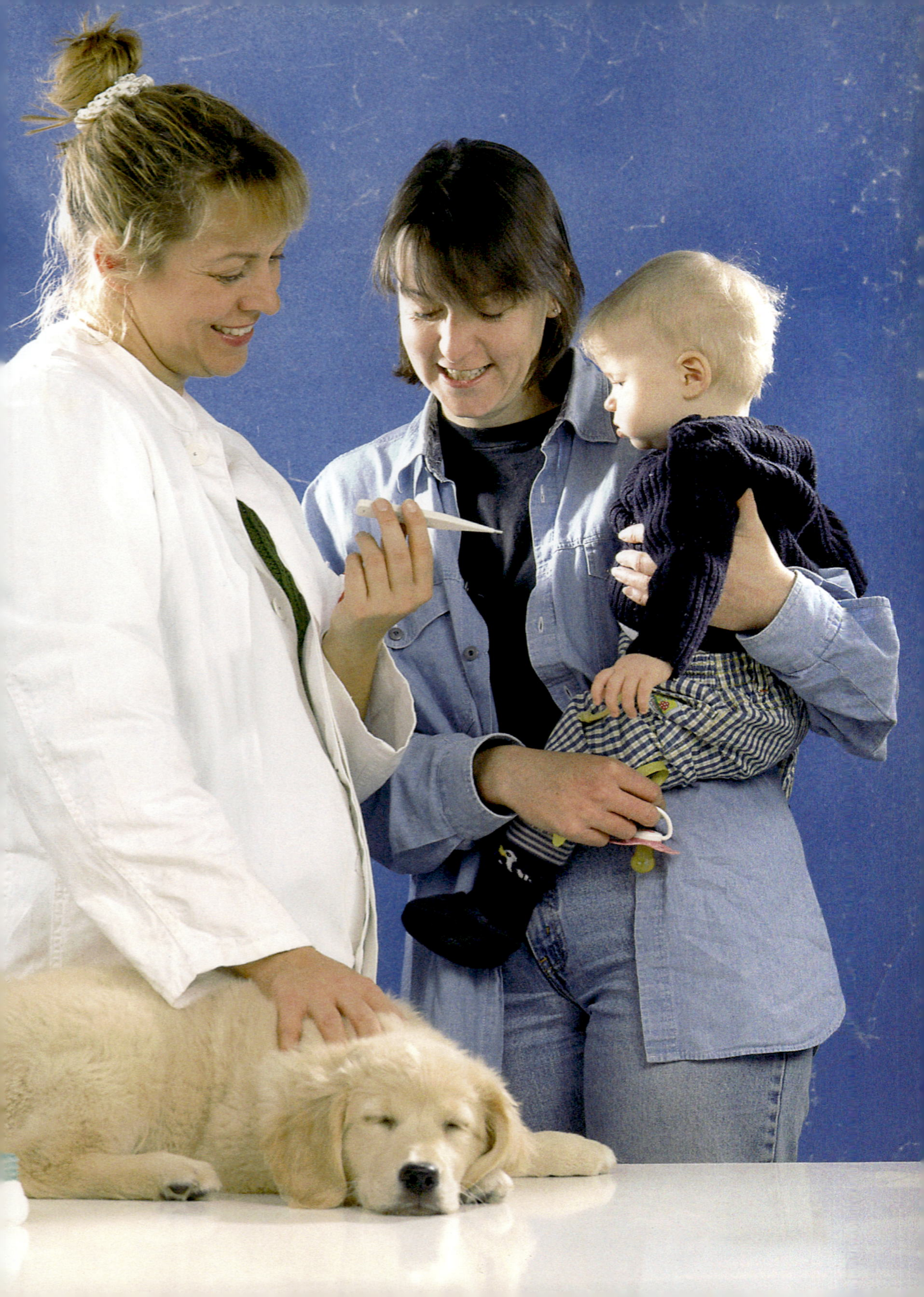

Körperstelle. Auch die Körperpflege mit Bürsten oder Kämmen zählt hierzu. Um späterem Zahnstein vorzubeugen, kann man den Welpen auch daran gewöhnen, dass man ihm die Zähne putzt. Lassen Sie sich von Ihrem Tierarzt zeigen, wie man dies richtig macht. Belohnen Sie den Welpen, wenn er sich bei diesen Übungen ruhig und entspannt verhält. Sollte er zappeln oder starke Abwehr zeigen, gilt es, den Hund nur unverändert festzuhalten und zu warten, bis er seine Gegenwehr eingestellt hat. Dies kann einige Minuten dauern. Es kommt einzig und alleine darauf an, mehr Durchhaltevermögen zu beweisen als der Welpe! Diese ganze Prozedur sollte kommentarlos, d.h. ohne zu schimpfen oder „Erklärungen“ erfolgen. Sobald er sich beruhigt hat, kann er belohnt werden.

Günstig ist es auch, mit dem Hund zu üben, einen Verband oder eine Halskrause zu tragen. Denn es kann sein, dass er mit diesen beiden Din-

Im Spiel lernen die Welpen wichtige soziale Grundregeln.

gen nach einer Verletzung vorübergehend klar kommen muss. Damit die Gewöhnung schnell geht, üben Sie auch hier Schritt für Schritt. Das bedeutet, Sie legen dem Hund den Verband oder den Halskragen um, belohnen ihn und nehmen das ungewohnte Ding dann schon wieder ab, um es beim nächsten Mal etwas länger umgebunden zu lassen. Lenken sie den Hund jeweils mit einer leichten Übung ab. Verfahren Sie immer so weiter, bis der Hund, ohne sich zu wehren und ohne zu versuchen, den Verband oder den Halskragen wieder loszuwerden, etwa 20 bis 30 Minuten problemlos zurechtkommt.

Ebenfalls schrittweise können Sie den Welpen an die Praxisräume und das Wartezimmer gewöhnen. Fragen Sie doch Ihren Tierarzt, ob es möglich ist, dass Sie mit dem Welpen häufiger mal vorbeikommen, um sich nur zu Übungszwecken einen Moment ins Wartezimmer zu setzen. Schön ist es, wenn Sie dabei ab und zu auch die Gelegenheit haben, das Behandlungszimmer zu betreten. In diesen Fällen sollte der Welpe dann kurz auf den Behandlungstisch gehoben werden und dort vom Tierarzt ein Leckerchen bekommen. Wenn der Tierarzt einen Moment Zeit hat, kann man bei diesen Gelegenheiten hin und wieder auch eine der oben erwähnten und vielleicht schon einstudierten tierärztlichen Handlungen vornehmen. Dieses Prozedere ist für den Tierarzt selbst weniger aufwändig, als es sich im ersten Moment anhört, denn die ganze Angelegenheit im Behandlungszimmer dauert nicht länger als ein bis zwei Minuten. Für den Tierarzt besteht der Vorteil darin, dass er sich so einen kleinen Freund heranzieht, der später ein problemloser Patient sein wird, weil er vor ihm und dem Besuch in der Praxis keine Angst haben wird. Aus Fairness dem Tierarzt gegenüber, der sich die Mühe macht, diese Übung durchzuspielen, sollten Sie ihn in solchen Momenten nicht durch Fragen aufhalten. Wenn Sie eine Frage oder ein Problem mit Ihrem Hund haben, dann sagen Sie vorher Bescheid und lassen sich einen regulären Termin geben.

16 Briefträger, Paketboten, Müllmänner

Boten aller Art, Müllmänner, Vertreter und einige weitere Berufsgruppen haben mit Hunden größere Probleme als andere Menschen. Der Grund liegt an deren besonderem Verhalten. Wenn der Hund bellt, weil er die Leute an der Haustür hört, diese sich aber aufgrund ihrer Arbeit schnell wieder entfernen, glaubt er, die „Eindringlinge" vertrieben zu haben. Je nachdem, wie sich der Besitzer in diesen Fällen dem Hund gegenüber verhält, kann er unter Umständen dieses Verhalten noch zusätzlich verstärken (vgl. Lob und Strafe). Wenn Sie nicht möchten, dass sich Ihr Hund später wie wild gebärdet, wenn diese Menschen an der Tür schellen, dann sollten Sie schon in Welpentagen daran arbeiten. Bitten Sie sie doch, Kontakt zum Welpen aufzunehmen. Vielleicht ist der eine oder andere sogar bereit, dem Welpen ein Leckerchen zuzustecken und eine kleine Übung (z.B. SITZ) mit ihm zu machen. Wenn sich Hund und Postbote persönlich kennen und die ersten Begegnungen für den Hund positiv verlaufen sind, ist die Chance groß, dass es später nicht zu Problemen kommt.

17 Gaststätte

Ein herrliches Umweltabenteuer ist es, mit dem Welpen in eine Gaststätte zu gehen. Für den Welpen ist dort alles neu: der Ort, die Menschen, die Gerüche, die Räumlichkeiten, die – je nachdem wo man hingeht – vielleicht ein wenig eng oder sehr weitläufig sind, es gibt gedimmtes Licht oder gleißende Neonröhren und andere ungewöhnliche Dinge. Für Sie ist dieses Umweltabenteuer dann besonders stressfrei, wenn der Hund die Übung PLATZ schon einigermaßen beherrscht. Nehmen Sie die Decke Ihres Hundes mit ins Lokal, dann wird der Welpe dieses Abenteuer leichter meistern. Wählen Sie in der Gaststätte einen Platz aus, wo der Hund liegen kann, ohne dass die Gefahr besteht, dass er getreten wird. Wenn es eng ist, eignet sich der Platz unter Ihrem Stuhl oder unter dem Tisch. Legen Sie ihm dort seine Decke hin und befehlen Sie ihm PLATZ. Günstig ist es, wenn der Hund vorher viel getobt hat und nun müde ist. Sollte er noch viel Energie haben und nicht an seinem Platz liegen bleiben, kann man ihm die Übung erleichtern, indem man ihm etwas zur Ablenkung und Beschäftigung gibt. Ein gefüllter Kong beispielsweise ist eine Lösung, aber auch andere Kauspielzeuge sind geeignet. Belohnen Sie den Hund ab und zu zwischendurch, wenn er sich brav verhält. Achten Sie darauf, dass Sie dieses Abenteuer die ersten paar Mal nicht zu lang gestalten, denn das erschwert die Sache. Besuchen Sie mit dem Welpen öfter verschiedene Gaststätten, um auch hier eine noch bessere Umweltsicherheit zu erreichen.

18 Bahnhof

Der Bahnhof ist ein hervorragender Ort, um dem Hund ein Umweltabenteuer zu bieten. Die vielen fremden Geräusche, Menschen, Gerüche

und optischen Eindrücke stellen jedes für sich ein kleines Umweltabenteuer dar. Die Gesamtheit all dieser Eindrücke sollte dem Welpen erst dann präsentiert werden, wenn er schon einige andere Umweltabenteuer erlebt und eine gute Bindung zu seinem Besitzer hat.
Lenken Sie den Welpen durch eine Übung von dem bunten Treiben um ihn herum ab, während Sie mit ihm über den Bahnhof schlendern und ihn für ruhiges Verhalten belohnen. Dieses Umweltabenteuer ist sehr gut mit den Abenteuern 4 und 11 zu kombinieren. Auch eine Fahrt mit dem Zug ist für den Hund eine neue Erfahrung, die sich im Laufe des späteren Lebens auszahlen wird.

19 Drachen und Heißluftballons

Drachen und Heißluftballons stellen sowohl optische als auch akustische Reize dar. Bieten Sie Ihrem Welpen diese Reize ebenfalls in lockerer Atmosphäre, wie bei den anderen Umweltabenteuern beschrieben. Dieses Umweltabenteuer ist saisonabhängig, deshalb kann es dem Welpen nicht immer während der Sozialisationsphase geboten werden.

20 Wasser

Viele Hunde lieben es, im Wasser zu spielen und zu planschen, andere überhaupt nicht. Bieten Sie Ihrem Welpen die Gelegenheit, Wasser kennen zu lernen und schauen Sie, wie er reagiert. Bewaffnen Sie sich mit einer Handvoll schmackhafter Leckerchen. Stellen Sie sich selbst ein paar Schritte weit ins Wasser, um von da aus den Hund mit den Leckerchen zu locken. Wichtig ist, dass Sie dem Hund die Leckerchen früh genug als Belohnung anbieten, also etwa wenn er nur zwei Pfoten ins Wasser gestellt hat. Bedenken Sie, dass Sie nichts gewonnen haben, wenn Sie das Leckerchen solange wegziehen, bis der Hund definitiv die Lust am Wasser verliert, weil er es bereits als unangenehm tief empfindet. Gehen Sie in kleinen Schritten vor, und belohnen Sie den Welpen besonders überschwänglich, wenn er folgende Hürden überwunden hat: alle vier Pfötchen ins Wasser zu stellen, bis zum Bauch ins Wasser zu waten und zuletzt einen Meter zu schwimmen.

Sollte sich Ihr Hund standhaft weigern, „den Freischwimmer" zu machen, finden Sie sich damit ab. Machen Sie niemals den Fehler, Ihren Hund ins Wasser zu werfen! Der Schreck, den er dabei bekommt, reicht aus, um eine echte Abneigung aufzubauen oder zu verstärken.

Diese Übung kann man herrlich variieren, indem man den Hund zunächst mit stillen Gewässern wie Seen oder ruhigen Flüssen konfrontiert und später vielleicht auch eine Begegnung mit Wellen an einem lebhaften Bach im Gebirge oder sogar dem Meer arrangiert. Grundsätzlich gibt es keinen Grund, allzuviel Mühe darauf zu verwenden, den Hund ans Wasser zu gewöhnen, denn schwimmen kann jeder Hund

Diese beiden haben schon Gefallen am Wasser gefunden.

sowieso (allerdings unterschiedlich gut, was die Technik anbetrifft), und ein wasserscheuer Hund wird immer an jedem anderen Spiel mehr Spaß haben als ausgerechnet an Wasserspielen. Wenn Ihr Hund allerdings zu der Gruppe begeisterter Wasserratten zählt, sind immer neuen Spielereien im Wasser keine Grenzen gesetzt. Sie können herrliche Apport-Spiele mit dem Hund spielen. Einige Hunde tauchen sogar nach Gegenständen. Im Handel gibt es außerdem diverse Apport-Gegenstände, die auf dem Wasser schwimmen, so dass der Hund sie von der Oberfläche fischen kann. Achten Sie bei solchen Spielen darauf, den Hund nicht zu überfordern, denn schwimmen ist für Hunde um ein Vielfaches anstrengender als laufen. Nach dem Schwimmen im Meer empfiehlt es sich, den Welpen mit Leitungswasser abzuspülen, um das Salz und den Sand von der Haut zu entfernen. Trocknen Sie ihn nach einem Badeausflug ab oder lassen Sie ihn rennen, damit er trocknet und sich nicht verkühlt.

21 Schnee

Die meisten Hunde mögen Schnee gerne und haben viel Spaß daran, in der weißen Pracht zu toben, Flocken nachzulaufen, sich im Schnee zu wälzen oder von Ihnen unter der Schneedecke verstecktes Spielzeug aufzustöbern. Die kalte Jahreszeit bringt mit dem Schnee allerdings auch zwei Probleme mit sich: Wenn der Hund Schnee frisst, führt dies schnell zu einer Magen-Darm-Verstimmung. Versuchen Sie ihn deshalb davon abzuhalten. Das zweite Problem im Winter sind die mit Salz gestreuten

Gehwege. Hunde haben an den Pfoten häufig kleine Verletzungen durch die tägliche Beanspruchung, die normalerweise zu keiner Beeinträchtigung führen. Wenn allerdings das Streusalz in die Wunden eindringt, brennt es und bereitet dem Hund große Schmerzen. Daraus entsteht gleich ein weiteres Problem: Um den Schmerz zu lindern, lecken sich die Hunde die Pfoten und nehmen hierbei das Salz auf. Das ist auf Dauer der Gesundheit nicht zuträglich. Schaffen Sie Ihrem Hund Erleichterung, indem Sie die Ballen im Winter beispielsweise mit Vaseline einreiben. Nach jedem Spaziergang auf gesalzenen Wegen empfiehlt es sich, die Pfoten kurz mit Wasser abzuspülen. Üben Sie dieses Pfotenwaschen ruhig schon im Sommer, falls Ihr Welpe in der warmen Jahreszeit heranwächst, denn dann gibt es später bei dieser Prozedur keine Schwierigkeiten.

22 Glatteis

Wenn gerade Frost ist, kann man dem Welpen auf einem zugefrorenen See oder einer anderen Eisfläche ein weiteres Umweltabenteuer bieten. Für einen Welpen ist das Gehen auf Eis etwas Besonderes. Auch bei dieser Übung sollte der Welpe keine negativen Erfahrungen machen. Locken Sie ihn ein kleines Stück über eine Eisfläche und lenken Sie ihn mit einem Leckerchen oder Spielzeug ab. Belohnen Sie den Hund schon nach den ersten Schritten, damit die ganze Übung für ihn spannend bleibt. Versuchen Sie, ängstliches Verhalten auch hier wieder zu ignorieren, um es nicht zu verstärken, und sparen Sie nicht mit Lob, wenn der Welpe Ihnen mutig ein paar Schritte über das Eis folgt. Einige Hunde haben regelrechten Spaß auf dem Eis, andere bevorzugen feste Böden. Achten Sie streng auf die Sicherheit des Hundes, denn Erlebnisse wie etwa im Eis einzubrechen oder sich beim Spiel auf dem Eis etwas zu verrenken, sind eine leidvolle Erfahrung und bleiben tief in der Erinnerung des Hundes haften.

Schnee ist eine spannende Angelegenheit.

Befehle üben

Die Erziehung des Welpen beginnt genau in dem Moment, in dem man den Hund übernimmt. Auch wenn man noch gar keine Übungen mit ihm macht, lernt er schon, denn das Verarbeiten von Umwelteindrücken ist eine Form des Lernens. Beeinflussen kann man die Details, die die Umwelt des Welpen ausmachen. Dies sind dann zwangsläufig auch die Dinge, die von ihm wahrgenommen, unbewusst verarbeitet und abgespeichert werden. Neben den Umweltabenteuern kann und sollte man aber auch vom ersten Tag an kleine Erziehungsübungen machen. Es ist immer einfacher, einen Welpen von vornherein an die neuen Regeln in der Familie zu gewöhnen, als dem Hund später seine ehemals „niedlichen" Welpen-Marotten wieder abzugewöhnen.

Die ersten erzieherischen Maßnahmen sind bereits auf den Seiten 34 ff. beschrieben. Nach und nach kann man dem Welpen auch verschiedene Befehle vermitteln. Da sich Welpen nicht sehr lange konzentrieren können und außerdem viel Zeit zum Spielen und Schlafen brauchen, sollten Sie mit einem Welpen möglichst häufig am Tag, aber immer nur kurz üben, das heißt, pro Übungseinheit sollte eine Übung nur wenige Male wiederholt werden. Beginnen Sie die Übung, wenn Ihr Welpe einen zufriedenen und entspannten Eindruck macht. Die Belohnungen bereiten dem Welpen Spaß und vermitteln ihm, dass er etwas Tolles geleistet hat. Gleichzeitig lernt er, wie angenehm es ist, wenn Sie sich mit ihm beschäftigen. Achten Sie beim Üben darauf, dass der Hund auch Umgebungsmuster mit abspeichert und wechseln Sie deshalb häufig den Übungsort (vgl. Seite 32, Generalisierung).

Natürlich kann ein Hund erst dann so schnell wie möglich und fehlerfrei reagieren, wenn er eine sichere Verknüpfung zwischen dem Befehl und seiner Aktion hergestellt hat. Alle Übungen müssen ihm Schritt für Schritt vermittelt werden. Indem Sie den jeweiligen Befehl zunächst entsprechend früh wieder auflösen, können Sie die Übung immer mit Erfolg beenden und dem Hund dennoch verständlich machen, dass er auf Ihr Kommando achten muss, bevor er sich trollen darf.

Bedenken Sie beim Üben Folgendes: Der Hund soll lernen, Ihren Befehl umgehend zu befolgen und solange durchzuhalten, bis Sie ihn wieder auflösen.

Rechte Seite: Loben Sie Ihren Hund stets, wenn er herankommt.

! SITZ

SITZ ist der ideale Befehl, um den Hund für eine gewisse Zeit an einem bestimmten Ort zur Ruhe anzuhalten. Machen Sie Ihren Welpen aufmerksam, indem Sie ihn an einem Leckerchen schnüffeln lassen. Wenn Sie das Leckerchen während der Übung so halten, dass Sie den Zeigefinger erhoben haben und die restlichen Finger das Leckerchen umschließen, wird der Hund diese Handbewegung als Sichtzeichen lernen – was sehr praktisch sein kann. Halten Sie das Leckerchen möglichst nah an die Hundenase und führen Sie, sobald der Hund Interesse zeigt, diese Hand langsam nach oben über den Kopf des Hundes, so dass er nach oben guckt. Warten Sie geduldig, bis sich der Welpe setzt. Er wird es tun, denn das ist für ihn die bequemste Haltung, um die Hand mit dem Leckerchen mit dem Blick und mit der Nase zu verfolgen. Kurz bevor der Po des Hundes den Boden berührt, sagen Sie das Lautzeichen SITZ. Geben Sie Ihm das Leckerchen zur Belohnung, wenn er wirklich sitzt. Nutzen Sie neben normalen Übungssituationen ruhig auch Momente, in denen Sie möchten, dass der Welpe sich einen Augenblick ruhig verhält, etwa wenn Sie das Halsband anlegen, bevor Sie die Tür zum Spaziergang öffnen oder beispielsweise an jedem Bordstein.

Wollen Sie später mit Ihrem Hund Prüfungen ablegen, ist es günstig, wenn Sie Ihrem Welpen schon früh beibringen, frontal zu Ihnen und an Ihrer Seite zu sitzen. Lösen Sie die Übung zunächst schnell auf, später verlangen Sie längeres Durchhalten.

Verändern Sie, sobald Sie den Eindruck haben, dass Ihr Welpe weiß worum es geht, die Übung so, dass Sie kein Lockleckerchen mehr verwenden. Setzen Sie aber noch immer das Sichtzeichen ein und belohnen Sie den Hund für gutes Mitarbeiten.

! PLATZ

Um dem Welpen die PLATZ-Übung klar zu machen, geht man im Prinzip genauso vor wie bei der SITZ-Übung. Auch hier kann man den Hund im Übungsaufbau an ein Sichtzeichen gewöhnen. Lassen Sie ihn an einem Leckerchen schnuppern, legen Sie es dann auf den Boden, so dass er es sieht, und decken Sie es mit der flachen Hand ab. Arbeiten Sie stets mit etwas besonders Schmackhaftem – das erhöht die Motivation des Hundes. Nun müssen Sie nichts weiter tun als geduldig zu warten, bis sich der Welpe hinlegt. Einige Hunde bellen zunächst oder versuchen, die Hand mit der Pfote wegzuschieben, andere probieren es mit der Nase oder sehen Sie erwartungsvoll an. Bleiben Sie stur, was Ihre Hand anbetrifft. Falls Ihr Welpe droht, die Lust zu verlieren, lassen Sie ihn noch einmal an dem Leckerchen schnüffeln. Wenn er sich schließlich hinlegt, gilt es, wiederum genau in diesem Moment deutlich den Befehl PLATZ zu sagen und die Hand wegzunehmen (damit er das Leckerchen fressen kann). Loben Sie den Hund ruhig zusätzlich mit der Stimme. Steht er auf, um das Leckerchen zu fressen, decken Sie schnell wieder die Hand darüber und warten, bis er sich erneut hingelegt hat. Zu Beginn der Übung ist es für Sie am bequemsten, selbst zu hocken, denn es kann schon mal ein bisschen dauern, bis sich der Welpe zum ersten Mal hinlegt. Versuchen Sie aber, in den folgenden Übungen selbst langsam in den Stand überzugehen. Setzen Sie hierbei weiterhin die nach unten gestreckte Hand als Sichtzeichen ein.

Wenn der Welpe schon eine erste Verknüpfung hergestellt hat, geben Sie das Sichtzeichen, ohne sein Interesse vorher durch das Leckerchen gesteigert zu haben und bringen es erst bei erfolgreichem Abschluss der Übung als Belohnung ins Spiel.

KÖRBCHEN

Es ist praktisch, wenn man für den Hund einen Befehl hat, der für ihn bedeutet, dass er auf seinen Platz gehen soll. Dort darf er dann tun was er will, er muss nicht gespannt liegen und auf weitere Befehle warten wie bei der PLATZ-Übung, sondern kann sich einrollen, spielen, dösen oder an einem Kauknochen nagen. Nutzen Sie mit dem Welpen als Übung Momente, in denen er sowieso müde ist. Bringen Sie ihn zu seinem Liegeplatz. Sagen Sie dort z.B. KÖRBCHEN und geben ihn im Körbchen etwas zum Knabbern. Wenn Sie dies einige Male wiederholt haben, können Sie dazu übergehen, auch den Welpen schon auf seinen Platz zu schicken, indem Sie ihm etwas ins Körbchen legen, das er schon kennt und mag. Entfernen Sie sich dann zusammen mit dem Welpen ca. drei Schritte vom Körbchen und schicken Sie ihn mit dem Kommando KÖRBCHEN zurück, so dass er sich sein Belohnungsleckerchen vor Ort nehmen kann. Lassen Sie dem Hund auf dem Liegeplatz stets genügend Spielraum, sich einzurollen oder sich in eine andere bequeme Lage zu bringen. Es reicht am Anfang, wenn er etwa eine Minute auf seiner Decke oder seinem Platz liegt. Sollte dem Welpen die Übung schwer fallen, können Sie später auch BLEIB oder PLATZ und BLEIB als Hilfsbefehle mit KÖRBCHEN kombinieren.

Benutzen Sie den Befehl niemals als Strafe, denn es soll für den Hund eine Übung sein, die ihm Spaß macht! KÖRBCHEN soll für den Hund nicht die Bedeutung bekommen, dass er abgeschoben wird, sondern dass er für eine gewisse Zeit abschalten kann.

Um einen Welpen aus dem Spiel abzurufen, bedarf es einer guten Motivation.

HIER

Wie bereits unter Nachfolgebereitschaft (s. Seite 43) beschrieben, begrüßen Welpen ihre Rudelmitglieder im Prinzip in der Hoffnung, Futter zu bekommen. Um ihnen den Befehl HIER verständlich zu machen, kann man diese futterorientierte Begrüßungs- oder Nachfolgebereitschaft des Welpen wunderbar ausnutzen. Stecken Sie Ihrem Welpen hin und wieder ein Leckerchen zu, wenn er zufällig im Haus oder auf dem Spaziergang auf Sie zugelaufen kommt, oder animieren Sie ihn in solchen Fällen zu einem Spiel. Wiederholen Sie stets kurz vor der Belohnung den Befehl HIER oder geben Sie einen Pfeifton.

> Pfiffe oder Pfeiftöne sind hervorragend als Rückrufbefehl einzusetzen, denn das Signal ist immer völlig emotionsfrei. Zumindest an der Stimme kann der Hund dann also nicht ablesen, dass man vielleicht auch einmal angespannt oder verärgert ist.

Ängstliche Hunde kommen häufig nur zögerlich, wenn sie Anspannung oder Unmut des Besitzers spüren, oder trauen sich – wenn sie kein gutes Vertrauensverhältnis zu ihrem Besitzer haben – überhaupt nicht heran.

Der Welpe lernt den Befehl HIER sehr schnell, wenn man sich vorher die häufigsten Fehler ins Gedächtnis ruft, die bei dieser Übung gemacht werden, und wenn man versucht sie zu vermeiden. Denken Sie daran, dass die Gabe, einen Hund schnell und gut zu erziehen, darin liegt, ihn gut zu motivieren. Wenn der Hund also einmal nicht kommen mag, liegt das daran, dass ihn etwas anderes (etwa das Spiel mit anderen Hunden) ganz einfach stärker motiviert, so dass er deshalb lieber dieser Tätigkeit nachgeht. Einen wichtigen Punkt sollten Sie unbedingt beachten, solange der Hund den Befehl nicht zuverlässig beherrscht: Rufen Sie ihn nicht, wenn die Chancen schlecht stehen, dass er dem Befehl Folge leisten wird. Wenn man nämlich mehrmals umsonst gerufen hat, weil der Welpe nicht sofort gekommen ist, da er in sein Spiel vertieft war, hat man ihm damit nur beigebracht, dass das Rufen im Prinzip keine Bedeutung hat. Sie verlieren so an Autorität für den Hund und stellen weniger den Leiter seiner Gruppe dar als vielmehr einen Peilsender, der ihm in regelmäßigen Abständen meldet, dass alles okay ist oder zum Beispiel, dass sein „Rudel“ 150 Meter weiter weg steht und dort sicherlich solange warten wird, bis er kommt.

Rufen Sie den Hund also nur in Spielpausen, wenn er sowieso gerade

> Starken Motivationscharakter auf Hunde hat: Futter, Spielzeug, die Aussicht auf ein Spiel, Aufmerksamkeit in Form von Zuwendung, Streicheln, Lob, Bewegung, ungewöhnliche Körperstellungen, die Sorge, den Besitzer aus den Augen zu verlieren.

nach Ihnen schaut, um sich zu orientieren, wo „seine Menschen" abgeblieben sind. Dann stehen Ihre Chancen gut, dass Sie ihn zum Kommen animieren können. Einen zusätzlichen Anreiz bieten Sie dem Hund in solchen Momenten durch auffällige Bewegungen, wenn Sie ein Stückchen weglaufen, sich hinhocken oder sogar hinlegen. Das ist für den Welpen sehr spannend. Sagen Sie den Befehl erst, wenn sich der Kleine schon in Bewegung gesetzt hat und Kurs auf Sie nimmt. Loben und belohnen Sie ihn überschwänglich, wenn er angekommen ist. Schimpfen Sie den Hund nicht, wenn er nicht gehorcht hat. Strafmaßnahmen in solchen Momenten führen leicht dazu, dass der Hund das Vertrauen in Sie verliert, weil die Strafe für ihn nicht nachvollziehbar ist. Suchen Sie den Fehler lieber bei sich. Häufig ist mangelnde Motivation der Grund, die Ursache kann aber auch eine fremde Umgebung, starke Ablenkung oder einfach die Tatsache sein, dass der Welpe den Befehl noch nicht wirklich begriffen hat.
Belohnen Sie Ihren Welpen immer sofort, wenn er bei Ihnen ist! Soll er bei Ihnen eine Übung machen (z.B. SITZ), kann er sich ein zweites Leckerchen verdienen. Versuchen Sie, ihm häufig auch die tollste Belohnung zu geben, die es für ihn gibt: weiterspielen zu dürfen, wenn er aus dem Spiel mit seinen Kumpels heraus auf Ihren Befehl geachtet hat.

Ein wichtiger Punkt ist, den Welpen nicht nur dann zu rufen, wenn Sie gehen möchten. Auch dies verknüpft ein Hund schnell. Rufen Sie ihn deshalb immer wieder zwischendurch.

Sollte der Welpe Ihnen auf dem Spaziergang zu weit vorausrennen, sind Versteckspiele sinnvoll.
Sobald er Ihr Verschwinden bemerkt hat, wird er eiligst versuchen, Sie

Trainingsprogramm für den Einsatz einer Hundepfeife

Basisübung: Pfeifen Sie zunächst nur zu Hause und nur direkt bei folgenden Anlässen:

- vor oder beim Fressen
- vor oder beim Spielen
- vor oder beim Schmusen
- vor dem Spaziergang

und vor jeder anderen Situation, die Ihr Hund liebt. Benutzen Sie immer die gleiche Tonfolge.

Folgeübung 1 (nach ca. 500 Wiederholungen der Basisübung anfangen): Pfeifen Sie einmal, wenn Sie in einem anderen Zimmer als Ihr Hund sind. Wenn er kommt, erhält er ein tolles Lob und eine besonders attraktive Belohnung (Spiel oder Futter). Üben Sie neben dieser Übung auch die Basisübung weiter.

Folgeübung 2 (ca. 3 Wochen nach der Folgeübung 1 anfangen):
Gestalten Sie die Übung nun schwieriger, indem Sie mit dem Hund ein Versteckspiel innerhalb der Wohnung machen. Verstecken Sie sich z.B. hinter Türen, unter, hinter oder auf einem Tisch, unter, auf oder hinter dem Bett, Schrank etc. Das Signal, Sie zu suchen soll für den Hund der Pfiff sein. Belohnen Sie Ihren Welpen für eine erfolgreiche Suche jedesmal überschwänglich und steigern Sie den Schwierigkeitsgrad gemäß dem Geschick Ihres Hundes. Üben Sie dieses Spiel mehrmals täglich, ruhig auch in Kombination mit der Basisübung oder der Folgeübung 1.

Folgeübung 3 (ca. 3 Wochen nach der Folgeübung 2 anfangen):
Wenn Sie das Gefühl haben, dass Ihr Welpe innerhalb der Wohnung zuverlässig auf den Pfiff reagiert, können Sie die Pfeife auch draußen anwenden. Geben Sie dem Hund zunächst auch hier für jeden Pfiff sofort ein Leckerchen. Und steigern Sie dann erst den Schwierigkeitsgrad, indem Sie ihn ein paarmal heranpfeifen, wenn keinerlei Ablenkungen da sind, später auch mit Ablenkungen. Belohnen Sie Ihren Hund zunächst immer, nach ein paar Tagen zwar noch häufig, aber nur noch unregelmäßig. Aber: Ab und zu muss der Hund auch einen „Jackpot" für braves und sofortiges Kommen erhalten, damit er nicht die Lust an dieser Übung verliert.

wiederzufinden. Loben Sie ihn dann dafür, dass er kommt, auch wenn Sie eigentlich verärgert sind, weil es solange gedauert hat! Achten Sie hier darauf, dass weder Ihre Körpersprache noch Ihre Stimme Ihren Ärger widerspiegeln!
Belohnen Sie den Welpen auch, wenn er Blickkontakt zu Ihnen aufnimmt. Denn dies ist die halbe Miete für guten Rückruf! In einem intakten Team hat der Welpe auf dem Spaziergang zwar Freizeit zum Toben mit Hunden, zum Schnüffeln, Trödeln und Spielen, er ist aber trotzdem stets einsatzbereit für Befehle und er signalisiert dies normalerweise durch sein oben beschriebenes Verhalten.

! AUS

Die einfachste Möglichkeit, dem Hund den Befehl AUS verständlich zu machen, ist folgende: Während der Welpe mit einem Spielzeug oder mit einem Kauknochen beschäftigt

Lässt der Hund den Gegenstand fallen, wird er immer sofort belohnt!

ist, stecken Sie ihm ein besonders schmackhaftes Leckerchen zu und „tauschen“. In dem Moment, wo er sein Spielzeug freigibt, um das Leckerchen zu fressen, sagen Sie AUS. Auch hier ist die Motivation der entscheidende Punkt. Das bedeutet, das Tauschleckerchen muss wirklich besonders schmackhaft sein, denn sonst ist die Spielmotivation größer als die Begierde nach dem Leckerchen. Lassen Sie bei der AUS-Übung das Spiel zusätzlich unattraktiv werden, indem Sie zum Beispiel bei einem Ziehspiel den Gegenzug auf das Spielzeug lockern. Für den Fall, dass der Hund nicht in Greifnähe ist, man ihm aber etwas wegnehmen möchte, kann man sich eines schon bekannten Motivationstricks bedienen: Rascheln Sie auffällig mit etwas und drehen Sie sich weg, so als ob Sie etwas nur für sich haben wollen. Auch lustige Bewegungen, schnelles Weggehen und nicht zuletzt natürlich auch das „Tauschleckerchen“ führen dazu, dass sich der Welpe wieder für Sie interessiert und zu Ihnen kommt. Wenn er nah genug ist, können Sie die AUS-Übung wie gewohnt durchführen.

Das Maul des Hundes ist leicht zu öffnen, wenn man über die Schnauze greift und hinter den Reißzähnen Daumen und Zeigefinger in die Maulspalte schiebt.

Sollte es die Situation erfordern, dass man dem Hund schnell etwas aus dem Maul wegnehmen muss, dann sollte man dies so emotionslos wie möglich machen. Das heißt: nicht schimpfen, einfach hingehen, ihm die Schnauze öffnen und den Gegenstand herausnehmen. Je mehr Aufhebens man um diese Sache macht, umso wichtiger erscheint dem Welpen die ganze Angelegenheit.

! BLEIB

BLEIB ist ein Befehl, der für den Hund zunächst nicht besonders attraktiv ist: Er ist von Ihnen getrennt und muss noch dazu in einer bestimmten Position (SITZ, PLATZ oder STEH) verharren. Wenn der Hund den Befehl über positive Werte vermittelt bekommt, wird er ihn aber dennoch gerne ausführen.
Beginnen Sie mit der BLEIB-Übung schon früh, damit der Welpe nicht erst lernt, dass Sie ständig für ihn da sind. Koppeln Sie den Positionsbefehl SITZ, PLATZ oder STEH an den Befehl BLEIB. Sagen Sie zum Beispiel „Tinta, SITZ und BLEIB“. Gehen Sie einen halben Meter weg und sofort wieder zurück und belohnen den Welpen. Als Handsignal eignet sich die offene, angewinkelte Hand am nicht ganz gestreckten Arm. Sowohl die Entfernung als auch die Dauer der Trennung sollte man täglich variieren, damit sich der Welpe an kein festes Schema gewöhnen kann. Wenn er

Variieren Sie diese Übung, indem Sie Wartestellung, Ort, Zeit und Entfernung ändern. Bedenken Sie, dass der Hund eher zum Nachrennen verleitet wird, wenn Sie sich schnell entfernen.

Die verschiedenen Lernphasen zum Befehl BLEIB

1. Der Hund bleibt, Sie gehen einen Schritt zurück und kommen direkt zurück.
2. Der Hund bleibt, Sie gehen einen Schritt zurück, warten ein paar Sekunden und kommen dann zurück.
3. Sie entfernen sich ein paar Schritte weit, kommen sofort zurück.
4. Wie 3., nur die Zeit wird ausgedehnt.
5. Sie entfernen sich ein gutes Stück, kommen sofort zurück.
6. Wie 5., nur die Zeit wird ausgedehnt.
7. Sie entfernen sich zwar nicht weit, aber außerhalb der Sichtweite Ihres Hundes und kommen schnell zurück.
8. Sie steigern Zeit und Distanz außerhalb der Sichtweite des Hundes.

BLEIB schon ein paar Sekunden lang befolgt, geht man bei der Trennung einen Schritt weiter und steigert so in kleinen Schritten den Grad der Ablenkung. BLEIB fällt dem Welpen immer dann besonders leicht, wenn er sowieso müde ist. Nutzen Sie solche Situationen, um schneller zum Trainingserfolg zu kommen.
Damit Ihr Welpe den Zusammenhang dieser Übung sicher verknüpfen kann, empfiehlt es sich, die Übung zunächst damit zu beenden, dass Sie zum Welpen zurückkehren und ihm an seinem Platz das Leckerchen geben. Später können Sie den Hund aber auch mit HIER abrufen.

! STEH

Für die STEH-Übung können Sie außer den normalen Übungsorten gut ein kleines Tischchen oder draußen etwa einen großen Baumstumpf als Übungsort wählen. Berühren Sie Ihren Welpen, wenn er sitzt oder liegt mit sanftem Druck nach oben am Bauch. Sagen Sie STEH, wenn Sie spüren, dass er aufsteht und belohnen Sie ihn umgehend.

! STOP

Auf das Kommando STOP soll der Welpe lernen umgehend anzuhalten. Üben Sie STOP mit dem angeleinten Hund, indem Sie STOP sagen und dabei selbst sofort stehen bleiben. Läuft der Hund weiter, führt dies zu einem von ihm selbst verursachten Ruck an der Leine. Loben Sie den Welpen sofort, wenn er ruhig steht. Achten Sie darauf, dass er erst nach Ihrem ausdrücklichen OK weitergeht. Bis der Welpe die Übung sicher beherrscht, sollte der Befehl zum Weiterlaufen möglichst bald erfolgen. Wenn der Hund schon eine Verknüpfung zum Befehl hergestellt hat und angeleint sofort stehen bleibt, trainieren Sie die Übung auch mit dem unangeleinten Hund auf Zuruf. Passen Sie hierzu zunächst Situationen ab, in denen Sie sich darauf verlassen können, dass die Übung gelingt. Sparen Sie nicht mit Lob, wenn Ihr Welpe schnell und zuverlässig reagiert – schließlich ist STOP ein Befehl, der sehr wichtig für die Sicherheit des Hundes sein kann.

! PENG

Dem Welpen beizubringen, sich auf die Seite oder auf den Rücken zu legen, ist eine praktische Übung. Denn wenn der Hund diese Übung beherrscht, kann man ihm völlig stressfrei eine Zecke am Bauch entfernen, die Pfoten abputzen oder diese kontrollieren, wenn man glaubt, dass er sich etwas in den Ballen getreten hat. Besonders leicht lernt der Hund PENG aus der PLATZ-Stellung heraus. Beobachten Sie ihn, wenn er in der PLATZ-Stellung ist. Irgendwann wird er die Sphinx-Stellung aufgeben und ein Hinterbeinchen unter den Bauch schlagen. Dann kann er sich problemlos auf diese Seite legen. Halten Sie dem Welpen hierzu ein schmackhaftes

PENG ist ein nützlicher Befehl.

Leckerchen vor die Nase und locken Sie ihn, bis er seitlich liegt. Geben Sie ihm dann sofort das Leckerchen als Belohnung.
Probieren Sie beim Locken aus, auf welche Art Sie das Leckerchen führen müssen, damit der Hund „umfällt".
Tipp: Auf weichem Untergrund gelingt die Übung oftmals leichter!

PFÖTCHEN

Das Pfötchengeben ist eine Übung, die viel praktischer ist als man zunächst vielleicht ahnt. Denn einem Hund, der auf Befehl die Pfoten gibt, kann man leicht die Füße sauber machen, einen Dorn aus dem Ballen entfernen oder ihn dazu anhalten, sich selbst zu befreien, wenn er sich in der Leine verheddert hat.
Genau wie die Nachfolgebereitschaft ist das Pfötchengeben eine welpentypische Verhaltensweise, denn sie ist dem Milchtritt sehr ähnlich und außerdem eine Beschwichtigungsgeste. Durch eine einfache Übung kann man dem Welpen diesen Befehl in Minuten vermitteln. Nehmen Sie hierzu ein begehrtes Leckerchen so in die Hand, dass es fest umschlossen ist. Lassen Sie den Hund aber vorher daran schnüffeln. Halten Sie ihm die Hand nun so vor seine Brust, dass er bequem seine Pfote darauf legen kann. Sie brauchen jetzt nur noch zu warten, bis der Hund die Pfote anhebt. Sprechen Sie genau in diesem Moment den von Ihnen für diese Übung gewählten Befehl aus und öffnen Sie die Hand, damit er das Leckerchen als Belohnung bekommt. Steigern Sie dann in kleinen Schritten den Anspruch der Übung, bis der Hund seine Pfote wirklich auf Ihre Hand legt.
Geben Sie nicht auf, wenn Ihr Welpe erst mit der Nase an Ihre Hand stupst, bellt, sich hinsetzt oder hinlegt, um Sie davon zu überzeugen, dass er das Leckerchen gerne hätte. Reizen Sie ihn dann weiter an, indem Sie ihn nochmal am Leckerchen schnüffeln lassen. Wenn die erste Verknüpfung hergestellt ist, können Sie für beide Pfoten auch unterschiedliche Befehle einführen.

HIER RAN

Es ist nützlich, einen Befehl zu haben, der den Welpen dazu veranlasst, so nah wie möglich an einen heranzukommen. Dies erreichen Sie leicht, indem Sie den Kopf des sitzenden oder stehenden Hundes sanft an Ihr Bein drücken, ihn dann kraulen, loben und ihm ein Leckerchen geben. Sprechen Sie den Befehl aus, kurz bevor Sie den Welpen an Ihr Bein drücken und belohnen. Als Sichtzeichen kann das aufmunternde Klopfen mit der flachen Hand auf den Oberschenkel benutzt werden. Nach ein paar Wiederholungen geben Sie dem Hund das Sichtzeichen, zeigen ihm das Leckerchen, das Sie nah bei sich am Körper halten, und warten, bis er sich von sich aus an Sie schmiegt. Belohnen Sie diese Leistung zusätzlich durch überschwängliches Lob.

Leckerchen sanft aus der Hand nehmen

Die meisten Hunde freuen sich sehr über Futterbelohnungen und viele schnappen gierig nach jedem Bissen, der ihnen hingehalten wird. Das ist sehr lästig – und manchmal sogar schmerzhaft, wenn doch noch ein Finger dazwischen war. Es ist nicht schwer, dem Welpen beizubringen, die Belohnungshäppchen nur sachte zu nehmen. Verweigern Sie ihm das Leckerchen strikt, wenn er gierig schnappt. Loben Sie ihn, wenn er sich beherrscht und es besonders sanft nimmt.

! APPORT

Vielen Hunden bereiten APPORT-Übungen große Freude, denn sie spielen hierbei viele Verhaltenssequenzen aus dem Jagdverhalten durch. APPORT ist eine tolle Übung, mit der man Hunden, indem man sie für sich „arbeiten“ lässt, die Langeweile im Alltag nehmen kann.
Um mit dem Welpen den Apport zu üben, gehen Sie folgendermaßen vor: Loben Sie ihn immer spontan, wenn er von sich aus etwas im Maul trägt und Ihnen damit entgegenläuft. Sprechen Sie dabei gleichzeitig den gewählten Befehl aus – zum

Viele Hunde nehmen spontan Gegenstände auf. Das ist der Anfang der APPORT-Übung, die dann nur noch in die richtigen Bahnen gelenkt werden muss.

Beispiel APPORT. Viele Welpen tragen „gefundene" Gegenstände auf ihren Liegeplatz. Wenn sie diese Eigenart bei Ihrem Hund beobachten können, gelingt die APPORT-Übung ohne großen Aufwand. Setzen Sie sich in die Nähe des Liegeplatzes und werfen Sie Ihrem Welpen einen attraktiven Gegenstand ca. 1–2 Meter weit weg. Loben Sie den Welpen kräftig, wenn er den Gegenstand aufnimmt und z.B. in sein Körbchen trägt. Stecken Sie ihm dort ein Leckerchen zu, aber nehmen Sie ihm nicht direkt den Gegenstand ab.
Bringen Sie dem Hund parallel zu diesen „Vorübungen" den Befehl AUS bei (s. Seite 81). Setzen Sie erst wenn Ihr Welpe beide Übungen freudig zeigt, die Einzelsequenzen „bringen" und „abgeben" zusammen. Um im fortgeschrittenen Apport-Aufbau zu erreichen, dass der Hund das Objekt direkt zu Ihnen bringt, stellen Sie eine Trainingssituation zusammen, die der „Liegeplatz"-Situation ähnlich ist, dem Hund aber kein Rückzugsort (Liegeplatz) zugänglich ist, auf den er den Gegenstand tragen könnte. Belohnen Sie den Welpen mit einer Qualitätsbelohnung, wenn er Ihnen den Gegenstand dann bringt und abgibt!

Konzentrationsübungen

Um später vom erwachsenen Hund uneingeschränkte Aufmerksamkeit erhalten zu können, wenn es die Situation erfordert (z.B. im Training, aber auch, wenn man den Hund einmal in eine fremde Umgebung mitnehmen muss), sollte man schon mit dem Welpen Konzentrationsübungen machen. Diese Übungen sehen so aus, dass man versucht, die Aufmerksamkeit des Welpen auf sich zu lenken (mit Hilfe eines Leckerchens oder eines Spielzeugs) und ihn in zunächst kurzen Zeitabständen zu belohnen.
Dies erreichen Sie, wenn Sie ihn mit dem Spielzeug oder Leckerchen anreizen und es dann etwa auf Brusthöhe halten, während Sie die Spannung aufbauen. Belohnen Sie Ihren Welpen, wenn er gespannt auf den von Ihnen vor sich gehaltenen Gegenstand schaut. Länger andauernde Konzentration erreichen Sie, indem Sie nach und nach die Belohnung immer ein klein wenig später geben. Bedenken Sie aber, dass sich ein Welpe zu Beginn des Trainings nur wenige Sekunden konzentrieren kann und oft belohnt werden muss, damit die Übung für ihn spannend bleibt. Lassen Sie den Hund diese Übung ruhig häufig, aber zunächst nicht mehr als zweimal hintereinander machen, denn solche Konzentrationsübungen sind für Hunde sehr anstrengend.
Eine andere Konzentrationsübung: Bleiben Sie mit dem angeleinten Hund stehen. Vermeiden Sie direkten Blickkontakt zu Ihrem Welpen, sprechen Sie ihn nicht an und berühren Sie ihn auch nicht. Warten Sie in dieser Position so lange, bis der Hund

TIPP

Vermeiden Sie es aber, den Hund in solchen Momenten konzentriert anzustarren, denn das wirkt auf Hunde bedrohlich.

Pläne zum Üben mit dem Welpen

Woche 8	1 Name Halsband Leinenübung	2 Name SITZ Halsband Leinenübung	3 SITZ Leinenübung HIER Halsband	4 Name Halsband SITZ HIER	5 Halsband Leinenübung SITZ KÖRBCHEN HIER	6 Name Halsband SITZ Leinenübung HIER	7 Name Halsband AUS SITZ Leinenübung
Woche 9	8 SITZ PLATZ Halsband Leinenübung	9 Name PLATZ Leinenübung AUS	10 Name AUS PLATZ SITZ	11 SITZ Leinenübung PLATZ HIER	12 Leinenübung AUS SITZ KÖRBCHEN	13 HIER SITZ PLATZ Leinenübung	14 Leinenübung STEH AUS SITZ
Woche 10	15 HIER PLATZ AUS Leinenübung	16 KÖRBCHEN PLATZ BLEIB Leinenübung	17 SITZ Leinenübung PLATZ BLEIB	18 SITZ BLEIB AUS PLATZ	19 PLATZ Leinenübung STOP HIER	20 SITZ PFÖTCHEN AUS HIER	21 Leinenübung STEH KÖRBCHEN BLEIB
Woche 11	22 HIER AUS PFÖTCHEN PLATZ	23 HIER PLATZ BLEIB Leinenübung	24 SITZ HIER Leinenübung KÖRBCHEN	25 SITZ BLEIB Leinenübung AUS	26 HIER Leinenübung STEH PLATZ	27 PLATZ PENG AUS KÖRBCHEN	28 Leinenübung STOP SITZ BLEIB
Woche 12	29 PLATZ BLEIB PFÖTCHEN HIER	30 HIER Leinenübung STEH BLEIB	31 SITZ HIER RAN HIER PENG	32 KÖRBCHEN HIER BLEIB APPORT	33 APPORT SITZ HIER Leinenübung	34 SITZ AUS BLEIB PENG	35 Leinenübung PLATZ HIER RAN APPORT
Woche 13	36 NIMM´S Leinenübung SITZ STOP	37 APPORT AUS SITZ PLATZ	38 PLATZ PFÖTCHEN HIER Leinenübung	39 BLEIB PFUI SITZ STEH	40 Leinenübung STEH BLEIB PFÖTCHEN	41 HIER APPORT AUS Leinenübung	42 SITZ PFUI HIER RAN Leinenübung
Woche 14	43 KÖRBCHEN BLEIB PLATZ AUS	44 Leinenübung PLATZ SITZ HIER	45 APPORT PENG HIER Leinenübung	46 AUS HIER STOP BLEIB	47 APPORT HIER SITZ KÖRBCHEN	48 PFUI SITZ PENG BLEIB	49 PLATZ HIER AUS Leinenübung
Woche 15	50 STOP APPORT HIER RAN PLATZ	51 NIMM´S Leinenübung AUS SITZ	52 Leinenübung PFÖTCHEN HIER STEH	53 SITZ PFUI AUS APPORT	54 HIER HIER RAN PLATZ BLEIB	55 PENG Leinenübung KÖRBCHEN APPORT	56 HIER STEH SITZ BLEIB

Mit dem Übungsplan können Sie sich die Früherziehung Ihres Welpen erleichtern und einen guten Überblick über seine Fortschritte behalten.

- Gestalten Sie das Umgebungsmuster in den Übungen möglichst vielseitig. Achten Sie darauf, die Übungen zu verschiedenen Tageszeiten, auf wechselnden Bodenstrukturen, in verschiedenen Räumen oder draußen an unterschiedlichen Orten zu machen, damit der Hund den Befehl so bald wie möglich generalisieren kann.
- Üben Sie die einzelnen Übungspakete ruhig häufig am Tag, aber immer nur ein paar Mal hintereinander.
- Wählen Sie zunächst Momente zum Üben, wenn keinerlei Ablenkungen vorhanden sind. Bauen Sie dann erst leichte, später schwierige Ablenkungen ein.
- Belohnen Sie Ihren Hund in der ersten Phase immer, wenn er die Übung richtig macht, dünnen Sie später das Lob aus.
- Üben Sie jedes Übungspaket solange drinnen und draußen, bis Ihr Welpe die Übungen ein paar Mal gut befolgt hat.
- Nehmen Sie dann erst das nächste Übungspaket in Angriff.
- Nach diesem Schema sollten alle Familienmitglieder verfahren, damit die Übungen auch bei allen Personen gut gelingen.

Literatur

del Amo, C.: Hundeschule. Step-by-Step. Verlag Eugen Ulmer, Stuttgart 2003.
del Amo, C.: Probleme mit dem Hund – verstehen und vermeiden. Verlag Eugen Ulmer, Stuttgart 2003.
del Amo, C.: Spiele- und Spaßschule für Hunde. Verlag Eugen Ulmer, Stuttgart 2006.
del Amo, C.: Trainingskarten für Welpen. Verlag Eugen Ulmer, Stuttgart 2006.
Feddersen-Petersen, D.: Hundepsychologie.Kosmos Verlag, Stuttgart 2004.
Fogle, B.: Hunde richtig erziehen. BLV Verlagsgesellschaft mbH, München 2003.
Hallgren, A.: Lehrbuch der Hundesprache. Verlagshaus Reutlingen Oertel und Spörer, Reutlingen 2001.
Suter, P.F., Kohn, B.: Praktikum der Hundekrankheiten. Parey bei MVS, Stuttgart 2006
Pryor, K.: Positiv bestärken – sanft erziehen. Kosmos Verlag, Stuttgart 1999.

Bildquellen

del Amo, Celina, Düsseldorf: Seite 30.
Himmelhuber, Peter, Regensburg: Seite 26.
Juniors Bildarchiv/B. Brinkmann, Ruhpolding: Seite 72.
Juniors Bildarchiv/Ch. Steimer, Ruhpolding: Seite 49.
Juniors Bildarchiv/H. Kuczka, Ruhpolding: Seite 29.
Juniors Bildarchiv/H. Michaelis, Ruhpolding: Seite 81.
Juniors Bildarchiv/J. u. P. Wegener, Ruhpolding: Seite 8.
Juniors Bildarchiv/St. Liebold, Ruhpolding; Seite 7, 13.
Klein, J.-L. & M.-L. Hubert, Lupstein, Frankreich: Umschlagrückseite, Seite 17, 23, 42, 51, 53, 59, 86.
Kothe, Dieter, Stuttgart: Seite 15, 37, 57 (2), 62, 73.
Kuhn, Regina, Stuttgart: Hunde in der Kolumnenzeile, Titelfoto (kleines Bild), Seite 1, 16, 35, 40, 46, 56, 60, 63 (4), 78, 91.
PixelQuelle: Seite 18.
Reinhard, Hans, Heiligkreuzsteinach: Seite 75.
Rügner, Martin, Bad Windsheim: Seite 68.
Schanz, Ulrike, Heimstetten: Seite 67, 88, 92.
Steimer, Christine, Wölfersheim: Seite 44 (2), 84, 90.
Stuewer, Sabine, Darmstadt: Titelseite (großes Bild), Seite 4/5, 9, 11, 38/39, 50.
Thumm, Ursula, Kaisersbach: Seite 55.

Sämtliche Zeichnungen fertigte Christiane Gottschlich, Berlin.

Der Verlag dankt Heide Dinkel, Ludwigsburg, Claudia Hipp, Stuttgart, Susanne und Ingolf Müller, Kirchhardt, Marianne und Ernst Rick, Abtsgemünd, und ihren Hunden, stellvertretend für alle, die für die Fotoaufnahmen ihre Zeit und Geduld aufgebracht haben.

Haftung

Für Ihr Heimtier tragen Sie selbst die Verantwortung. Die in diesem Buch enthaltenen Empfehlungen und Angaben sind vom Autor mit großer Sorgfalt zusammengestellt und geprüft worden. Eine Garantie für die Richtigkeit der Angaben kann aber nicht gegeben werden. Der Autor und der Verlag übernehmen keinerlei Haftung für Schäden und Unfälle.

Bibliografische Information der Deutschen Bibliothek
Die Deutsche Bibliothek verzeichnet diese Publikation in der Deutschen Nationalbibliografie; detaillierte bibliografische Daten sind im Internet über http://dnb.ddb.de abrufbar.

Wollgrasweg 41,
70599 Stuttgart (Hohenheim)
e-mail: info@ulmer.de
Internet: www.ulmer.de

Umschlaggestaltung:
Atelier Reichert, Stuttgart
Lektorat: Dr. Eva-Maria Götz, Silke Behling
Herstellung: Martin Gronau
Innengestaltung und Satz:
Medienfabrik, Möglingen
Druck und Bindung:
aprinta GmbH, Wemding
Printed in Germany

ISBN-13: 978-3-8001-5089-2
ISBN-10: 3-8001-5089-1

Register